交通运输行业低碳发展的实现路径和重点任务

"交通运输行业低碳发展的实现路径和重点任务研究"项目组 著

科学出版社

北京

内 容 简 介

本书在全面分析交通运输行业低碳发展现状与趋势、借鉴典型国家/地区交通低碳发展措施经验的基础上,通过设置不同低碳发展情景,模拟预测交通运输领域能源消耗和二氧化碳排放变化趋势,量化提出不同碳减排措施在不同阶段的减排贡献率,进而提出我国交通运输清洁低碳发展"一个核心、两个优化、三个着力点"的总体思路、战略目标以及稳步实施控碳、减碳、脱碳"三步走"的路径,明确重点任务,为交通领域低碳发展提出政策建议。

本书希望能够为政府部门、交通界、学术界提供参考,也可供相关规划、设计、科研、咨询等单位参考使用。

图书在版编目(CIP)数据

交通运输行业低碳发展的实现路径和重点任务 / "交通运输行业低碳发展的实现路径和重点任务研究"项目组著. — 北京:科学出版社, 2024. 9. — ISBN 978-7-03-079075-0

Ⅰ.F512.3

中国国家版本馆 CIP 数据核字第 2024GB5834 号

责任编辑:郝 悦/责任校对:王晓茜
责任印制:张 伟/封面设计:有道设计

科学出版社 出版
北京东黄城根北街 16 号
邮政编码:100717
http://www.sciencep.com

中煤(北京)印务有限公司印刷
科学出版社发行 各地新华书店经销

*

2024 年 9 月第 一 版 开本:720×1000 B5
2024 年 9 月第一次印刷 印张:18 1/2
字数:370 000
定价:**268.00 元**
(如有印装质量问题,我社负责调换)

编委会

主　任：卢春房
副主任：严新平　吴光辉
成　员：徐洪磊　李忠奎　刘晓龙
　　　　陈　勇　毛保华　步青松

编写组

李　喆　江　媛　谭晓雨　曹孙喆
范爱龙　马静华　马成贤　李晓易
张海颖　刘　倩　曾　娇　满朝翰
刘　畅　吴　睿　熊宇祺　于敬磊

项目主要成员

项目负责人： 卢春房
课题负责人： 严新平、吴光辉、徐洪磊
综 合 课 题： 刘晓龙　中国工程院战略咨询中心
　　　　　　　江　媛　中国工程院战略咨询中心
　　　　　　　李　喆　中国工程院战略咨询中心
　　　　　　　曾　娇　中国工程院战略咨询中心
　　　　　　　黄德刚　中国工程院战略咨询中心
　　　　　　　雷　纯　中国工程院战略咨询中心
　　　　　　　毛保华　北京交通大学
　　　　　　　马成贤　中国国家铁路集团有限公司
　　　　　　　张　健　中南大学
　　　　　　　刘长俭　交通运输部规划研究院
铁 路 课 题： 孙　铭　中国铁道科学研究院集团有限公司
　　　　　　　刘兰华　中国铁道科学研究院集团有限公司
　　　　　　　步青松　中国铁道科学研究院集团有限公司
　　　　　　　曹孙喆　中国铁道科学研究院集团有限公司
　　　　　　　曹宇静　中国铁道科学研究院集团有限公司
　　　　　　　满朝翰　中国铁道科学研究院集团有限公司
　　　　　　　于汭民　中国铁道科学研究院集团有限公司
　　　　　　　谢汉生　中国铁道科学研究院集团有限公司
　　　　　　　马　龙　中国铁道科学研究院集团有限公司
　　　　　　　王永泽　中国铁道科学研究院集团有限公司
　　　　　　　甄　凯　中国铁道科学研究院集团有限公司

	贾光智	中国铁道科学研究院集团有限公司
	王镠莹	中国铁道科学研究院集团有限公司
	李　扬	中国铁道科学研究院集团有限公司
	梁　栋	中国铁路经济规划研究院有限公司
	闻克宇	中国铁路经济规划研究院有限公司
	王　龙	中国铁路经济规划研究院有限公司
	刘　畅	中国铁路经济规划研究院有限公司
	孟凡强	中国国家铁路集团有限公司
	韩　砚	中国国家铁路集团有限公司
公路课题：	谭晓雨	交通运输部规划研究院
	李晓易	交通运输部规划研究院
	吴　睿	交通运输部规划研究院
	李　悦	交通运输部规划研究院
	郑超蕙	交通运输部规划研究院
	杨道源	交通运输部规划研究院
	王人洁	交通运输部规划研究院
	张永林	交通运输部规划研究院
	黄全胜	交通运输部规划研究院
水运课题：	范爱龙	武汉理工大学
	童　亮	武汉理工大学
	尹奇志	武汉理工大学
	李　焰	武汉理工大学
	熊宇祺	武汉理工大学
	贺亚鹏	武汉理工大学
	李忠奎	交通运输部科学研究院
	张海颖	交通运输部科学研究院
	刘　畅	交通运输部科学研究院

甘少炜　中国船级社

孙永刚　中国船级社

航空课题： 彭俊毅　中国商飞北京民用飞机技术研究中心

杨志刚　中国商飞北京民用飞机技术研究中心

钱　勇　中国商飞北京民用飞机技术研究中心

张志雄　中国商飞北京民用飞机技术研究中心

杨新军　中国商飞北京民用飞机技术研究中心

马静华　中国商飞北京民用飞机技术研究中心

苗　强　中国商用飞机有限责任公司

刘　倩　中国商飞北京民用飞机技术研究中心

王　煜　中国商飞北京民用飞机技术研究中心

熊华文　中国商飞北京民用飞机技术研究中心

王兆兵　中国商飞北京民用飞机技术研究中心

王　宁　中国商飞北京民用飞机技术研究中心

张　越　中国民航科学技术研究院

于敬磊　中国民航科学技术研究院

王湛春　北京城市学院

前　言

　　气候变化是全球共同面临的重大挑战，减少温室气体特别是二氧化碳的排放是应对气候变化的重要方式。我国主动担当大国责任，提高国家自主贡献力度，作出碳达峰碳中和重大战略决策。中共中央、国务院印发的《交通强国建设纲要》提出"构建安全、便捷、高效、绿色、经济的现代化综合交通体系"，并将"绿色发展节约集约、低碳环保"作为战略重点。交通运输是国民经济和社会发展的基础性、先导性、战略性产业和服务性行业，改革开放以来，取得了历史性巨大成就，然而，在交通运输高速发展的同时，高能耗、高排放等问题日益凸显。当前，我国交通运输能源消耗和二氧化碳排放均占全国总量的 10%左右，节能减排压力巨大。

　　交通领域清洁低碳转型是践行碳达峰碳中和战略、应对全球气候变化的迫切需要，也是建设交通强国、构建现代化综合交通运输体系的内在要求。因此，在保障国民经济发展要求和满足人民群众出行需求的基础上，牢牢把握科技创新在交通减碳中的核心地位，坚持综合交通系统观念，抓住重点领域和关键环节，统筹碳达峰与碳中和两个阶段目标，循序渐进推动交通运输清洁低碳转型，具有重要意义。

　　本书采用由中国工程院战略咨询中心联合中国铁道科学研究院集团有限公司、交通运输部规划研究院、武汉理工大学、中国商飞北京民用飞机技术研究中心、中国铁路经济规划研究院有限公司、交通运输部科学研究院、中国民航科学技术研究院等参研单位开展的"交通运输行业低碳发展的实现路径和重点任务研究"咨询项目研究成果，通过保有量法和周转量法计算我国交通运输行业能源消耗和二氧化碳排放量，将交通枢纽运营活动碳排放纳入核算范围，核算铁公水航四种运输方式的单位排放量和能源消耗量，系统梳理我国交通运输碳减排面临的形势与挑战；充分借鉴典型国家/地区交通低碳发展措施经验，得到对我国交通运输低碳发展的启示；对不同时期交通运输领域碳减排措施的代表性参数进行量化赋值，设置不同低碳发展情景，模拟预测交通运输领域能源消耗和二氧化碳排放变化趋势，量化提出不同碳减排措施在不同阶段的减排贡献率；提出我国交通运输清洁低碳发展"一个核心、两个优化、三个着力点"的总体思路、战略目标以及稳步实施控碳、减碳、脱碳"三步走"的路径，明确重点任务，并提出顺应交通低碳发展的形势要求，前瞻布局并统筹谋划交通低碳转型与应急保障能力建设的政策建议。

本书希望能够为政府部门、交通界、学术界提供参考。鉴于交通界涉及领域多、技术覆盖面广，本书难免有欠妥和疏忽之处，欢迎广大读者批评指正。

"交通运输行业低碳发展的实现路径和重点任务研究"项目组

2024 年 6 月 20 日

目 录

第一篇 综 合 篇

第一章 交通运输行业低碳发展现状与形势 ………………………… 3

一、交通运输行业能源消耗及二氧化碳排放现状 ………………… 3

二、交通运输行业清洁低碳发展面临的形势与挑战 ……………… 14

第二章 典型国家/地区低碳发展历程及启示 …………………………… 17

一、典型国家/地区交通运输低碳发展措施 ……………………… 17

二、典型国家/地区交通运输低碳发展对我国的启示 …………… 19

第三章 交通运输行业能源消耗及碳排放趋势分析 ………………… 21

一、交通运输行业碳排放情景分析 ………………………………… 21

二、交通运输清洁低碳转型发展趋势 ……………………………… 38

第四章 交通运输行业低碳发展战略目标与实施路径 ……………… 40

一、交通运输行业低碳发展总体思路 ……………………………… 40

二、交通运输行业低碳发展实施路径 ……………………………… 42

第五章 交通运输行业低碳发展重点任务 …………………………… 46

一、调整运输结构，发挥结构性碳减排效应 …………………… 46

二、推进燃料替代，促进交通能源融合发展 …………………… 48

三、提升装备能效，优化装备能耗准入标准 ················· 53
四、推动一体化融合，发挥综合交通系统优势 ················· 56
五、发展智慧交通，提高交通运输系统效率 ··················· 58
六、创新管理机制，共促多元低碳协同发展 ··················· 61

第六章 相关建议 ··· 64
一、强化前沿技术布局，加大研发力度 ························· 64
二、加强政策引导，持续推动运输结构优化 ··················· 64
三、率先构建"集中+分布"式的陆路交通能源供应系统 ········· 65
四、研究提出行业绿色产业目录并积极争取纳入绿色金融支撑范围 ······ 65
五、做好能源保障及传统能源运输装备的战略性预留，确保系统具有一定的冗余度 ····································· 65

第二篇 铁 路 篇

第七章 铁路运输低碳发展现状与形势 ······························ 69
一、铁路运输能源消耗及二氧化碳排放现状 ··················· 69
二、铁路运输绿色低碳发展面临的形势和挑战 ··············· 72

第八章 典型国家/地区铁路低碳发展历程及启示 ················ 76
一、典型国家/地区铁路低碳发展历程 ························· 76
二、典型国家/地区铁路低碳发展对我国的启示 ··············· 88

第九章 铁路运量预测及二氧化碳排放情景分析 ················ 91
一、预测方法 ··· 91
二、铁路运输活动水平预测 ······································· 92
三、铁路运输能耗和碳排放预测分析 ··························· 97

第十章 铁路运输低碳发展战略目标与实施路径 ··············· 102
一、铁路运输低碳发展总体思路 ································ 102
二、铁路运输低碳发展时间表及路线图 ························ 103

第十一章 铁路运输低碳发展重点任务 ······ 109
一、优化综合交通运输结构，发挥铁路碳减排效应 ······ 109
二、推动燃料替代，促进铁路能源融合发展 ······ 118
三、提升机车能效，优化站段能耗 ······ 119
四、发展铁路低碳智慧体系 ······ 124
五、创新铁路低碳组织体系 ······ 128

第三篇 公 路 篇

第十二章 公路运输低碳发展现状与形势 ······ 135
一、公路运输能源消耗及二氧化碳排放现状 ······ 135
二、公路运输清洁低碳发展面临的形势和挑战 ······ 138

第十三章 典型国家/地区公路低碳发展历程及启示 ······ 141
一、典型国家/地区公路低碳发展历程 ······ 141
二、典型发达国家/地区公路碳排放特征 ······ 147
三、典型国家/地区公路低碳发展对我国的启示 ······ 151

第十四章 公路运量预测及二氧化碳排放情景分析 ······ 152
一、预测方法 ······ 152
二、公路运输活动水平预测 ······ 153
三、公路运输碳排放预测分析 ······ 154

第十五章 公路运输低碳发展战略目标与实施路径 ······ 159
一、公路运输低碳发展总体思路 ······ 159
二、公路运输低碳发展时间表及路线图 ······ 160

第十六章 公路运输低碳发展重点任务 ······ 164
一、加快优化货运结构 ······ 164
二、推广低碳运输车辆 ······ 165
三、提高运输组织效率 ······ 165
四、建设绿色低碳公路 ······ 166

五、引导社会绿色出行 ·· 167

六、提升公路运输绿色低碳发展能力 ··· 168

第四篇　水　运　篇

第十七章　水路运输低碳发展现状与形势 ··· 173

一、水路运输能源消耗及二氧化碳排放现状 ··· 173

二、水路运输清洁低碳发展面临的形势和挑战 ····································· 177

第十八章　全球水运低碳发展历程及启示 ··· 181

一、全球水运低碳发展历程 ··· 181

二、全球水运碳排放特征 ··· 188

三、全球水运低碳发展对我国的启示 ·· 190

第十九章　水运运量预测及二氧化碳排放情景分析 ································ 193

一、预测方法 ·· 193

二、水路运输活动水平预测 ··· 194

三、水路运输装备能耗、碳排放与污染物排放预测分析 ······················· 195

四、水路运输基础设施能耗与碳排放预测分析 ····································· 205

第二十章　水路运输低碳发展战略目标与实施路径 ································ 207

一、水路运输低碳发展总体思路 ·· 207

二、水路运输低碳发展时间表及路线图 ··· 208

第二十一章　水路运输低碳发展重点任务 ·· 212

一、船舶低碳发展重点任务 ··· 212

二、港口低碳发展重点任务 ··· 214

三、运营管理重点任务 ·· 216

四、绿色转型新动能重点任务 ··· 217

第五篇 航 空 篇

第二十二章 航空运输低碳发展现状与形势 ················· 221
  一、航空运输能源消耗及二氧化碳排放现状 ················· 221
  二、我国民航运输清洁低碳发展面临的形势和挑战 ················· 228

第二十三章 典型国家/地区航空低碳发展规划及启示 ················· 238
  一、典型国家/地区航空低碳发展规划 ················· 238
  二、未来航空燃料/能源变革分析 ················· 249
  三、典型国家/地区航空低碳发展对我国的启示 ················· 251

第二十四章 民航运量预测及二氧化碳排放情景分析 ················· 253
  一、预测方法 ················· 253
  二、民航运输活动水平预测 ················· 254
  三、民航运输碳排放预测分析 ················· 255

第二十五章 航空运输低碳发展战略目标与实施路径 ················· 259
  一、战略目标 ················· 259
  二、阶段目标 ················· 259
  三、实施路径 ················· 260

第二十六章 航空运输低碳发展重点任务 ················· 262
  一、加强顶层统筹规划 ················· 262
  二、推进航空产品及关键技术创新 ················· 263
  三、强化民航运行及基础设施减排 ················· 267
  四、加强智慧民航应用 ················· 271
  五、创新市场与管理机制 ················· 273

参考文献 ················· 275

第一篇

综 合 篇

第一章
交通运输行业低碳发展现状与形势

一、交通运输行业能源消耗及二氧化碳排放现状

（一）交通运输行业二氧化碳排放核算边界及方法

1. 核算边界

交通运输行业二氧化碳排放核算研究边界主要聚焦于各交通运输装备活动及其基础设施营运活动环节的二氧化碳排放，包括铁路机车及其相关基础设施配套系统、公路运输装备、水路运输装备及其港口基础设施、航空运输装备及其机场设施营运过程中产生的直接二氧化碳和间接二氧化碳，不开展交通领域碳排放全生命周期以及燃料的全生命周期碳排放研究。

2. 碳排放计算方法

目前，国家层面尚未确定交通运输行业的核算方法和指南。交通基础设施固定源碳排放采用能源消耗法进行核算。对于交通运输装备移动源排放，《省级二氧化碳排放达峰行动方案编制指南》针对交通运输领域公路、铁路、水路（不含国际远洋运输）二氧化碳排放提出了基于能源平衡表拆分的核算方法，主要思路是将能源平衡表中不同终端用能中的一部分拆分到交通领域进行核算。本章参考美国和欧洲的经验算法，采用基于活动水平的核算方法，主要思路是利用运输装备和基础设施活动水平及单位活动水平能耗因子进行核算。表1-1针对两种核算方法从核算边界、结果准确性等方面进行了具体的分析比较。

表 1-1 交通领域二氧化碳排放核算方法比较

项目	基于能源平衡表拆分进行核算	基于活动水平及单位活动水平能耗因子进行核算
核算边界	仅覆盖公路、铁路和水路（不含国际远洋运输），排放仅考虑运输装备运行阶段的化石燃料能耗	涵盖公路、铁路、水路和民航全交通领域（国际远洋运输和国际民航单独核算），在运输装备运行阶段，化石燃料消耗的基础上，考虑了新能源运输装备的电力消耗，同时也考虑了基础设施运营环节的排放
结果准确性	核算过程中能源平衡表各用能终端拆分到交通领域的比例存在不确定性	核算过程中运输装备活动水平和单位活动水平能耗因子存在不确定性
结果分辨率	仅能区分不同燃料的排放量，无法区分公铁水航等细分领域的排放量	可以区分公铁水航等细分领域的排放量，也可以区分不同燃料、不同运输装备的排放量；还可以区分运输装备和基础设施（营运环节）的排放量
结果应用领域	可以用于历史排放结果核算，较难应用于未来碳排放趋势预测	可以用于历史排放结果核算，也可以用于未来排放水平预测

由上述两种计算方法可以看出，基于能源平衡表拆分的核算方法能够真实反映出实际碳排放量。然而，这种方法存在如下缺点：一是拆分过程中，《中国能源统计年鉴》中"交通运输、仓储和邮政业"中的燃料消耗并不能覆盖所有交通领域，其他用能终端中交通领域燃料消耗占比尚不明确；二是违规加油站柴油销售以及乙醇等替代燃料的消耗未纳入交通燃油消耗量统计口径，基于能源平衡表拆分的核算方法一定程度上低估了交通领域二氧化碳排放量；三是总燃料消耗量无法细化到公路、铁路、水路和民航等具体领域；四是基于能源平衡表拆分的核算方法在未来预测过程中存在较大的不确定性。基于活动水平的核算方法能够较好地反映交通领域实际能耗水平，从而进行细分交通子领域的精细核算，同时也能够基于社会经济发展指标预测对运输装备活动水平进行方法学上较为成熟的预测，但该方法需要的数据种类较多，统计上通常存在较大缺口，因此核算结果往往存在一定的不确定性。因此，为了保证核算方法的分辨率（能够细分交通领域）及应用场景（能够完成未来碳排放预测），同时兼顾结果的准确性，本章采用基于活动水平的核算方法进行现状测算和未来预测，其中铁路、水路、民航多采用周转量法，公路运输装备的碳排放核算方法则主要基于保有量法进行计算，并辅以周转量法验证结果的正确性。

1）周转量法

周转量法是指利用运输方式的单位运输周转量能源消耗强度及运输周转量统计数据来核算运输温室气体排放量，周转量法核心公式为

$$EC_t = \sum_i (FI_{it} \times TR_{it} \times EF_i) \qquad (1\text{-}1)$$

其中，t 为运输方式（如铁路运输、公路运输、水路运输、民航运输）；EC_t 为 t

类交通运输二氧化碳排放量，单位为吨；FI_{it} 为 t 类运输方式第 i 类燃料单位周转量能源消耗强度，单位为吨/吨公里或吨/人公里；TR_{it} 为 t 类运输方式的周转量统计数据，单位为吨公里或人公里；EF_i 为第 i 类燃料二氧化碳排放因子，单位为吨二氧化碳/吨；i 为燃料类型（如汽油、柴油、天然气、石油等）。

2）保有量法

营运性公路运输、私人车辆及城市轨道交通可基于车辆数、行驶里程、单位能耗及碳排放因子进行测算，见式（1-2）。

$$E = \sum_i \sum_j (P_{i,j} \times VMT_{i,j} \times F_{i,j} EF_j) \tag{1-2}$$

其中，E 为运输装备排放量；i 为车型；j 为燃料种类；P 为保有量；VMT 为年均行驶里程；F 为能源强度；EF 为排放因子。

3）能源消耗法

交通基础设施基于运营维护中使用不同能源品种的消耗量及碳排放因子进行测算，见式（1-3）。

$$E_{IN} = \sum (EN_{i,j} \times EF_j) \tag{1-3}$$

其中，E_{IN} 为交通基础设施排放量；i 为用能设备；j 为能源种类；$EN_{i,j}$ 为设备 i 使用 j 能源的消耗量；EF_j 为 j 能源的排放因子。

（二）交通运输行业能源消耗现状

1. 能源消耗总量

2020 年我国交通运输行业能源消耗总量[①]折算标准煤量约为 4.99 亿吨标准煤，约占我国能源消耗总量的 10%。

1）按交通运输方式

公路在我国交通运输行业能源消耗总量中一直占有最大比重，铁路占比最小。2020 年我国公路运输产生的能源消耗量约为 4.23 亿吨标准煤，占整个交通运输行业能源消耗总量的 84.8%，如图 1-1 所示。

2）按交通运输类别

在我国交通运输行业能源消耗总量中，若按运输装备和基础设施运营环节分类统计可以发现，运输装备能源消耗总量占比高达 97.9%，基础设施运营环节能源消耗总量占比为 2.1%，如图 1-2 所示。

[①] 远洋运输和国际航空运输的能源消耗量不计入统计范围。

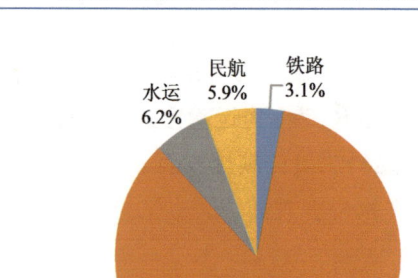

6 交通运输行业低碳发展的实现路径和重点任务

图 1-1 2020 年我国交通运输方式能源消耗总量占比

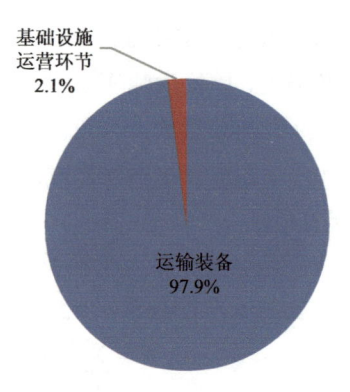

图 1-2 2020 年我国运输装备与基础设施运营环节能源消耗情况

比较我国交通运输行业客货运能源消耗总量可以发现，货运依然是我国交通运输行业能源消耗占比最大的领域。2020 年我国货运能源消耗总量达 2.74 亿吨标准煤，占整个交通运输行业能源消耗总量的 54.9%，如图 1-3 所示。

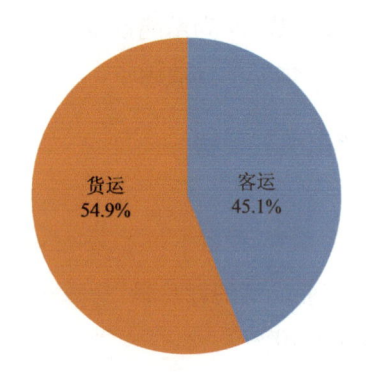

图 1-3 2020 年我国交通运输行业客货运能源消耗情况

铁路、公路、水路、民航的客运周转量与货运周转量的比例系数分别为 1∶1、10∶1、3∶1、1∶0.088；公路货运能耗包括小型货车、中型货车和重型货车运输生产过程中的能源消耗，水路货运能耗包括内河、沿海船舶运输生产过程中的能源消耗，民航因其货运占比较小，可忽略不计。

2. 能源消耗结构

我国交通运输行业能源消耗类型主要包括电力、燃油、燃料油、燃煤、液化石油气、天然气、外购热力等。若按照能源消耗所属类别来看，2020年我国交通运输行业化石能源消耗占比为95.62%；其次是电力，占比是4.09%，如图1-4所示。

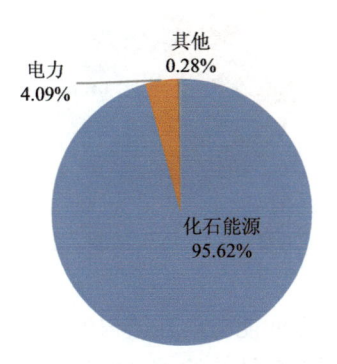

图1-4　2020年中国交通运输行业能源消耗结构

其他包含氢、生物质燃料、外购热力和醇基燃料；图中百分比由于经过四舍五入，合计可能不等于100%

我国货运主要以公路和水路为主，而柴油又是公路和水路运输的主要燃料，进而使燃油在我国交通运输行业能源消耗结构中处于主体地位，如图1-5所示。

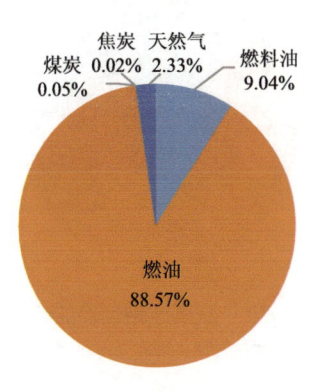

图1-5　2020年我国交通运输行业化石能源消耗图

焦炉煤气、城市煤气等化石能源消耗量过小，不单独计入统计范围；图中百分比由于经过四舍五入，合计可能不等于100%

柴油在我国公路运输装备能源消耗结构中占比为54.19%，汽油占比40.88%，清洁能源与新能源占比却不足10%，如图1-6所示。

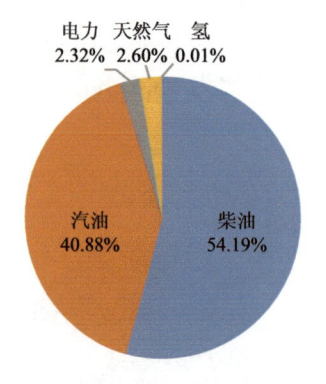

8 交通运输行业低碳发展的实现路径和重点任务

图 1-6　2020 年我国公路运输装备能源消耗情况

燃料油在我国交通运输行业能源消耗结构中占比较大的原因在于两个方面：一是燃料油占水路运输能源消耗结构的 48.1%（图 1-7），是水路运输的主要燃料，尤其在海洋运输方面，燃料油占比甚至在 80% 以上；二是我国民航运输主要能耗类型为航空煤油，据统计，2020 年航空煤油消耗量约为 2817.61 万吨。

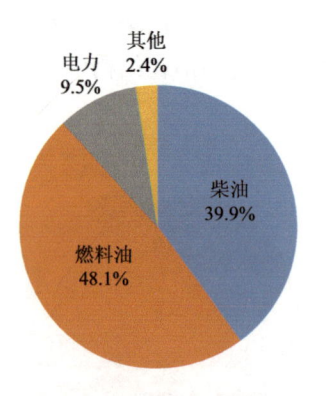

图 1-7　2020 年我国水路运输能源消耗结构
图中百分比由于经过四舍五入，合计可能不等于 100%

我国交通运输行业电力用能较大的场所主要是铁路系统，其次是交通枢纽，如港口、机场等基础设施运营环节用能。随着近年来铁路电气化水平的不断提升，铁路电力用能占比一直处于领先地位。2020 年，我国铁路电力消耗量占铁路运输能源消耗总量的 66.2%（图 1-8）。此外，机场的能源消耗类型也以电力为主。

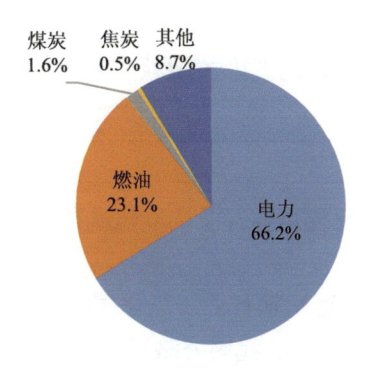

第一章 交通运输行业低碳发展现状与形势　9

图 1-8　2020 年我国铁路运输能源消耗结构

其他包含焦炉煤气、城市煤气、油田天然气、气田天然气、液化石油气、液化天然气、生物质燃料、外购热力、氢和醇基燃料；图中百分比由于经过四舍五入，合计可能不等于100%

3. 能源消耗强度

通过对 2020 年我国各交通运输方式单位客货运周转量能耗数据进行分析，可以看出在客运领域，铁路单耗指标最低，其次是公路与民航，水路运输最高，这主要是由于水路运输客运业务规模较小，客运周转量仅占换算周转量的 0.06% 左右，与水路货运相比，其客运运输效率较低，很大程度上影响了能源利用效率。在货运领域，铁路单耗仍然最低，其次是水运和公路，见图 1-9。

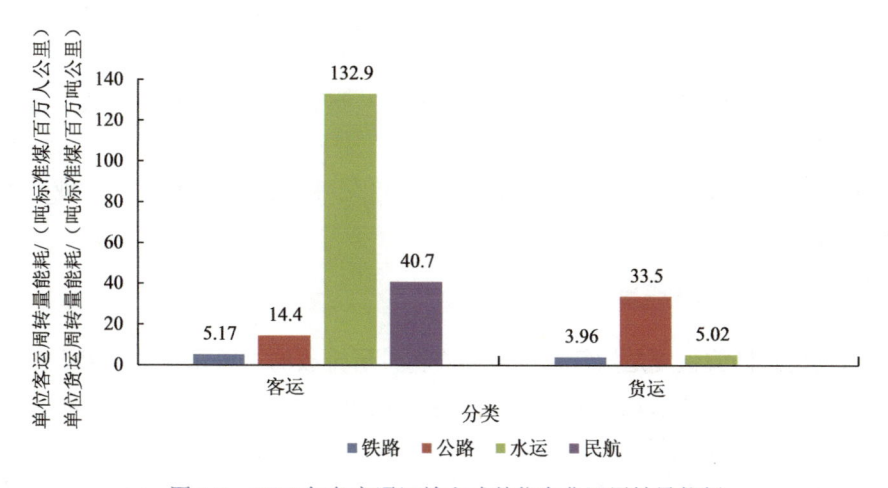

图 1-9　2020 年各交通运输方式单位客货运周转量能耗

各交通运输方式单位客货运周转量能耗计算方式为客货运能耗除以客货运周转量；铁路客运能耗取自机车牵引总重吨公里能耗数据；考虑民航客机腹舱带货的现实情况，不单独研究民航货运指标，将民航综合指标作为客运单耗指标，按 1 人公里=0.09 吨公里折算

（三）交通运输行业二氧化碳排放现状

1. 二氧化碳排放总量

经测算，2020 年我国交通运输行业二氧化碳排放总量约为 10.79 亿吨[①]。

1）按交通运输方式

近年来，公路在我国交通运输行业二氧化碳排放总量中占有最大比重，其次是水运，铁路占比最小。2020 年，我国公路运输二氧化碳排放总量约为 8.8 亿吨，占整个交通运输行业二氧化碳排放总量的 81.6%，见图 1-10。

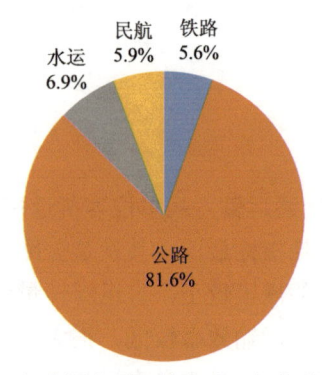

图 1-10　2020 年我国交通运输方式二氧化碳排放总量占比

2）按交通运输类别

在我国交通运输行业二氧化碳排放总量中，运输装备二氧化碳排放总量占比高达 97.11%，见图 1-11。

2020 年我国货运二氧化碳排放总量达 6.07 亿吨，占整个交通运输行业二氧化碳排放总量的 56.3%，见图 1-12。

2. 二氧化碳排放强度

二氧化碳排放强度是指每单位换算周转量所排放的二氧化碳量，用于衡量运输周转量与二氧化碳排放量的关系。计算公式如下：二氧化碳排放强度=总二氧化碳排放量/客货运周转量。

在货运领域，水路运输在我国交通运输方式中二氧化碳排放强度最小，其次是铁路和公路。在客运领域，铁路的二氧化碳排放强度最小，其次为公路与民航，水运最高，见图 1-13。

---

① 远洋运输和国际民航运输二氧化碳排放量不计入统计范围。

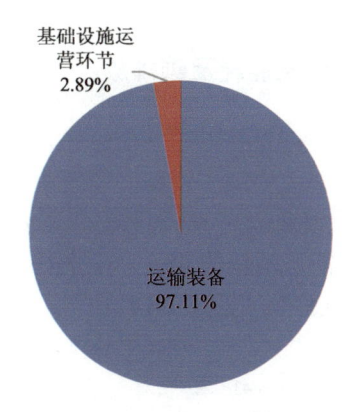

第一章　交通运输行业低碳发展现状与形势　11

图1-11　2020年我国运输装备与基础设施运营环节二氧化碳排放情况

图1-12　2020年我国交通运输行业客货运二氧化碳排放情况

图1-13　2020年我国交通运输行业二氧化碳排放强度

考虑民航客机腹舱带货的现实情况，不单独研究民航货运指标，将民航综合指标作为客运碳排放强度指标，按1人公里=0.09吨公里折算

(四)远洋运输和国际民航能耗及碳排放

1. 远洋运输

2020 年,远洋货运能源消耗 2569.43 万吨标准煤,远洋客运能源消耗 9.54 万吨标准煤,远洋运输占水运能源消耗的 45.39%,其中,远洋货运能源消耗占水运货运能源消耗的比例高达 50.53%,见图 1-14。

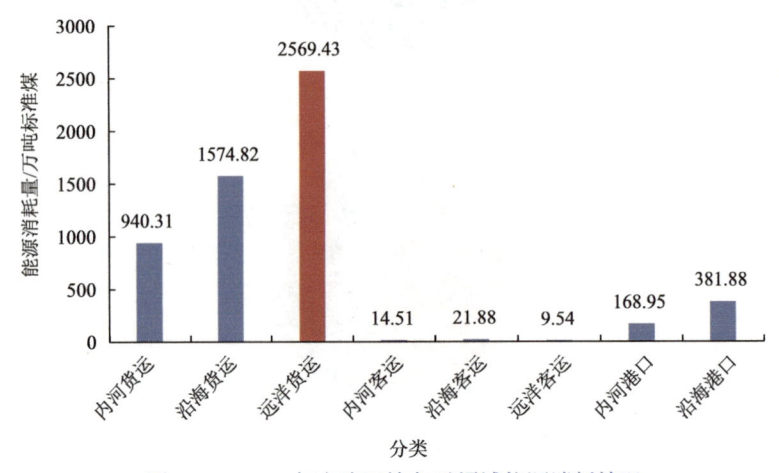

图 1-14 2020 年水路运输各子领域能源消耗情况

2020 年,远洋运输二氧化碳排放量为 0.55 亿吨,约占水运行业二氧化碳排放总量的 42.69%,见图 1-15。

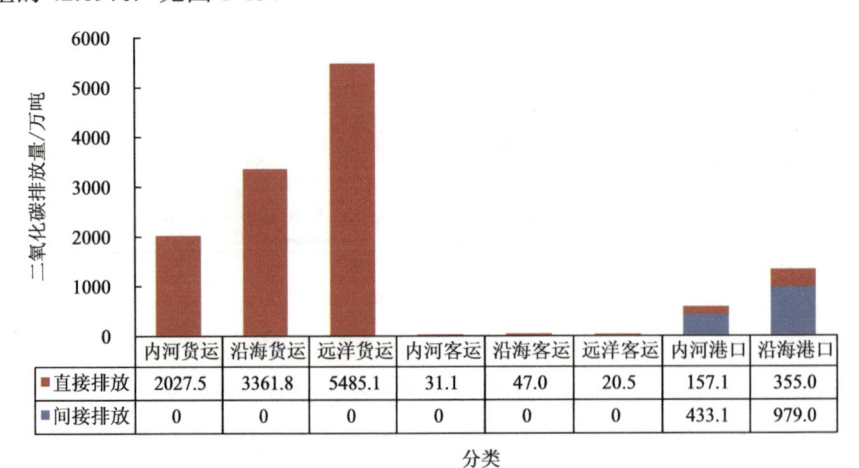

分类	内河货运	沿海货运	远洋货运	内河客运	沿海客运	远洋客运	内河港口	沿海港口
直接排放	2027.5	3361.8	5485.1	31.1	47.0	20.5	157.1	355.0
间接排放	0	0	0	0	0	0	433.1	979.0

图 1-15 2020 年水路运输各子领域二氧化碳排放量
远洋运输船舶只计入注册在中国的船舶

2. 国际民航

2020 年，我国民航运输能源消耗总量为 3821 万吨标准煤，其中国际航线能源消耗量为 877 万吨标准煤，约占 23%，见图 1-16。

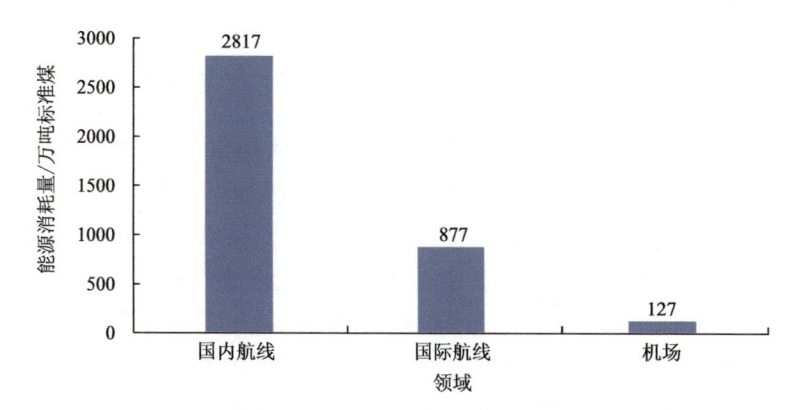

图 1-16　2020 年我国民航运输各子领域能源消耗情况

2020 年民航运输二氧化碳排放总量为 8220 万吨，其中国际航线约占 22.8%，见图 1-17。

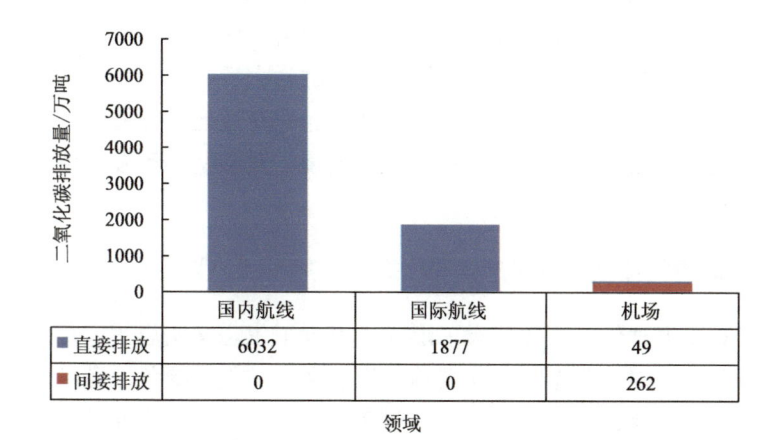

领域	国内航线	国际航线	机场
直接排放	6032	1877	49
间接排放	0	0	262

图 1-17　2020 年民航运输各子领域二氧化碳排放情况

国际航线指始发或到达有一端不在中国的航线

二、交通运输行业清洁低碳发展面临的形势与挑战

（一）面临的形势

1. 交通运输行业低碳发展是应对全球气候变化的重要途径

气候变化是全球最大的环境挑战，温室气体排放是 20 世纪中叶以来全球变暖的主要原因。中共中央、国务院高度重视碳达峰碳中和工作的推进和落实，编制了总体行动方案，对能源、工业、交通、建筑等重点领域提出了相关要求。交通运输是发展的"先行官"，也是能源消耗和二氧化碳排放的重要领域。气候变化极端事件给交通运输基础设施建设、养护和运行带来诸多不利影响，交通运输行业也是受气候变化影响最显著的行业之一。碳达峰目标和碳中和愿景要求交通领域更为系统地谋划中长期减缓和适应气候变化的工作目标，推进若干重大任务和政策措施。

2. 交通运输行业低碳发展是加快建设交通强国的重要内容

我国是世界上当之无愧的交通大国并正向交通强国迈进，交通运输低碳发展是加快建设交通强国的重要目标和关键领域，是实现交通运输高质量发展和低碳转型的战略举措。交通运输必须坚持以人民满意为宗旨，进一步优化调整运输结构，促进整个交通运输系统运行效率的提升；加速交通运输行业绿色转型，促进绿色生产方式和生活方式的形成，实现发展规模、发展空间和发展模式的优化调整，助推行业高质量和可持续发展。

3. 交通运输行业低碳发展是实现生态文明建设的迫切要求

党中央高度重视生态文明建设，形成了习近平生态文明思想，是交通运输行业生态文明建设的根本遵循。交通运输是生态文明建设、绿色低碳发展和打好污染防治攻坚战的重点领域，国家生态文明建设相关文件都对交通领域提出了明确的任务要求。新时代交通运输行业低碳发展责任重大、任务艰巨，亟须加快转变发展方式，协同推进节能减排和污染防治，调整运输结构，加快新能源、清洁能源替代，为加强生态文明建设提供有力支撑。

4. 交通运输行业低碳发展是抢抓科技革命机遇的必然选择

当前，新一轮科技革命蓄势待发，信息技术、人工智能、大数据、云计划、

物联网、新能源等与交通息息相关的领域呈现出踊跃发展态势，超高速磁浮铁路、车路协同、智能船舶、智能航运等变革性技术不断涌现。这将为交通运输生产生活方式和组织模式带来变革性影响，也为交通运输行业低碳转型发展带来了前所未有的机遇。因此，迫切要求交通运输行业抓住新一轮科技革命机遇，把科技创新作为推动交通低碳发展的第一动力，全面提升交通运输科技实力和低碳发展水平。

5. 交通运输行业低碳发展是降低我国石油对外依存度的有效途径

能源是国民经济发展的重要支撑，能源安全直接影响到国家安全、可持续发展以及社会稳定。我国是石油净进口国，石油对外依存度逐年上升，2020年我国石油对外依存度达到72.7%[1]，面对日趋扩大的石油需求和增产困难的石油供给，我国的石油供应安全风险逐步增大。2020年交通运输部门终端油品消费量占我国油品消费总量的66%[2]，成为我国石油消费的主要部门。交通运输行业低碳发展将不断减少石油消费量，从而降低我国石油对外依存度，提升国家能源安全。

（二）存在的挑战

1. 交通运输需求仍将持续增长

在城镇化和工业化发展下，我国交通运输服务需求快速增长，相应的能耗与碳排放量也随之增加，2020年我国交通领域石油消耗量占石油消耗总量的49%左右[2]，碳排放量也呈上升趋势。交通运输业作为国民经济的基础性、先导性和服务性行业，未来随着国民经济的发展，交通运输需求将进一步提升。根据《国家综合立体交通网规划纲要》，预计2021～2035年旅客出行量（含小汽车出行量）年均增速为3.2%左右，全社会货运量年均增速为2%左右，邮政快递业务量年均增速为6.3%左右，交通运输需求的增长必定导致交通运输碳排放持续增加，这无疑对交通运输业的低碳发展提出了严峻的考验。

2. 用能结构调整进程存在不确定性

推动交通运输行业低碳发展的核心在于能源系统转型，这显然离不开运输装备的新能源和清洁能源替代。交通运输行业作为需求侧，用能结构的调整进程受

---

[1] 资料来源：《2020中国能源化工产业发展报告》。
[2] 资料来源：《中国能源统计年鉴2021》。

外界因素的影响较多。以小客车为例，传统燃油汽车更新为新能源汽车仍需要较长时间，截至 2020 年底，全国汽车保有量达 2.81 亿辆，其中全国新能源汽车保有量达 492 万辆，占汽车总量的 1.75%。这就意味着截至 2020 年底，全国传统燃油汽车占汽车总量的 98.25%，约 2.76 亿辆。我国目前每年的汽车销量大约为 2300 万辆，即使全部为新能源汽车并且淘汰同等数量的传统燃油汽车，也需要十余年的时间。此外，新能源重型货车在行驶里程、有效载重方面仍存在技术瓶颈，水运船舶目前还缺乏成熟的能源替代方案。

3. 交通低碳转型给交通运输可靠性带来新挑战

交通运输是国家安全的基础保障和重要组成，安全可靠的运输保障能力是交通强国战略的重要组成部分。在我国加快推进低碳交通运输体系建设的背景下，优化交通能源结构、推进新能源和清洁能源应用必将给交通动力系统带来革命性变革。同时，也存在新能源运输装备技术可靠性不强、配套供应体系覆盖度不足等潜在安全风险隐患。在加快推进交通低碳转型发展进程中，应处理好发展、减排和安全的关系，对交通系统动力低碳替代进程与安全可靠的运输能力保障进行前瞻性、战略性布局。

4. 交通运输行业碳减排资金需求大

联合国政府间气候变化专门委员会第六次评估报告中指出，交通运输行业碳减排成本显著高于工业、建筑等行业。目前采取的"公转铁"、"公转水"、老旧柴油货车淘汰等减排措施，资金投入大。以重型货车新能源替代为例，普通柴油货车与电动货车的成本差价在 80 万～100 万元，资金需求量巨大，地方政府、运输企业和个体运输户缺乏内生动力。

第二章
典型国家/地区低碳发展历程及启示

发达国家交通领域二氧化碳排放历史趋势显示,交通领域二氧化碳排放达峰以后,虽然会存在波动情况,但总体呈现下降趋势;此外,交通领域二氧化碳排放占全社会二氧化碳排放的比例是逐步增长的,越发达的地区,交通领域二氧化碳排放占比越高。因此,欧盟、日本和美国等发达国家/地区都在交通运输低碳发展方面采取了很多措施。

一、典型国家/地区交通运输低碳发展措施

欧盟、日本、美国等地通过健全政策、法案和碳排放交易体系,制定碳税制度和燃油经济性标准,提供补贴和资金支持,推动产业结构优化、降低重点产业能耗,加大低碳交通科研力度、推动低碳技术创新,加快能源系统变革,优化交通运输结构,发展低碳交通装备,完善低碳交通标准,鼓励和引导绿色出行等措施降低交通领域二氧化碳排放。典型国家/地区交通运输减排政策如表2-1所示。

表2-1 典型国家/地区交通运输减排政策

国家/地区	交通运输减排政策
欧盟	于2003年和2006年分别启动了推动多式联运的马可波罗计划和耐得斯(NAIDES)推进内河航运计划,补助道路货物运输向铁路或水路转移等,每年预算约为6000万欧元
	2011年通过"交通2050战略",提出要打破交通运输对石油的依赖
	2014年启动了"地平线2020",这是欧盟实施创新政策的资金工具,实施年限为2014~2020年,预算总额为770.28亿欧元,其中,智能、绿色和综合交通单项资金达到63.39亿欧元
	2016年发布《欧洲低排放出行策略》,明确提出将支持对现行燃料和可再生能源的立法修订

续表

国家/地区	交通运输减排政策
欧盟	2017年11月，汽车排放标准升级，欧盟境内新车每公里碳排放必须在2025年降低15%，在2030年之前降低30%；2018年12月，又将2030年的减排目标提高到37.5%；2021年的排放标准为乘用车95克二氧化碳/公里，轻型商用车147克二氧化碳/公里
	2020年12月发布《可持续和智能交通战略》，对于运输距离在500公里以下的客运，将大力推动航空运输转向铁路运输；将内陆公路货运量的75%转移到铁路和内陆水运，争取到2030年使铁路货运量增长50%
	2021年7月公布的"Fit for 55"立法法案中，针对交通运输行业有8项提案，一是2030年交通运输行业总排放相比2005年减少40%以上（原减排目标为29%）；二是交通运输行业（包括国际航空和海运燃料）碳排放强度将降低13%；三是取消在航空业、航运业对化石燃料的免税政策，针对5000总吨及以上进出欧盟水域船舶征收碳税；四是到2030年，汽车和厢式货车的二氧化碳排放量将较2021年分别下降55%和50%；五是主要高速公路每60公里设置充电站，每150公里设置加氢站；六是力争在2025年可持续航空燃油占航空燃料的比重提升至2%以上，到2050年提升至63%以上；七是通过对船舶使用的燃料的温室气体含量设定最大限值，以刺激停靠欧洲港口的船只采用可持续海事燃料和零排放技术；八是至2027年，欧盟将逐步取消航空业的免费碳排放配额，2022年将海运碳排放纳入碳排放交易体系
日本	1990年《日本运输经济报告》对交通体系进行了调整，调整的重点涵盖四个方面：构建城市高速干线运输体系、发展城市快速运输体系、完善现代物流体系、强化对外交通体系
	2007年开始征收碳税，要求汽车使用者在消费燃料、取得和保有汽车时负担一定的税金，同时在汽车购置方、节能型企业、节能减排型企业等方面对低碳消费采取降税、免税等鼓励措施
	2017年，日本经济产业省的税收制度改革中指出，通过国家车辆购置补贴与税收减免制度，降低新能源汽车在开发初期的价格，提高新能源汽车的购买需求与普及率
	2020年12月，《2050年碳中和绿色成长战略》进一步明确了交通运输部门的发展目标和技术路线
	2021年5月发布《交通政策基本计划2021~2025》，提出构建"安全、可持续发展的绿色交通"，并加速交通领域的脱碳进程
	2021年起实施新燃油效率标准，新标准引入"well-to-wheel"（从油井到车轮）全生命周期监管措施，即将燃料上游消耗也纳入监管范围
美国	20世纪70年代起，国家能源战略框架，以发展新能源为战略中心，以节能减排和提高能源利用率为主要支撑，以优化交通结构及实施财政政策为主要战略举措
	20世纪70年代起，制定了系列环境税收政策，主要包括对损害臭氧的化学品征收消费税和存放税，对石油及其制品征收泄漏税、使用税以及固体废弃物处理税或处理费等
	1988年通过了《加利福尼亚州洁净空气法》，对加利福尼亚州空气质量进行全面规划。加利福尼亚州空气资源委员会负责制定路面和非路面移动污染源的排放标准、汽车燃料标准，以及消费产品管制规定。加利福尼亚州空气资源委员会同时负责根据联邦《洁净空气法》制定加利福尼亚州政府的空气质量实施计划。根据《加利福尼亚州洁净空气法》，各类污染源必须采用有效可行的技术方案控制污染物排放，并应以每年5%的幅度减少污染物的排放
	2005年颁布的《能源政策法案》决议规定政府可为新型混合动力车提供高达3400美元的税收抵免

续表

国家/地区	交通运输减排政策
美国	相较于2005年提出的Tier2机车发动机标准，2015年对铁路机车制定的Tier4排放标准要求降低70%的颗粒物排放量和76%的氮氧化物排放量
	美国加利福尼亚州空气资源委员会于2023年4月27日批准了一项新规定，要求在加利福尼亚州运营的车队从2024年开始发展并部署更多的零排放汽车。此次发布的《先进清洁车队法规》是加利福尼亚州空气资源委员会"先进清洁系列"法规中的最新规定，旨在减少加利福尼亚州高排放车辆群体的温室气体和空气污染物排放。该法规要求联邦车队、州车队、地方车队以及拥有50辆以上货车或年收入超过5000万美元的大型商用车队部署应用零排放车辆
	2020年10月提出的《海洋气候解决方案法》，要求所有使用美国港口的5000总吨及以上的船舶根据每个航次的数据报告排放量
	2021年《重建更好法案》将新能源汽车税收抵免政策从之前的7500美元提高至最高1.25万美元，具体而言，对于在美国国内组装的汽车，在7500美元的消费者税收抵免的基础上将额外增加4500美元；使用美国制造电池的车辆还将额外获得500美元的奖金
	2023~2026年美国轻型车实施新油耗标准。2026年新车二氧化碳排放标准为171克/英里（1英里=1.609 344千米），2023年标准较2022年严格10%，2024~2026年每年分别严格5%、7%、10%。CAFE（corporate average fuel economy，企业平均燃料经济性）标准为52.0英里/加仑（约22千米/升，其中1加仑=3.785 43升），2023年CAFE政策趋严10%左右的幅度，2024~2026年每年分别严格5%、7%、10%

二、典型国家/地区交通运输低碳发展对我国的启示

（一）优化交通运输结构，提高多式联运系统效率

欧盟制定了优化运输结构的战略，日本采取了优化运输结构的措施，通过优化运输结构，提高交通运输系统效率，实现交通能耗结构的优化，有效降低对高碳能源的依赖以及由此产生的碳排放。我国交通运输结构优化也可从两方面着手，一方面，合理规划和确定各种运输方式之间的比例关系，发挥不同运输方式的比较优势及组合效率；另一方面，处理好单一运输方式内部各构成要素之间的比例关系，如引导城市客运向公共交通转化。

（二）加大科技研发力度，推动科技成果转化应用

加大研发以实现碳达峰碳中和的核心在于技术创新。欧盟、日本和美国无一不在交通运输新技术、新能源、信息技术等领域制定政策、投入资金，推进技术研发和成果转化应用。例如，日本汽车运输企业进行生态驾驶管理系统的普及，美国、欧盟均将电动汽车作为交通运输能源科技研发的重点领域，美国在飞机制

造领域成为国际标准制定主导者。从我国近期规划来看，国家在不断推广混合动力汽车、电动车等节能车型，发展过程中需要突破许多技术问题，这就需要加大科研投入，整合科研力量，扶持重点项目和工程的落地，不断加强科研成果的产出和应用。

（三）大力发展综合交通，加强集约型交通供给

以日本东京为例，轨道交通引导了其都市区的拓展，使其由原来的单中心逐渐向多中心发展，此外还建设综合性交通枢纽，缩短换乘时间，大力发展综合交通和 TOD（transit-oriented development，以公共交通为导向的开发）引导模式。我国应大力发展综合交通，强化集约型交通供给，旧城改造或新城建设优先采用 TOD 模式。同时，交通布局也要与国土资源、产业、城镇、人口相适应，努力实现多种运输方式交通通道、综合交通枢纽一体化规划和建设，实现各种运输服务一体化协同发展，全面提升综合交通系统效率。

（四）加强综合战略引领，强化经济政策推动作用

欧盟"Fit for 55"立法法案、日本《2050 年碳中和绿色成长战略》以及美国的能源与减排方案和应对气候变化国家行动计划都是引领低碳发展的顶层综合战略，再辅以各类财税激励、市场机制等积极政策推动交通运输低碳发展。我国已发布交通运输低碳发展的顶层战略，同时还应强化经济推动作用，制定类似基础设施的财政补贴和税费减免政策。例如，对于节能环保型交通设施，国家可在其建设期给予贷款优惠，在运营期给予财政补贴；对于高耗能和高排碳的交通设施，则提高其建设贷款利率，收取运行中的污染费，并使其承担全部的外部成本。通过财政税收政策，引导各种交通运输方式合理发展。

（五）增加宣传力度，提倡和鼓励低碳出行模式

欧盟的低碳举措中体现了国家层面通过宣传和建立低碳出行典型城市或案例等方式倡导低碳出行，通过调整全国民众的出行行为来降低交通碳排放。我国可以有选择地提倡步行或骑自行车出行，更多地鼓励乘公共交通工具出行。

第三章
交通运输行业能源消耗及碳排放趋势分析

一、交通运输行业碳排放情景分析

基于经济社会发展规划、交通运输发展规划等相关文件,预测客货运交通运输需求总量和结构。融合运输需求-能源消耗-减排措施-碳排放的全链条建模理念,构建交通运输碳排放预测模型。从运输结构调整、技术能效提升、运营能效提升、清洁能源替代等方面对各阶段交通领域碳减排措施的代表性参数量化赋值,设置不同低碳发展情景。在满足交通运输需求的前提下,模拟预测基于不同政策组合情景的交通运输领域碳排放变化趋势。

碳排放预测主要聚焦于各交通运输装备活动及其基础设施运营环节的二氧化碳排放,包括铁路机车及其相关基础设施配套系统、公路运输装备、水路运输装备及其港口基础设施、航空运输装备及其机场设施营运过程中产生的直接二氧化碳和间接二氧化碳,不开展交通领域碳排放全生命周期以及燃料的全生命周期碳排放研究。

(一)预测方法

交通领域能源消耗和碳排放预测模型中的核算方法与现状核算方法一致,对公路领域采用基于车辆保有量预测的核算方法,对水路、铁路和民航领域采用基于周转量预测的核算方法。对于运输装备能源消耗和碳排放预测则主要采取情景预测的方法进行,基于不同的参数设置基准情景、低碳情景和强化低碳情景三种不同情景,对不同情景下的能源消耗和碳排放趋势进行预测。交通基础设施的未来规划布局相对比较确定,因此对于交通基础设施的能源消耗和碳排放预测没有设置多种情景,直接基于未来的布局规划情况进行预测。

1. 情景设置

基准情景：以 2020 年交通运输实际发展情况为基础，延续当前实行的低碳政策、减排管理手段，同时推进低碳技术进步，对未来交通发展进行预测，评估和预测在延续现有的政策力度及技术的发展趋势下，交通运输领域的碳排放趋势。

低碳情景：在基准情景的基础上，推进各项节能减排措施，如加快新能源运输装备推广、提高车辆技术和运营能效水平、加大运输结构调整力度等。模拟各类措施的节能减排效果，并预测此情景下不同减排措施实施下，交通运输领域碳排放的发展趋势。

强化低碳情景：在低碳情景的基础上，进一步加大新能源运输装备推广、提高车辆技术和运营能效水平、运输结构调整等节能减排措施的推进力度。与低碳情景类似，模拟各类措施的节能减排效果，预测此情景下交通运输领域碳排放的发展趋势。

2. 核算边界

基于国家碳排放清单编制的相关要求，交通领域碳排放以我国领土内运输装备碳排放为主。本章针对运输装备的能源消耗和碳排放（包括直接排放和间接排放）趋势采用情景预测的方法进行预测，不包括国际海运和国际航空部分的能源消耗和碳排放。

情景预测模型涉及的主要参数如表 3-1 所示。

表 3-1　交通运输领域碳排放预测模型基本参数

预测参数	预测指标
活动水平	铁路客货运周转量
	车辆保有量
	车辆行驶里程
	水路客货运周转量
	民航客货运周转量
减排措施	运输结构调整比例
	铁路内燃机车能效提升水平
	燃油车能效提升水平
	船舶能效提升水平
	飞机能效提升水平
	铁路电气化水平
	新能源车辆推广比例
	新能源船舶推广比例
	航空燃料清洁能源替代比例

3. 客运运输活动水平预测依据

2016~2021年，除2020年受新冠疫情影响外，我国各年度GDP增长率均在6.0%以上。随着疫情逐步得到控制，我国经济恢复正常发展速度，根据有关研究，预计2030~2060年我国有望实现全球经济总量第一，其中，2030年全国经济总量为150万亿~170万亿元人民币，2060年可达到300万亿~450万亿元人民币。对近年我国经济发展速度和全社会客运量增长速度进行比较，得到客运量的增长速度与国民经济的增长速度基本同步。按照这一规律，随着国民经济的持续发展，全社会客运量也将呈现明显增长趋势。

近年来，我国城镇化快速推进，2021年我国城镇化率为64.72%。国家发展和改革委员会宏观经济研究院预计，到2040年我国城镇化率将达到70%~75%的峰值。党的十九大报告提出，"以城市群为主体构建大中小城市和小城镇协调发展的城镇格局"[1]。我国未来将加快城市群发展，主要城市群集聚人口能力增强，预计未来80%以上的人口将分布在19个城市群地区。城市群客运出行的特征具有明显的区域性、高度的流动性和出行的高效性。

随着信息技术的发展，我国远程办公人数也将呈现增长趋势。此外，疫情过后我国旅游业迅速回升并快速发展，预计2030年我国国内旅游人数将超过90亿人次。

4. 货运运输活动水平预测依据

产业结构不断优化升级是我国经济呈现出新常态的重要特点之一。目前，我国服务业年均增速保持在10%左右。预计到2030年，第三产业的比重将从2021年的53.3%升至61%。产业结构的变化将进一步带来社会运输产品结构的变化，重工业发展所需的原材料、燃料及产成品的运量相对进一步下降，附加值较高的高新技术产业和服务业的运输需求进一步提高。

根据国家能源相关政策，预计2030年和2060年我国煤炭产量将分别达到37亿吨和25亿吨，呈逐步下降趋势。随着特高压输电的发展，长距离运煤变为长距离输电，能源输送格局转变，实现了输煤、输电并举，进一步减少了煤炭运输量。有关部门预测，一条特高压直流输电线路和一条特高压交流输电线路的年输电量，分别相当于运输2000万吨和2500万吨左右的原煤。按规划，预计特高压线路2030年和2060年可分别替代原煤输送量2.5亿吨和5亿吨。

---

[1] 《习近平：决胜全面建成小康社会 夺取新时代中国特色社会主义伟大胜利——在中国共产党第十九次全国代表大会上的报告》，https://www.gov.cn/zhuanti/2017-10/27/content_5234876.htm，2017年10月27日。

由于经济结构调整，我国固定资产投资、房地产投资和机电产品出口增速显著回落，主要用钢行业，如机械、造船等制造业及铁路、公路、港口等基础设施建设的年度消费钢铁量的高峰期已过，钢铁的国内消费已达到峰值平台区。经济增长进入新常态，将抑制原材料需求的增长，经济发展对资源、原材料的依赖度将显著下降，因此钢铁市场需求空间有限，今后将处于高位盘整或逐步滑落状态，冶炼物资运输总需求增长潜力不大。

近年来网上购物已经成为一种大趋势。根据国家统计局发布的数据，2021年我国社会消费品零售总额达到44.1万亿元人民币，其中网络购物在社会消费品零售总额中的占比为24.5%。根据有关预测，未来中国网上购物的总额还将持续扩大。

（二）能耗预测分析

1. 能源消耗总量分析

1）运输装备能源消耗分析

基于上述模型基本参数，初步预测了交通运输装备在不同情景下的能源消耗变化趋势，如图3-1所示。

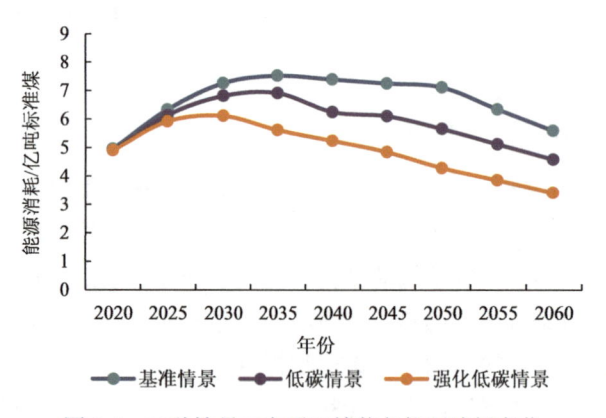

图3-1 三种情景下交通运输装备能源消耗变化

在基准情景下，交通运输装备产生的能源消耗量在2035年前仍将大幅增长，从2020年的4.89亿吨标准煤上升至2035年的7.5亿吨标准煤，2035～2050年能源消耗进入平台期，维持在7.2亿～7.5亿吨标准煤，2050年后呈现下降趋势，2060年下降至5.6亿吨标准煤。在低碳情景下，交通运输装备产生的能源消耗量在2035年上升至6.9亿吨标准煤，之后持续下降，到2060年下降至4.6亿吨标准煤。在强化低碳情景下，交通运输装备产生的能源消耗量有望于2030年达峰，峰值为

6.1亿吨标准煤,之后于2060年下降至3.4亿吨标准煤。

2)基础设施运营环节能源消耗分析

由于公路客货运场站数量庞大,且缺乏统计基础,公路基础设施运营环节的能源消耗缺乏统计数据,根据《基于气候分区的公路客运场站能耗及能效等级研究》的测算,调研回收的全国11个省(自治区、直辖市)的公路客运场站年平均能源消耗共计563.4吨标准煤。

本部分仅对铁路车站、港口和民航机场进行分析,经测算,基础设施运营环节能源消耗变化趋势如图3-2所示。能源消耗2060年上升至1520.13万吨标准煤,总体增速平缓。

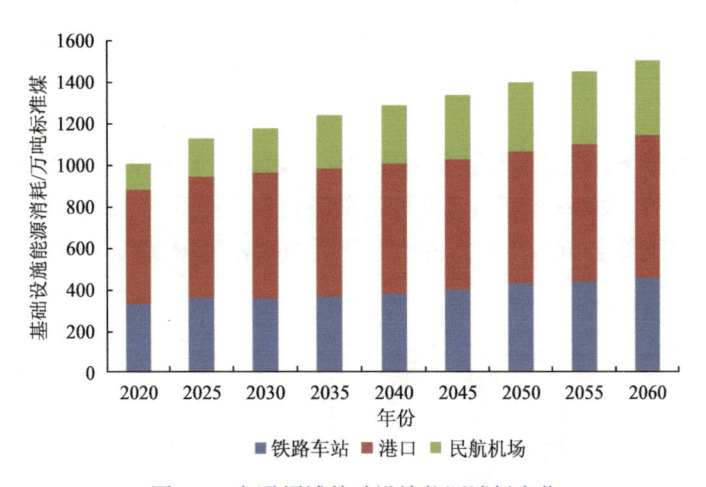

图3-2 交通领域基础设施能源消耗变化

除了内燃机车外,燃油、燃煤锅炉是目前铁路车站一次能源消耗的主要来源,预计到2060年铁路车站能耗总量将平稳上涨。当前港口电力消耗占比已达50%,预计2060年港口设施实现100%电气化,港口能耗总量小幅上涨。民航基础设施运营环节能源消耗主要是机场,机场能耗主要集中在航站楼,主要能源类型为电力。根据民航旅客运输量预测以及全国机场规划,全国机场能耗还将有明显增长。

2. 能源消耗结构分析

从能源结构来看,目前交通运输装备产生的能源消耗量仍以汽油、柴油为主,占比超过80%,电力占比不足5%。

在基准情景下,交通运输装备消耗的化石燃料将于2035年前后达到峰值,之后呈现下降趋势,新能源及清洁能源占比不断提升,到2060年,化石燃料占比将下降至75%,如图3-3所示。

图 3-3 基准情景下交通运输装备能源结构变化

在低碳情景下，交通运输装备消耗的化石燃料将于 2030 年前后达到峰值，之后呈现下降趋势。2030 年新能源及清洁能源占比将提升至 10%。到 2060 年，化石燃料占比将下降至 40%，电力占比上升至 36%，见图 3-4。

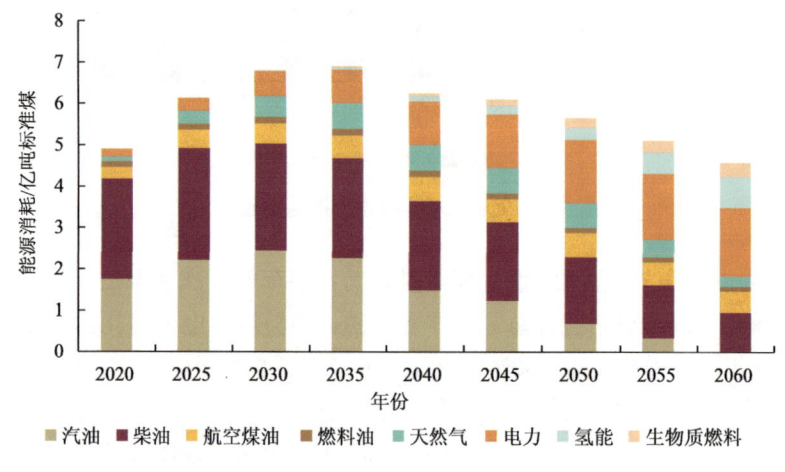

图 3-4 低碳情景下交通运输装备能源结构变化

在强化低碳情景下，交通运输装备消耗的化石燃料将于 2025~2030 年达到峰值，之后呈现下降趋势。2030 年新能源及清洁能源占比将进一步提升至 12%。到 2060 年，交通运输装备消耗的能源品种呈现多元化，化石燃料占比将下降至 20%，电力占比上升至 40%，氢能等燃料占比也将上升至 32%，见图 3-5。

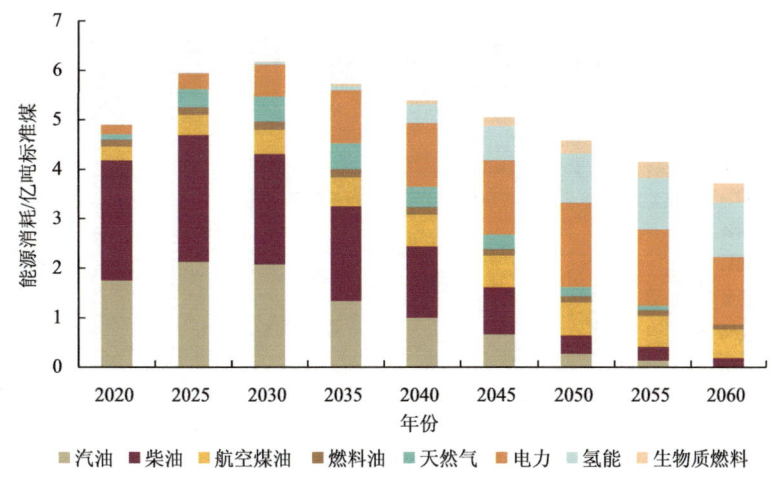

图 3-5　强化低碳情景下交通运输装备能源结构变化

3. 各运输方式能源消耗分析

当前，从各运输方式运输装备的能源消耗量来看，公路运输能耗占比最大，约占 85%。未来在不同情景下，公路运输能耗占比都将不断下降，2060 年下降至 65%~70%，航空、水路和铁路能耗占比都将有不同程度的提升，其中航空能耗占比提升最为明显，到 2060 年，强化低碳情景下航空能耗占比将为 21% 左右（图 3-6~图 3-8）。

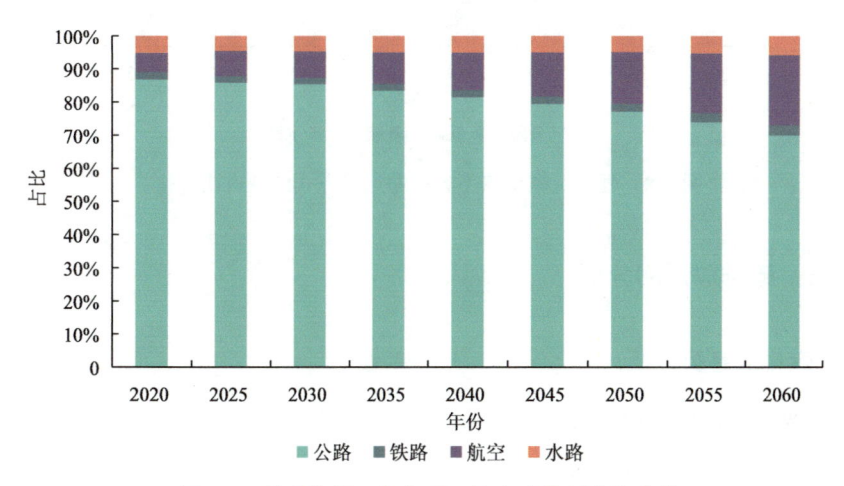

图 3-6　基准情景下各交通运输方式能耗占比变化

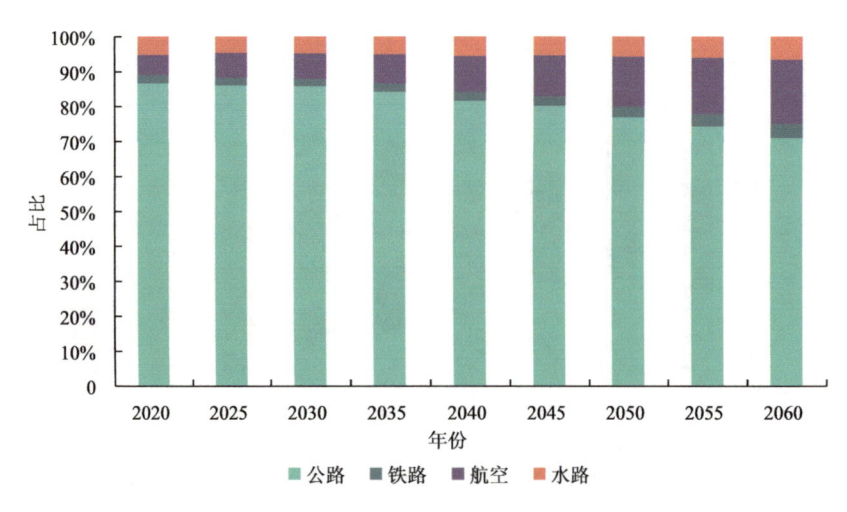

图 3-7　低碳情景下各交通运输方式能耗占比变化

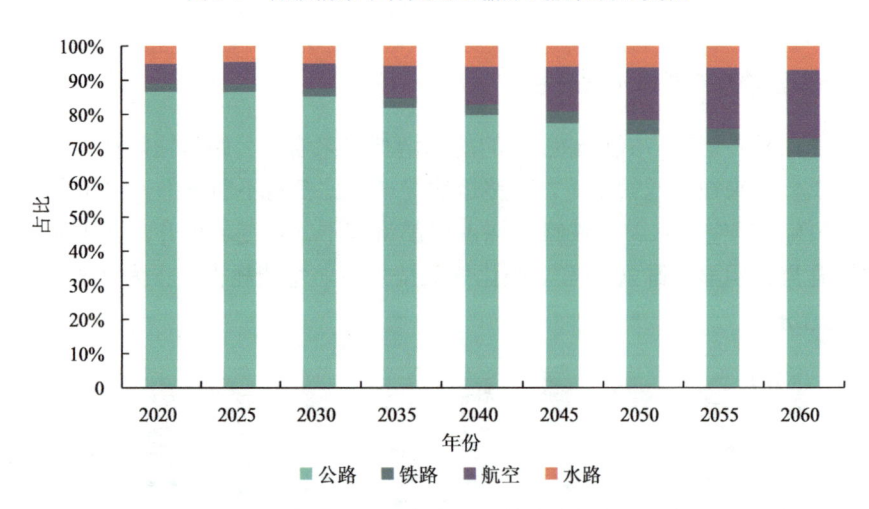

图 3-8　强化低碳情景下各交通运输方式能耗占比变化

（三）碳排放预测分析

1. 碳排放趋势分析

1）碳排放总量分析

A. 运输装备碳排放分析

经测算，运输装备不同情景下的碳排放总量变化趋势如图 3-9 所示。在基准情景下，运输装备碳排放总量将于 2035 年达峰，峰值约为 15.8 亿吨，2035～2050 年进入峰值平台期，之后逐步下降。在低碳情景下，运输装备碳排放总量有望于

2030 年前后达峰，峰值约为 13.8 亿吨，2030~2035 年为达峰平台期，2035 年后，碳排放进入稳步下降期。在强化低碳情景下，运输装备碳排放总量有望于 2030 年前达到峰值，峰值约为 12.4 亿吨，2030 年后碳排放将大幅下降，2060 年将下降至 1.5 亿吨。

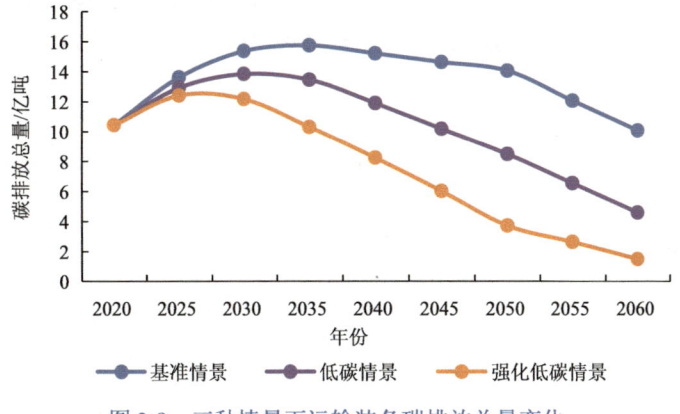

图 3-9　三种情景下运输装备碳排放总量变化

（1）运输装备直接碳排放预测分析。交通运输装备不同情景下的直接碳排放变化趋势如图 3-10 所示。经测算，在基准情景下，运输装备直接碳排放将于 2035 年达峰，峰值约为 15.1 亿吨，2035~2050 年进入峰值平台期，之后逐步下降。在低碳情景下，运输装备直接碳排放有望于 2030 年前后达峰，峰值约为 13.3 亿吨，2030~2035 年为达峰平台期，2035 年后，碳排放进入稳步下降期。在强化低碳情景下，运输装备直接碳排放有望于 2030 年前达到峰值，峰值约为 11.8 亿吨，2030 年后碳排放将大幅下降，2060 年将下降至 1.3 亿吨。

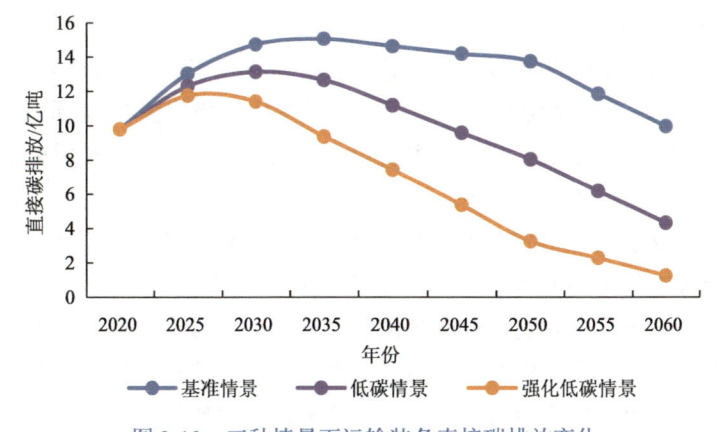

图 3-10　三种情景下运输装备直接碳排放变化

（2）运输装备间接排放预测分析。交通运输装备不同情景下的间接碳排放变化趋势如图 3-11 所示。经测算，在基准情景下，运输装备间接碳排放在 2035 年前呈现增长趋势，2035 年达到 0.69 亿吨，之后下降，2060 年下降至 0.09 亿吨。在低碳情景下，运输装备间接碳排放将于 2035 年上升至 0.80 亿吨，之后于 2060 年下降至 0.25 亿吨。在强化低碳情景下，随着新能源运输装备的推进进程加速，运输装备间接碳排放将于 2035 年上升至 0.93 亿吨，之后于 2060 年下降至 0.23 亿吨。

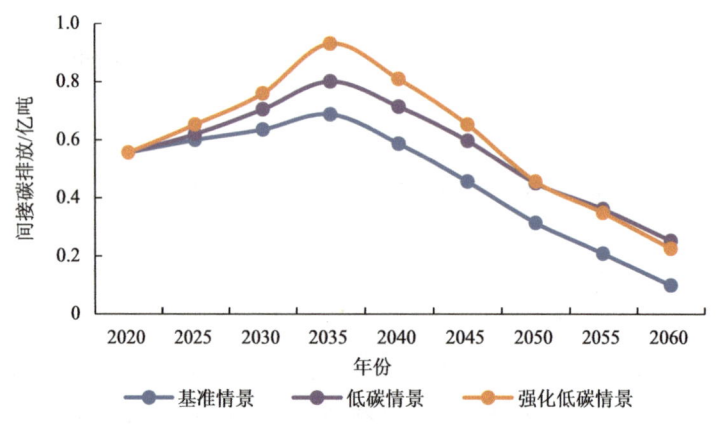

图 3-11　三种情景下运输装备间接碳排放变化

B. 基础设施运营环节碳排放分析

公路基础设施运营环节的碳排放缺乏统计数据，根据《现代物流中心运营阶段 CO_2 排放计算分析》的测算，文献检索部分公路基础设施运营环节二氧化碳排放量，如宜昌市白洋港现代物流中心的物流园区装卸作业二氧化碳总排放量为 2772.49 吨/年，排放总量较少。

本部分基础设施运营环节二氧化碳排放仅对铁路车站、港口和民航机场进行分析，经测算，基础设施运营环节碳排放总量变化趋势如图 3-12 所示。碳排放总量 2060 年将下降至 936.29 万吨，主要得益于铁路车站、港口和民航机场的新能源与可再生能源的不断推广应用。

（1）基础设施运营环节直接碳排放分析。经测算，基础设施运营环节直接碳排放变化趋势如图 3-13 所示。2060 年直接碳排放下降至 63.07 万吨。铁路基础设施运营环节的直接碳排放主要源自燃煤和燃油锅炉。为落实国家"煤改电""煤改气"等工程，铁路企业积极推广使用太阳能、热能等清洁能源，对既有的燃煤、燃油锅炉实施改造。随着港口电气化深入实施，直接碳排放量逐渐减少。随着机场可再生能源比例逐步提升，直接碳排放量也呈现下降趋势。

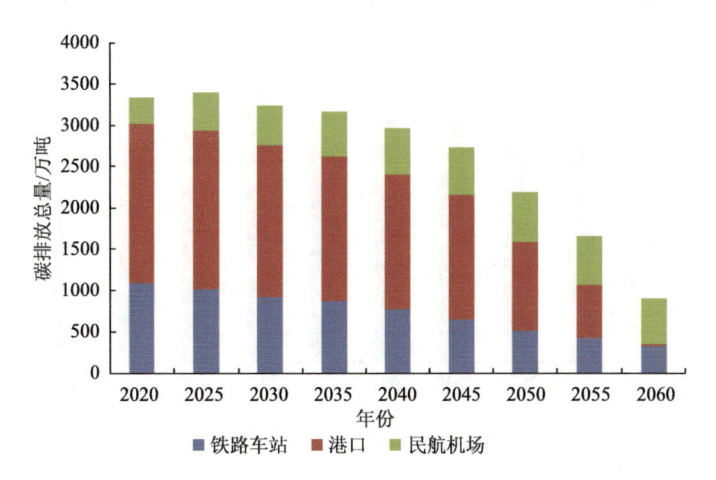

图 3-12　基础设施运营环节碳排放总量变化趋势

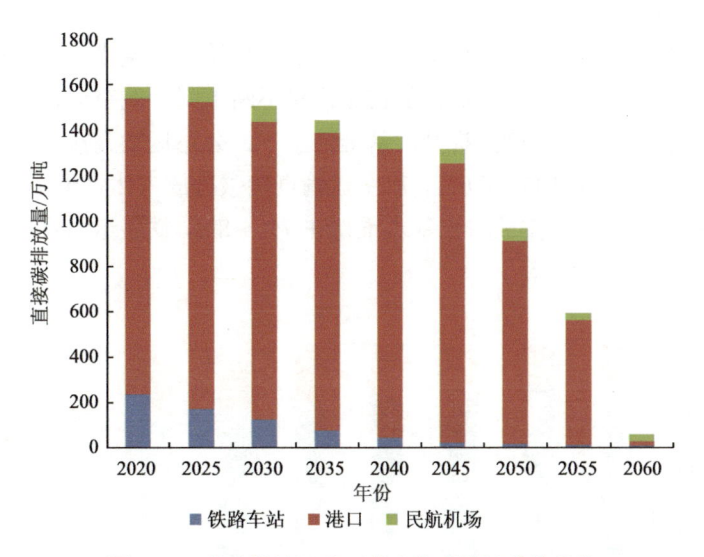

图 3-13　基础设施运营环节直接碳排放变化趋势

（2）基础设施运营环节间接碳排放分析。经测算，基础设施运营环节间接碳排放变化趋势如图 3-14 所示。2060 年间接碳排放下降至 873.22 万吨。

铁路基础设施运营环节的间接排放主要来源于电力和热力排放，电力间接排放下降得益于新型电力系统中新能源比例的提升，电力排放因子将持续降低。未来随着发电技术进步，电力排放因子逐渐减小，绿色电力比例逐步提升，间接碳排放呈下降趋势。

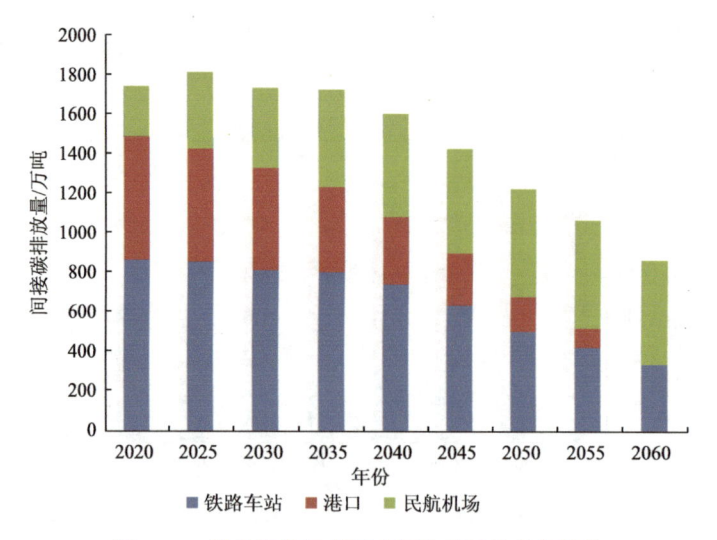

图 3-14　基础设施运营环节间接碳排放变化趋势

2）碳排放结构分析

从各运输方式的碳排放结构来看，目前公路运输直接碳排放占比最大，未来在不同情景下，公路运输直接碳排放占比都将不断下降，航空运输、水路运输直接碳排放占比将有不同程度的提升。基准情景下，公路运输直接碳排放占比将从85%逐步下降至2060年的66.0%。航空运输直接碳排放占比将于2060年上升至25.2%，水路运输直接碳排放占比基本维持在7%~8%，铁路运输直接碳排放占比不足1%，如图3-15所示。

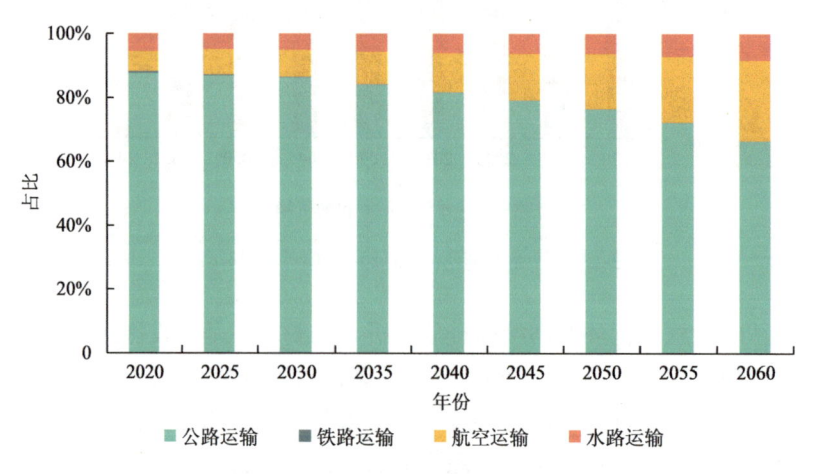

图 3-15　基准情景下运输装备直接碳排放占比变化

低碳情景下，公路运输直接碳排放占比将显著下降，2060 年下降至 62.6%。航空运输直接碳排放占比将于 2060 年上升至 26%，水路运输直接碳排放占比将于 2060 年上升至 12%，如图 3-16 所示。

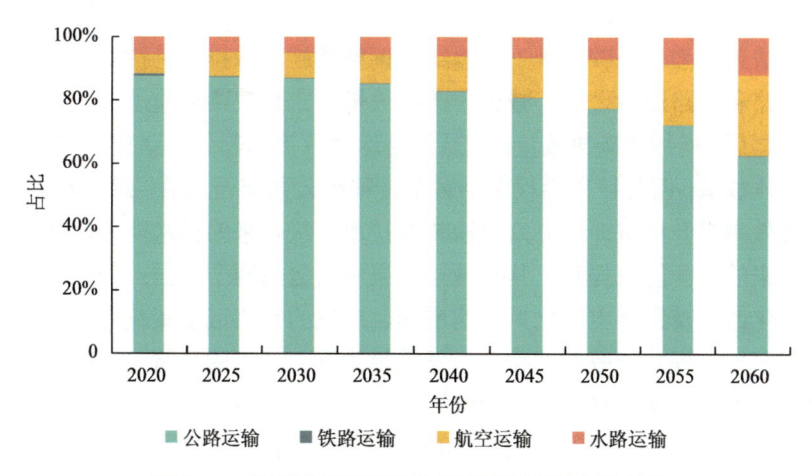

图 3-16　低碳情景下运输装备直接碳排放占比变化

强化低碳情景下，公路运输直接碳排放占比将大幅下降，2060 年基本实现零排放。航空运输直接碳排放占比将大幅提升，成为主要的交通碳排放来源，占比于 2060 年上升至 70.6%，水路运输直接碳排放占比也将大幅上升至 29.3%，如图 3-17 所示。

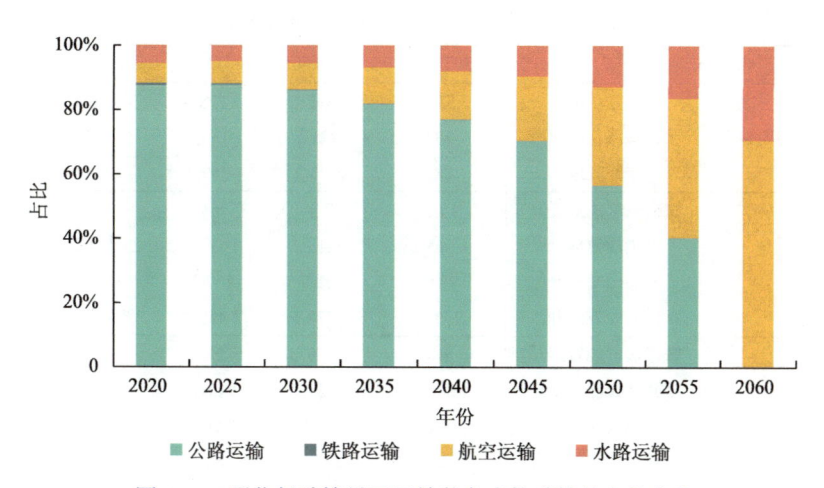

图 3-17　强化低碳情景下运输装备直接碳排放占比变化

2. 碳减排措施分析

低碳情景和强化低碳情景下的碳减排措施主要包括运输结构调整、能源效率提升及新能源和清洁能源推广。

低碳情景和强化低碳情景下运输结构调整措施的减排量包括：一是公路货运转移至铁路和水路运输之后，减少的碳排放量；二是铁路运输承接了部分公路货运转移量之后，增加的碳排放量；三是水路运输承接了部分公路货运转移量之后，增加的碳排放量；四是城市出行由小客车转移至公共交通之后，减少的碳排放量。

能源效率提升可进一步分为运输装备技术升级带来的技术能效提升及运输组织优化带来的运营能效提升，其碳减排效果主要包括四个方面：一是铁路内燃机车的电气化改造及铁路电气化里程的增加，产生的铁路运输碳减排量；二是通过淘汰老旧车辆、提升能效标准和节能驾驶等措施，产生的公路运输碳减排量；三是通过淘汰老旧船舶、提升船舶能效标准、采用节能技术等措施，产生的水路运输碳减排量；四是通过提升飞机能效和地面运营效率，产生的民航运输碳减排量。

新能源和清洁能源推广的碳减排效果主要包括新能源和清洁能源车辆、船舶的替代，飞机航空燃料中增加一定比例的生物燃料，所产生的碳减排量。

1）低碳情景

基于上述分析，低碳情景下运输结构调整、能源效率提升、新能源和清洁能源推广产生的碳减排量如表 3-2 所示。

表 3-2　低碳情景下各类减排措施的碳减排量　　　　　　　单位：万吨

减排措施		2025 年	2030 年	2035 年	2050 年	2060 年
运输结构调整	公路运输	2 535.3	3 815.1	5 778.6	8 090.2	6 673.6
	铁路货运	−68.7	−121.5	−166.7	−48.8	−2.6
	水路货运	−88.5	−143.7	−289.3	−958.9	−1 137.6
技术能效提升	铁路机车能效提升	14.3	7.8	8.4	4.6	2.8
	车辆能效提升	1 513.2	2 815.1	2 321.3	3 427.2	1 351.1
	船舶能效提升	99.0	158.9	157.2	311.2	343.1
	民航能效提升	739.9	1 428.5	2 455.2	5 568.3	6 297.0
运营能效提升	铁路运营能效提升	4.4	2.4	2.6	1.4	0.8
	公路运营能效提升	1 008.8	2 237.7	2 192.3	5 458.1	3 152.6
	船舶运营能效提升	89.0	142.8	141.3	279.7	308.4
	民航运营能效提升	95.0	327.0	386.1	544.1	566.7
新能源和清洁能源推广	新能源车辆替代	982.5	4 502.6	8 644.3	25 874.3	27 919.1
	新能源船舶替代	0.01	18.5	110.7	887.7	1 081.2
	飞机生物燃料应用	4.7	169.1	781.3	5 030.0	7 329.8

低碳情景下交通领域不同碳减排措施的减排贡献如图 3-18 所示。与基准情景相比，低碳情景下，2025 年运输结构调整发挥重要作用带来的碳减排贡献率为 34%；技术能效提升带来的碳减排量在所有措施的碳减排总量中占比约为 34%，运营能效提升占比达到了 17%；新能源和清洁能源推广的碳减排占比约为 14%。

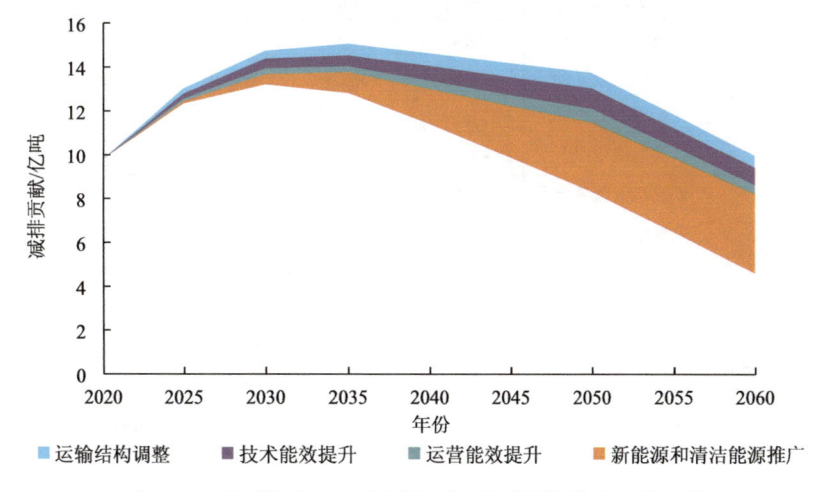

图 3-18 低碳情景下交通领域不同碳减排措施的减排贡献

2030 年，运输结构调整的碳减排贡献率下降至 23%；技术能效提升和运营能效提升的碳减排贡献率分别达到 29%和 18%，能源效率提升仍为此阶段最主要的减排手段；新能源和清洁能源推广进程逐步加速，碳减排贡献率上升至 31%。

2035 年，运输结构调整的碳减排贡献率为 24%；技术能效提升和运营能效提升的碳减排贡献率分别达到 22%和 12%；新能源和清洁能源推广进程持续加速，碳减排贡献率上升至 42%。

2050 年，运输结构调整的碳减排潜力将逐步减弱，碳减排贡献率占比下降至 13%；技术能效提升和运营能效提升的碳减排贡献率分别达到 17%和 12%；新能源和清洁能源推广将发挥更大的作用，碳减排贡献率上升至 58%，成为交通运输领域减排最重要的举措。

2060 年，运输结构调整的碳减排贡献率下降至 10%；能源效率提升的潜力逐步减弱，技术能效提升和运营能效提升的碳减排贡献率分别下降至 15%和 7%；新能源和清洁能源推广的碳减排贡献率达到 67%。

2）强化低碳情景

强化低碳情景下运输结构调整、技术能效提升、运营能效提升及新能源和清洁能源推广产生的碳减排量如表 3-3 所示。

表 3-3　强化低碳情景下各类减排措施的碳减排量　　　　　单位：万吨

减排措施		2025 年	2030 年	2035 年	2050 年	2060 年
运输结构调整	公路运输	2 552.6	3 668.6	4 892.4	6 960.3	5 424.8
	铁路货运	−212.3	−236.1	−264.9	−88.1	−4.4
	水路货运	−88.5	−143.7	−289.3	−958.9	−1 137.6
技术能效提升	铁路机车能效提升	28.4	23.2	21.7	11.8	6.6
	车辆能效提升	2 770.5	5 337.5	5 813.0	5 201.8	2 215.3
	船舶能效提升	135.5	280.8	334.6	598.8	712.7
	民航能效提升	801.9	1 450.7	2 590.2	6 615.8	8 397.4
运营能效提升	铁路运营能效提升	8.7	7.1	6.6	3.6	2.0
	公路运营能效提升	1 847.0	4 367.1	5 813.0	9 660.5	6 646.0
	船舶运营能效提升	121.8	252.4	300.7	538.2	640.5
	民航运营能效提升	107.10	348.00	456.20	789.3	779.8
新能源和清洁能源推广	新能源车辆替代	2 925.6	15 623.1	33 487.6	67 419.3	51 911.5
	新能源船舶替代	0.01	77.7	215.8	1 365.9	1 636.0
	飞机生物燃料应用	8.2	151.0	704.8	4 997.0	5 926.2

强化低碳情景下交通领域不同碳减排措施的减排贡献如图 3-19 所示。与基准情景相比，强化低碳情景下，2025 年运输结构调整发挥重要作用带来的碳减排贡献率为 20%；技术能效提升和运营能效提升带来的碳减排贡献率分别为 33%和 20%；新能源和清洁能源推广的碳减排贡献率为 27%。

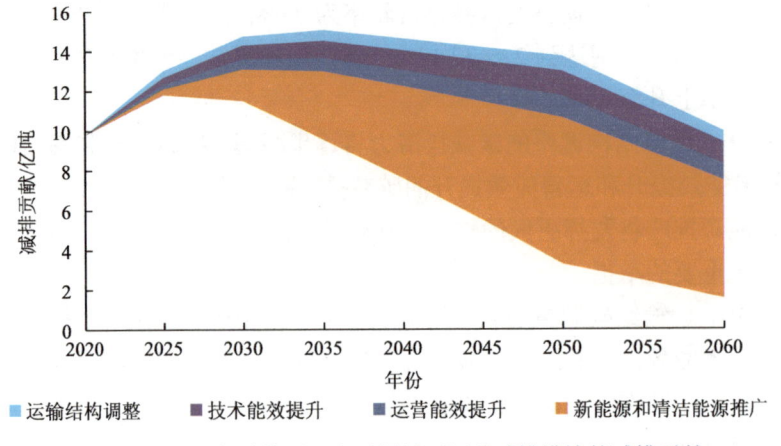

图 3-19　强化低碳情景下交通领域不同碳减排措施的减排贡献

2030年，运输结构调整的碳减排贡献率降低至11%；技术能效提升和运营能效提升的碳减排贡献率也逐步降低至22%和16%；随着清洁燃料替代的进程逐步加速，新能源和清洁能源推广的碳减排贡献率上升至51%。

2035年，运输结构调整的碳减排贡献率维持在8%左右；技术能效提升和运营能效提升的碳减排贡献率分别达到16%和12%；新能源和清洁能源推广进程持续加速，碳减排贡献率上升至64%。

2050年，运输结构调整的碳减排潜力将逐步减弱，碳减排贡献率下降至6%；技术能效提升和运营能效提升的碳减排贡献率分别达到12%和11%；新能源和清洁能源推广将发挥更大的作用，碳减排贡献率上升至72%，成为交通运输领域减排最重要的举措。

2060年，运输结构调整的碳减排贡献率下降至5%；能源效率提升的潜力逐步减弱，技术能效提升和运营能效提升的碳减排贡献率分别达到14%和10%；新能源和清洁能源推广的碳减排贡献率达到72%。

与低碳情景相比，强化低碳情景下运输结构调整的减排效果要略低，主要是由于强化低碳情景下，公路领域随着能源效率提升与新能源和清洁能源推广，车辆碳排放大幅下降，因此公路运输向水路和铁路转移所带来的碳减排比例有所降低，具体如图3-20所示。

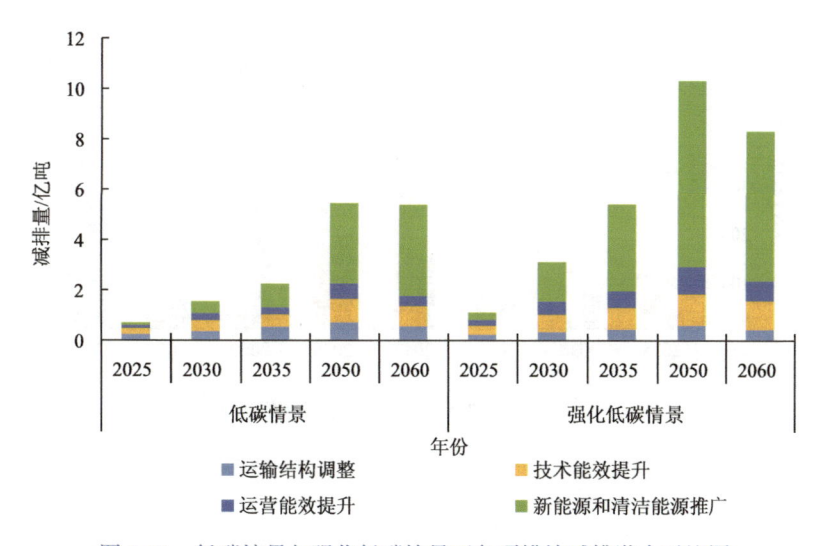

图3-20 低碳情景与强化低碳情景下各项措施减排潜力对比图

（四）污染物排放预测分析

人类活动是引起环境污染的重要原因，尤其是能源消费、工业生产、交通运输等行业会排放大量的大气污染物、固体废物、水污染物等，这不仅对环境造成了严重污染，而且释放出大量二氧化碳等温室气体，造成严重的温室效应。环境污染与温室气体的来源主要为能源消费、工业生产、居民生活、交通运输等，两者的同根同源性为减污和降碳两个战略任务的协同发展提供了可能性。我国生态环境保护形势比较严峻，结构性、根源性、趋势性压力总体上尚未根本缓解，实现美丽中国建设和碳达峰碳中和目标愿景任重道远。当前我国生态文明建设同时面临实现生态环境根本好转和碳达峰碳中和两大战略任务，生态环境多目标治理要求进一步凸显，协同推进减污降碳已成为我国新发展阶段经济社会发展全面绿色转型的必然选择。因此，本章在开展碳减排分析的同时，也分析了碳减排措施带来的污染物减排效果。

相较于基准情景，不同情景下减碳措施带来的污染物协同减排效果如图3-21所示。低碳情景下，随着减碳措施的逐步推进，2025年NO_x减排量可实现40万吨，到2060年NO_x减排量可上升至291万吨。强化低碳情景下，NO_x污染物协同减排效果更为显著，2025年NO_x减排量可实现78万吨，到2050年NO_x减排量可达到646万吨。随着大量运输装备已完成新能源替代进程，污染物协同减排潜力将逐步饱和，2060年NO_x减排量下降至538万吨。

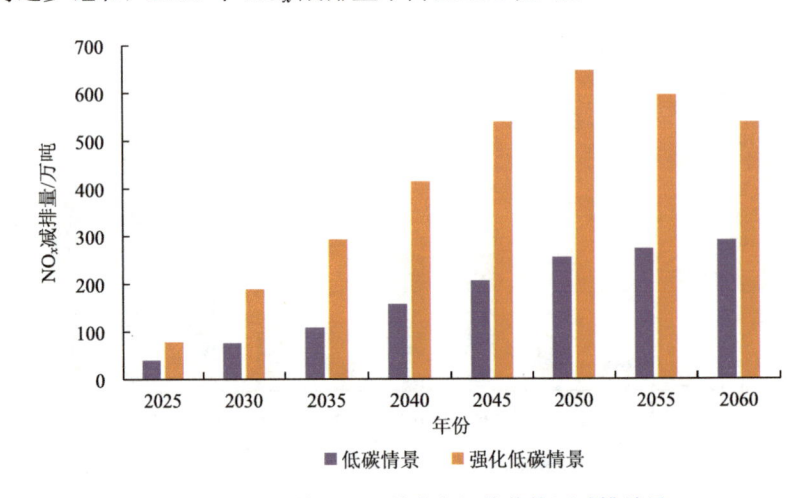

图3-21 不同情景下运输装备污染物协同减排效果

二、交通运输清洁低碳转型发展趋势

综合现状分析和情景分析的结果，可以得出以下主要结论。

交通运输领域碳排放中，以运输装备碳排放为主要排放，基础设施运营环节碳排放占比很低，约 2%；货物运输碳排放量大于旅客运输碳排放量；直接碳排放是碳减排的重点。因此，交通运输领域碳排放的核心是货物运输装备的直接碳排放。

运输结构调整是从综合运输体系能源效率出发减少碳排放的最主要手段。铁路和水运的能效优势明显，应充分发挥其在中长途运输尤其是中长途货运中的作用，2030 年前运输结构调整可以作为主要的减排手段，但同时运输结构调整的碳减排效果随着时间推移会出现边际效益递减的情况。

能源效率提升是所有交通运输方式碳减排的有效手段，且是为实现全社会碳中和都需要持续开展的有效手段。能源效率提升既包括技术创新带来的技术能效提升，也包括运营能效提升，而智慧交通技术的大力发展将是交通运输系统运营能效提升最有力的支撑。

新能源和清洁能源推广是所有交通运输方式最终实现近零碳排放的核心手段，随着时间推移，贡献率逐步增大，公路运输将是新能源装备渗透最快的领域（电力对于铁路已不是新能源），其次是水路运输和民航运输。交通领域与能源领域的融合发展，将进一步支撑新能源和清洁能源推广，并有助于减少新能源和清洁能源推广带来的间接碳排放。

交通基础设施运营环节碳排放占比虽然不高，但是高密度运输组织活动发生的场所，建设综合交通基础设施，充分做好多种运输方式的衔接和组织优化工作，有利于减少运输装备在交通基础设施活动时产生的碳排放。

建设以低碳排放为特征的现代综合交通运输体系，应当先充分发挥各种运输方式的组合效率和比较优势，形成合理优化的运输结构，建设高效运转的综合交通基础设施（如建设清洁高效的综合货运体系）；再通过能源效率提升、新能源和清洁能源推广等手段减少铁路、公路、水路、民航等各种运输方式的碳排放；最终实现整个综合交通运输体系的碳排放下降。

第四章
交通运输行业低碳发展战略目标与实施路径

一、交通运输行业低碳发展总体思路

我国交通运输绿色低碳发展应以《交通强国建设纲要》《国家综合立体交通网规划纲要（2021—2050 年)》为统领，紧紧围绕"一个核心、两个优化、三个着力点"，即以"科技创新"为核心驱动，持续推动"运输结构优化"和"用能结构优化"，着力提升"运输装备用能效率""综合交通治理能力""智慧交通体系建设"，兼顾减污降碳协同增效、探索零碳、负碳碳汇技术，稳步实施"控碳、减碳、脱碳"三步走战略，全面推进综合交通运输清洁低碳转型，确保交通运输安全可靠。

（一）发展原则

安全驱动、自主创新。坚持先立后破以及自主可控、安全高效的基点，牢牢把握创新在交通减碳中的核心地位，注重科技赋能，坚持把能源革命和动力系统技术变革作为推动交通运输低碳发展的根本动力。

统筹谋划、系统协同。着眼全局，将交通运输低碳发展与能源、工业、建筑产业的绿色转型有机结合，加强交通与能源、信息融合，统筹低碳交通产业链上下游协同发展；综合运用法律、经济、技术、行政手段，加强政策的系统性、协同性，全面推进交通运输清洁低碳发展。

综合考量、重点突破。坚持综合交通系统观念，把低碳交通理念贯穿交通发展各领域、各环节，全地域、全过程推进低碳交通运输体系建设；针对各类交通运输方式的特点及碳减排技术基础，分类制定各领域低碳发展目标与对策，着力解决突出问题，抓住重点领域和关键环节，优先在碳减排技术成熟度高和碳减排边际贡献大的运输方式及关键环节上发力。

远近结合、梯次推进。统筹碳达峰与碳中和两个阶段目标，坚持目标导向与问题导向。立足当下，按照国家碳达峰碳中和"1+N"政策要求，合理设置交通碳达峰的目标；放眼长远，循序渐进推动全国交通运输绿色低碳转型，把握好降碳的节奏和力度，支撑全社会实现碳中和。

扎实稳妥、保障有力。统筹兼顾交通低碳转型发展与运力保障需求，以保障经济发展和满足人民群众出行需求为底线，提前防范交通领域低碳转型发展为交通运输行业应对重大突发事件带来的新的风险隐患，扎实稳妥推进交通运输清洁低碳发展。

（二）战略目标

1. 总体目标

到 2060 年，交通运输二氧化碳排放总量控制在 5 亿吨以下，新能源、清洁能源占比达到 64% 以上。铁路、公路运输基本实现零排放，交通运输领域整体实现近零排放。绿色低碳的综合运输结构全面形成，现代化综合立体交通网全面建成，交通运输清洁化、高效化、智慧化革命全面完成，便捷高效的绿色出行模式全面实现，全面建成与交通强国、美丽中国相适应的低碳交通运输体系，为社会主义现代化强国建设提供有力支撑。

2. 阶段目标

1) 控碳阶段（2023～2035 年）

当前时期到交通领域碳达峰阶段，交通运输规模将中高速增加，这一阶段以控制二氧化碳排放增速为核心，确保碳排放增长保持在合理区间。绿色低碳的综合运输结构基本形成，结构减排效应与贡献得到充分挖掘，铁路、水运在大宗货物中远距离中的能效优势得到充分发挥，铁路、水路货物运输周转量占比为 60% 以上；铁路客运周转量占比约为 49%；运输结构调整减排贡献率约为 24%。能源效率提升是这一时期碳减排的关键措施，减排贡献率约为 34%。新能源、清洁能源替代逐步发挥作用，新能源、清洁能源动力交通工具占比为 30%～55%，减排贡献率约为 42%。综合运输通道资源利用集约化、综合化水平大幅提高，旅客出行、货物运输全链条便捷程度显著提高。低碳零碳清洁燃料、运输装备的技术创新取得突破进展，智能化水平显著提高，车路协同、智慧车列、智慧物流在部分城市得到应用，简约出行理念提升，交通运输低碳发展制度、规划、标准体系持续优化，建成一批在全国达到领先水平的低碳交通示范区、示范工程。铁路争当交通领域碳达峰的排头兵，率先达峰；以对交通领域碳达峰具有决定作用和减排潜力最大的公路领域为重点对象，实施减排策略。低碳交通运输体系建设成效显著，交通运输行业绿色低碳发展水平与碳达峰工作要求相适应。

2）减碳阶段（2036~2050年）

交通领域碳排放达到峰值后经历一段平台期，随后稳步下降。这一阶段以降低二氧化碳排放总量和强度为核心，在满足国家总体战略和保障经济社会高质量发展的要求下，基本实现交通领域与化石能源消耗脱钩。新能源、清洁能源替代发挥关键作用，力争铁路全面实现电气化，乘用车、公交车、出租车全面实现电动化，水运新能源与清洁燃料占比约为 28%，民航新能源与清洁燃料占比约为 29%，新能源和清洁能源推广的减排贡献率约为 58%。能源效率提升持续发挥作用，减排效益递减，贡献率约为 29%。绿色低碳的综合运输结构全面形成。便捷、高效的综合立体交通网全面建成。交通低碳能源和技术革命基本实现，智能化水平迈向成熟，车路协同、智慧车列、智慧物流在绝大部分城市得到应用，绿色出行成为全民出行新风尚。铁路、公路客运及城市货运、内河水运基本实现零碳排放，低碳交通运输体系基本建成。

3）脱碳阶段（2051~2060年）

交通领域碳排放稳步下降后，开始推进深度脱碳，这一阶段以二氧化碳近零排放为核心，支撑全社会碳中和目标。颠覆性技术取得重大突破，交通用能结构和出行模式发生巨大转变，中重型货运车新能源占比约为 75%，水运新能源与清洁燃料占比约为 34%，民航新能源与清洁燃料占比约为 40%。交通能源利用效率达到国际先进水平，综合交通运输实现近零排放，低碳交通运输体系全面建成，交通运输与生态文明建设和碳中和战略要求相适应，助力全社会碳中和目标顺利实现。

二、交通运输行业低碳发展实施路径

（一）总体路径

为实现我国交通运输绿色低碳发展，应在实施路径上推动"一调四化"，即调结构、清洁化、高效化、集约化、智慧化，在加快建设交通强国和有序推动现代综合交通运输体系建设的总体框架下，加快构建低碳交通运输体系。

（1）调结构。调整交通运输结构，充分发挥各种运输方式的比较优势和组合效率。加快发展铁路、水运等绿色运输方式，发挥高速铁路在城际客运中的骨干作用，长距离公路客运逐步转向铁路运输；搭建市郊铁路骨干线路，构建轨道交通"四网融合"体系，形成城市大运量、公交化交通走廊，提升轨道交通线网运行效率，构建多层次城市交通出行系统，提高公交分担率；加快推进大宗货物和中长距离运输的"公转铁""公转水"，大力发展多式联运，提升集装箱铁水联运和水水中转比例。

（2）清洁化。合理规划清洁能源在交通运输中的利用比例，在保障能源安全的情况下，稳步发展适合不同运输方式的主要依托能源。铁路运输以电气化改造为主，特殊区域可发展氢燃料电池；公路运输加快推动车辆新能源替代，城市客运以电动化为主，重卡、长途客运电动化、氢燃料电池并行；水路运输内河可采用蓄电池动力系统、LNG（liquefied natural gas，液化天然气）动力系统，沿海以发展氢燃料电池和氨燃料等作为动力；民航发展可持续航空燃料、生物航空煤油等清洁化、低碳化燃料达到低碳目标。交通与能源协同发展，在交通侧，加快交通电气化进程，推进新能源、清洁能源在交通系统的应用；在能源侧，推动交通系统向产消者转型，支撑新型电力系统运行。开展交通运输体系与能源系统一体化规划设计，推动交通基础设施能源化。

（3）高效化。提升运输装备的能源效率，加强创新型节能装备和技术的研发，通过轻质材料、型线优化、减阻等轻量化设计手段，降低运输装备能耗，提升能效利用水平；通过利用生态车道、航道，优化驾驶行为预警与反馈，保持平稳、经济的行驶速度，最大限度地避免突然加、减速等行为，实现生态驾驶、节能航行，提高能源利用效率；加强精细化管理和优化运行组织，提升综合交通运转效率，强化不同运输方式的无缝化衔接，提高运行组织效率；提升运输装备能耗限制标准，完善核查制度，加快淘汰高能耗、高排放老旧运输装备，提高社会整体能效。

（4）集约化。以规划为引领，加强交通规划与国土空间规划的衔接，引导资源有效配置，节约集约利用通道线位资源、岸线资源、土地资源、空域资源，统筹考虑多种运输方式规划建设，充分利用地上、地下和水上、水下空间，推进公铁线路一体化，促进过江、跨湾、穿越环境敏感区的通道与航运、防洪安全和生态环境等协调发展，优化资源配置，提高资源利用效率；加强规划统筹，优化网络布局，创新运输组织，调整运输结构，实现供给和需求更高水平的动态平衡，推进立体交通综合降碳；加强不同运输方式之间的有效衔接和协作，强化不同运输方式联合运输的有效运作，统筹规划不同运输方式的交通运输一体化发展水平，综合各种运输方式的优势。

（5）智慧化。加大智能交通装备研发力度，研发自动驾驶车辆、超高速轨道列车、无人机、智能船舶等新一代智能交通工具；在智慧交通建设方面，加快智慧新型交通基础设施布局，运用数字孪生技术构建云端数字孪生城市，用于交通整体规划调度、运营管理；交通与信息协同发展，利用大数据、物联网、人工智能、北斗导航等技术，大力发展智慧交通，加快发展车路协同、智慧车列、智慧物流等新技术、新业态、新模式，建设智慧综合交通枢纽，打造基于移动智能终端技术的出行服务系统，连接用户与场景，重构客运出行和货物运输模式。

（二）不同领域实施路径

结合不同交通领域实际发展情况及减排技术基础分类施策，统筹考虑碳达峰碳中和目标，控碳阶段聚焦运输结构优化和能源效率提升，加大低碳运输装备和新能源科技研发力度；控碳、降碳阶段技术创新发挥核心作用，实现低碳零碳燃料替代，能源结构重塑，梯次有序推进铁路率先达峰、公路加速减排、水运稳妥降碳、民航留足余量，全面实现综合交通运输碳达峰目标，助力碳中和目标顺利实现。

1. 铁路领域实施路径

铁路领域以优化调整运输结构、实施能源替代为主要减排路径。货运领域，推动大宗货物和中长途货物运输"公转铁"，持续推进铁路货运增量，构建绿色低碳经济的铁路货运物流网络体系，大力发展多式联运，研究制定多式联运信息共享和数据传输交换标准，建立多式联运公共信息服务平台。客运领域，构建以高速铁路、城际铁路为主体的大容量快速低碳客运服务体系，持续优化客运产品结构，扩大有效供给，推进干线铁路、城际铁路、市域（郊）铁路、城市轨道交通的融合发展。制订合理高效的运输组织方案，积极推动铁路运输效率整体提升。持续推进铁路能源结构优化，大力推广空气能、太阳能、生物质能等可再生能源技术应用，鼓励新建铁路建筑屋面优先采用光伏建筑一体化方式，开展"零碳客站"试点示范工作。加快隧道挖装运、铁路物流基地装备机械等高能效、低污染的新能源装备的研究应用，在北方路局持续推进空气能等清洁能源替代燃煤、燃油锅炉。深化混合动力、永磁直驱、低排放柴油机等新能源新制式研究，推进动力电池、氢能源等新能源技术应用。

2. 公路领域实施路径

公路领域以深度电动化为主要减排路径。遵循"分类施策，先易后难，先立后破，控增量调存量、积极稳妥推进"的理念，按照"先公共、后私人，先轻型、后重型，先短途、后长途，先局部、后全国"的思路，加快推动不同子领域的新能源车辆实现全面替代。城市公共交通和出租汽车以纯电动汽车为主，辅以少量氢燃料电池和甲醇燃料，力争2035年实现全面电动化；私家车以纯电动汽车为主，力争2050年实现电动化全面替代。持续支持重型货车低碳化关键技术科研突破，推进货运领域示范应用氢燃料电池车辆和电气化公路系统，重型货车以纯电动和氢燃料电池为主，2060 年前实现全面电动化。完善公路基础设施沿线充（换）电、加氢站等新能源配套基础设施建设；基于公路基础设施沿线的电网和可再生能源资源，建立保障未来公路基础设施和车辆用能的能源供应系统，满足公路运输系统能源需求。

3. 水运领域实施路径

水运领域以优化能源结构、加速清洁能源替代为主要减排路径。从推广使用清洁低碳的船舶和推动港口多能源融合着手，在内河推广 LNG 动力船、LNG 加注船、纯电池动力船的示范和应用，在沿海散货船、油船、集装箱船等船型上推广甲醇、氨燃料动力船的示范应用，在内河客船、内河货船以及沿海客船等船型上开展氢燃料样机/样罐的示范运行，推广氢燃料电池船舶和氢燃料动力船，在沿海船舶上推广应用甲醇和氨燃料。港航企业进行氢能、氨能等试点应用。港区推动供电、加气或加氢等配套基础设施建设，因地制宜布局分布式风力发电、光伏发电基础设施，进一步完善港口岸电基础设施，利用太阳能、风能、波浪能和潮汐能等可再生能源实现港口能源自洽，逐步利用以氨和氢气为代表的零碳燃料取代港区传统燃料器械。

4. 民航领域实施路径

民航领域以优化能源结构、加速可持续航空燃料应用为主要减排路径。从能源低碳化入手，加快可持续航空燃料在民航的示范和应用，推进可持续航空燃料的技术研发、原料收集、生产适航等方面的工作，占据市场主动权。积极推动重大科技创新和工程示范，有序推动可持续航空燃料示范工程建设。加强国内国际合作，建立可持续航空燃料战略联盟，主导或参与国际标准制定，提升话语权和国际引领能力。建立低碳绿色航油供应链，形成生产、运输、加注全产业链企业发展合力。加快推动光伏、地热等新能源在机场的应用，进行近零碳机场建设。开展氢能源及其他清洁能源在民航领域的示范应用，超前部署战略性技术，逐步推动电动、氢能、核能等新能源动力飞机的研发和试点应用。

第五章
交通运输行业低碳发展重点任务

围绕交通运输行业低碳发展总体思路和实施路径，提出调整运输结构、推进燃料替代、提升装备能效、推动一体化融合、发展智慧交通和创新管理机制六大重点任务，是实现交通运输低碳发展战略的关键。

一、调整运输结构，发挥结构性碳减排效应

运输结构调整与优化是交通碳减排的重要方向，在控碳阶段减排效果显著，应充分发挥各种运输方式的比较优势和组合效率，实现结构性减排效应最大化。重点优化城市间、城市内客运结构，调整货运结构，推动多式联运发展。

（一）加快构建大容量、高效率区际快速客运服务体系和以轨道交通为主的短距离城市客运服务体系

长距离城市间客运方面，加快构建以高铁为主体的大容量、高效率区际快速客运服务体系，发挥高铁加民航双高集成优势，提升主要通道旅客运输能力和重要枢纽的综合运行能力。进一步扩大铁路网覆盖范围，加快推进高铁主通道缺失段建设，有序推进高铁连接线、延伸线等区域性高铁建设，扩大中西部空白区路网覆盖面。研究推进超大城市间高速磁悬浮通道布局和试验线路建设，开展常导电磁制式高速磁浮系统验证，并结合国家综合立体交通骨干网布局，选取经济发达、国际化程度高的区域，建设高速磁浮铁路示范线路。构建多层级航空网，优化航路航线网络，缩短航班实际飞行距离，节省飞行时间及燃油消耗；实施空域资源分类精细化管理，实现主要地区航路航线网络的高效衔接，提高空域使用效率。

城市间短距离客运构建以轨道交通为主、公路客运为辅的出行结构。优化铁

路通道空间布局，以城际铁路和市域（郊）铁路建设为先导，支持城市群和都市圈轨道交通网络化布局，加强干线铁路、城际铁路、市域（郊）铁路与城市公交网络系统有机融合。推动新建综合客运枢纽各种运输方式集中布局，打造全天候、一体化换乘环境，为公众集约化出行提供便利条件。提升公共客运的舒适性和可靠性，吸引中短距离城际出行更多转向公共客运。

（二）构建以城市轨道交通为骨干、常规公交为主体的城市公共交通系统

优化城市出行结构，推动城市居民出行向公共交通与绿色出行方式转移，构建以城市轨道交通为骨干、常规公交为主体的城市公共交通系统。建设中心城区连接卫星城、新城的大容量、快速化轨道交通网络；因地制宜构建快速公交、微循环等城市公交服务系统。打造绿色出行体系，超大、特大城市加强"轨道+常规公交+慢行"网络融合；大城市加强大、中运量"公交+慢行"网络融合；中小城市和县城构建以城市公共交通为主导、步行和自行车交通统筹发展的绿色出行体系。大力推广灵活公交和定制公交等新模式，探索发展高速直达、智能网联的智慧车列等快速新型公共交通系统。采取综合措施，引导公众形成合理的交通消费模式，优先使用绿色出行方式，同时推进远程办公，减少不必要出行。

（三）推动大宗物资"公转铁、公转水"，加大公-铁-水联运中铁、水比例

进一步提高铁水联运基础设施供给、加快标准制定及信息互联互通、创新环境成本内部化机制，充分利用水运、铁路大宗货运单位能耗少、碳排放强度低、载重量大、污染少等特点。提升铁路全程物流服务水平，发挥铁路在大宗物资中远距离运输中的骨干作用，逐步减少重载柴油货车在大宗散货长距离运输中的比重；提高水运在综合交通货运结构中的比例，发挥水运在运送大宗货物中的运量优势；提高铁水联运的组合效率，着力解决提升铁、水运输比例的制度瓶颈，有序推进铁水货运的转型升级；提升铁水货运服务水平和服务意识，积极加快实施相关重点建设项目，确保港区"最后一公里"问题能够解决，以推进货运结构低碳化发展。

（四）提升多式联运服务衔接水平，提高多式联运市场竞争力

完善多式联运"硬联通"。提高交通基础设施一体化布局，根据铁路网和港口交通基础设施布局、多式联运货物运输需求、铁路和港口多式联运基础设施建设条件等因素，强化铁路、公路、水运、民航基础设施协调衔接；加快完善多式联运枢纽建设，积极推进港口物流枢纽建设，优化铁路物流基地布局，有序推进专业化货运枢纽机场建设；支持多式联运相关配套建设，积极推动行业标准化建设，

积极推动标准化托盘（1200mm×1000mm）在集装箱运输和多式联运中的应用，加大35吨敞顶箱使用力度，探索建立以45英尺[①]内陆标准箱为载体的内贸多式联运体系；支持集装化资源统筹，提高集装箱利用率，加快集装箱周转；加快推进沿海及内河港口大宗货物主要采用铁路、水路、封闭式皮带廊道、新能源和清洁能源汽车等绿色运输方式。

优化多式联运"软联通"。推进公路、铁路、航空、水运、邮政以及公安、工商、海关、质检等领域相关物流数据开放共享，向社会公开相关数据资源，依托国家交通运输物流公共信息平台等，为行业企业查询和组织开展物流活动提供便利；结合大数据应用专项，开展物流大数据应用示范，为提升物流资源配置效率提供基础支撑；推动建立与多式联运相适应的规则协调和互认机制；研究制定不同运输方式货物品名、危险货物划分等互认目录清单，建立完善货物装载交接、安全管理、支付结算等规则体系；深入推进多式联运"一单制"，探索应用集装箱多式联运运单，推动各类单证电子化；加强铁路、港口、船舶公司、民航等企业信息系统对接和数据共享，开放列车到发时刻、货物装卸、船舶进离港等信息。

各联运方形成调价利益共同体。促进多式联运发展，需要降低各环节收费标准，相关铁路局与港口方应达成"联运互动、整体平衡、链条共赢"的共识，推出价格同步下浮政策，在铁路运费执行管内运价下浮的同时，港口同比例下浮吊装费、短驳费、集港费、场站费等多项费用，确保多式联运具有较强的市场竞争力。

二、推进燃料替代，促进交通能源融合发展

加速零碳燃料替代是交通运输碳减排最核心、最具潜力的途径，低碳能源应用的技术创新是实现燃料替代的关键。铁路运输以电气化改造为主；公路运输加快推动车辆新能源替代，城市客运以电动化为主，重卡、长途货运电动化、氢燃料电池并行；水路运输内河可采用蓄电池动力系统，沿海以发展氢燃料电池和氨燃料等作为动力；民航发展可持续航空燃料替代，探索电推进、氢能等新能源飞机；开展交通运输体系与能源供给一体化规划设计，推动交通基础设施能源化。

（一）推进新能源运输装备发展

有序推进铁路电气化改造，继续提高电力机车承担的工作比例，减少内燃机车运行工作比例，充分发挥我国铁路电力机车的绿色低碳优势。铁路领域还应探索开展氢燃料、蓄电池与油电驱动混合动力牵引技术，同时开展太阳能列车、风

---

① 1英尺=3.048×10^{-1}米。

能列车研究，加大新能源发电技术在铁路牵引中的应用。尽快推动氢燃料列车向产品成熟化、成本低廉化方向发展。开展新能源发电与柴油机车结合的混合动力机车试验，用于不繁忙区间的测试及检修。

以新能源汽车应用为主线推动公路交通能源清洁化。按照"先公共、后私人，先轻型、后重型，先短途、后长途，先局部、后全国"的原则加快推动公路运输新能源车辆替代。加强电池安全技术攻关，解决热安全事故威胁，加快充换电市场发展，提高服务保障能力。推进公务用车 2025 年全面电动化，加快城市公交、出租车和城市物流配送车辆电动化进程，2035 年起新增公交车和出租车实现全面电动化，私家车 2050 年实现电动化全面替代。持续支撑重型装备低碳化关键技术科研突破，推进货运领域示范应用氢燃料电池车辆和电气化公路系统，2060 年前中重型货车实现全面电动化（纯电动+氢燃料电池）。

以有序推动电力、甲醇、氢、氨等多种低碳零碳清洁能源船舶应用为重点，促进航运清洁低碳、集约高效发展。开展纯电池、甲醇、氨和氢等动力船舶示范项目研究和应用。在长江、珠江等内河水域开展蓄电池动力船的研发和示范运行；在封闭水域开展小型特色纯电动游览船型设计和示范运行；在典型沿海水域开展甲醇/氨燃料加注船试点示范；在内河和沿海水域重点开展氢燃料动力船和氢燃料电池船的应用研究工作；在沿海和远洋水域重点开展甲醇和氨燃料的应用研究工作。

推进民航领域低碳燃料替代，重点是多种新能源飞机的技术研发、可行性分析和综合研判。在飞机及推进系统装备研发方面，应重点推进可持续航空燃料兼容性、安全性和适航性研究，建立系统的可持续航空燃料性能评估体系，进行可持续航空燃料兼容性试验和适航验证，推进典型航线验证飞行，加快可持续航空燃料投入商业运营的进程，逐步提高可持续航空燃料掺混比例。开展氢能飞机总体概念方案设计、氢燃料可控燃烧的仿真和试验研究；结合电推进飞机的电池能量密度，针对不同座级、航程的民航飞机需求，适应性开展全电推进、混合电推进、部分涡轮电推进、全涡轮电推进飞机的概念研究及电动汽车飞机的研究；探索性开展核裂变反应航空发动机、量子核反应航空发动机、核能电池等的前沿概念研究和飞机配装核能系统的总体概念方案研究。

（二）推动交通低碳用能技术创新

在铁路领域开展铁路机车永磁同步牵引技术攻关，包括试验性装车测试，系列化安全、质量及全寿命周期性测试等，进一步降低高速列车牵引用能；随着我国高速铁路运营里程的不断增加，列车再生制动反馈的能量越来越多，开展再生制动能量回收利用对牵引节能降碳起到重要作用。

公路领域突破中重型货车长续航里程动力电池技术及整车技术与动态无线充电技术。开展高效多堆大功率燃料电池系统、柴油动力与高效多堆大功率燃料电池系统的复合动力系统（系统构型、综合电子控制、热管理、能量管理）、重载长途运输装备用电驱桥和重型运输装备用储氢系统研究，研发重型多能源复合动力超级卡车。开展氢燃料内燃机技术研究（氢燃料喷射、废气再循环及排放控制、电子控制、增压等）、氢燃料内燃机测试装备和设施技术研究、重型运输装备用液氢储氢系统研究、涉氢生产线与维修站安全保障技术研究，推进氢内燃动力重型运输装备示范运行。

推进新能源燃料动力船舶稳定运营及安全技术研发。鼓励新能源燃料储供系统模块化、新能源燃料舱类型多元化、高压供气系统国产化应用、船用新燃料加注技术、船舶新燃料加注安全管控技术、国产大功率发动机等技术创新研发。强化电池动力船舶安全性研究和电力推进配电系统安全性研究，主要包括：电池热失控诱发机理、锂电池船上应用热失控后果仿真分析、大规模锂电池火灾机理和灭火措施以及直流组网短路电流计算和保护电器协调性分析通用方法研究。突破甲醇/氨燃料储存、船用甲醇/氨燃料发动机、船用甲醇/氨燃料供应、甲醇/氨燃料船舶安全管控以及氨燃料发动机废气后处理等关键技术。突破船用大功率燃料电池、氢燃料发动机、船舶液氢储存与运输、氢燃料船舶安全管控等关键技术。

开展水运和航空领域共性关键技术、氢涡轮发动机技术攻关。为适应氢能使用特性，需对传统油料涡轮发动机燃烧室、燃料喷射与混合装置、热循环和管理系统等进行改进或重新设计，并开展氢燃料发动机燃烧产物对大气环境的影响分析。氢燃料发动机控制系统的设计，仍需突破氢燃料控制精度不高、计量不准确等瓶颈。

在交通能源系统规划、设计技术体系、高效能高弹性公路能源系统装备等领域加强技术研发，持续深化交通自洽能源系统研究。持续研究公路交通自洽能源系统的多能变换与控制技术、轨道交通"网-源-储-车"协同供能技术、水运港-船多能源融合技术等各种交通方式的能源融合技术；加强柔性输送转换技术、能源智慧管控技术、微电网技术、大容量复合储能技术和新能源汽车 V2G（vehicle-to-grid，电动汽车到电网）技术的研发；突破交通自洽多类能源技术效能评估方法、轨道交通基础设施振动能量捕获技术；探索研究基于交通基建的分布式清洁供能技术、交通场景下的能源灵活输送转换技术、交通运输装备的绿色智慧用能技术、交通场景下的新型储能与虚拟储能技术和交通网与能源网智慧一体化运营技术等。

（三）推进交通新能源基础设施建设

铁路领域进一步扩大光伏发电建设。在高铁站安装光伏发电系统，采用"光伏板+阳光板"的设计形式并网发电，自发自用、余电上网，为高铁站提供清洁电力，真正实现清洁低碳。推动高铁站光伏发电项目的上网发电量形成碳资产并进行交易。

公路领域积极配合城乡公共充换电网络布局和城际充电网络建设，为综合供能服务站建设提供条件。省级交通运输主管部门联合相关部门共同研究制定充换电站用地标准，配合相关部门研究制订高速公路和国省干线快充站、换电站布局方案和年度建设计划。积极为各类充换电基础设施提供充足用地和配套保障。长三角、珠三角地区重点聚焦推进集电能、天然气、加氢等多种供给服务于一体的综合供能服务站在公路沿线布局建设。

水运领域应完善绿色智能船舶运营配套设施。加快配套基础设施建设，支持加注、充（换）电等新能源清洁能源供应设施建设，健全建设审批流程和验收标准体系，构建便捷完善的设施网络。创新运用智慧理念，引导集装箱码头建设新理念，建立"风光荷储一体化"系统以实现绿电自主供应，利用环保材料、节能设备、节能工艺降低能耗。积极谋划新能源的发展运用，加快实施港口机械清洁化改造，推广使用电动机械装备，加快光伏、风力发电、充电桩等清洁能源基础设施建设。创新应用电力调控平台，有效提升能源智慧管控水平。

民航领域加快推进加注可持续航空燃料的基础设施装备研发，进行可持续航空燃料示范机场、示范航线建设，带动可持续航空燃料原料处理和生产、运输和加注、消费和应用的循环产业体系建立。在京津冀、长三角、粤港澳大湾区、成渝、海南等地区年旅客吞吐量较大的机场，试点可持续航空燃料掺混供给等模式，支持相关机场加快推进配套基础设施建设。

（四）推动交通新能源应用标准规范制定

新能源应用标准规范是推动行业发展的技术支撑和基础性制度，应加快推动标准规范的制定。铁路领域亟须统一规范的碳排放评价体系和标准，应研究修订铁路能耗定额标准、机车车辆能耗和碳排放标准、绿色客站专业配套标准，基于国家发展要求，建立和完善铁路企业低碳产品标准标识制度。公路领域加快完善新能源应用的标准规范。开展电池和车辆的换电装置标准、换电站建设相关标准研究；研究出台相对聚类的新能源商用车换电标准，完善换电接口协议；加快出台新能源汽车残值回收标准；建立新能源汽车的全生命周期管理标准体系。水运领域加强新能源应用方面的新技术、新设备、新材料、新工艺等标准研究，推进新能源储供系统模块化、燃料舱类型多元化、高压供气系统国产化，加快研究船用新能源加注技术及加注安全管控技术；开展电池动力船舶安全性和电力推进配电系统安全性标准研究，完善港口岸电应用标准；加大新能源应用能效标准研究，建立船舶 EEDI（energy efficiency design index，能效设计指数）数字化预报和水池验证技术标准。民航领域创新可持续航空燃料适航安全认证模式，建立可持续航空燃料"部件"的取证体系，提高认证通用性；在制定航空替代燃料可持续性要求的民航行业标准的基础上，制定航空燃料生命周期碳足迹评价规范和可持续燃料持续性评价标准，从原材料、工艺路线、应用验证、储运及加注、全生命周期评价等多个维度，持续开展可持续航空燃料标准体系建设工作。

（五）促进交通运输与能源供给体系融合发展

深入推进交通与能源融合发展，加快开展交通运输体系与能源供给一体化规划建设工作，持续完善新能源配套基础设施网络。推动交通基础设施从能源消费者向能源产消者转型，既能匹配支撑交通基础设施网络上的高比例电动化交通运行，又能同步实现运输装备与能源网络的双向互动，支撑新型电力系统运行。

铁路领域充分利用大型场站，如高铁车站、大型客货车站、物流中心、车辆检修基地，以及铁路沿线站区、铁路系统生活区的大量屋顶等，开发建设分布式光伏发电系统以满足自身用电需求，同时，还可以通过余电上网的方式获取利润，产生良好的经济效益。加强隧道工程施工和运营期间地热能、风能及水能利用。在北方路局持续推进空气能等清洁能源替代燃煤、燃油锅炉，提高清洁取暖水平。

公路领域推动建立满足公路基础设施和行驶车辆用能要求、充分利用当地风光资源禀赋、与大电网特性（强、弱、无）相匹配的公路能源系统，既能充分满足高比例电动化交通运行需要，又能通过可再生能源分布式电网的供电方式，降低远距离拉电网的巨额成本，真正实现公路能源系统的高效运行和精准匹配。完善公路供能系统建设，开展全国公路系统基础设施和车辆用能预测研究，分析全国公路系统用能需求，基于需求分析，结合公路基础设施（线路+枢纽）所在地区的风、光、水等可再生能源资源禀赋情况，大电网分布情况（强网地区、弱网地区、无网地区）和氢能供应情况等，统筹开展公路多源供能系统规划建设工作，完成公路供能系统全面升级改造。

水运领域制订实施港口岸电设施建设改造计划，新、改、扩码头配套建设岸电设施。利用基础设施的自然禀赋，形成以太阳能、风能、波浪能和潮汐能等一次能源为主的能源融合系统。在满足港口、锚地和船舶岸电用能的同时，富余电能接入储能系统或余电上网，同时利用绿色能源电解水制氢，建立绿色经济一体化的港船能源网络。积极推进港口"分布式光伏+储能+微电网"能源系统构建，大力推进智慧柔性"港能融合"等示范项目,打造多能互补分布式可再生能源微网。

民航领域推进飞机辅助动力装置(auxiliary power unit,APU)替代设备实现"应装尽装、应用尽用",引进地面动力装置(ground power unit,GPU),并考虑通过扩大 GPU 的使用来减少 APU 的使用。促进机场运行的电动车辆和燃料电池车辆的引入,以及充电站和氢气站的发展;开展飞机地面燃油交输系统研究;推动在机场建筑物的屋顶、停车场、平地和机场周边引入光伏电力系统,并依据技术的发展将安装范围扩大到建筑物墙壁和管制区域;研究使机场成为可再生能源枢纽的方法并利用机场光伏发电系统形成碳信用。

三、提升装备能效,优化装备能耗准入标准

提升交通装备能效水平是所有交通方式碳减排的重要手段。新生产的交通运输装备通过采用轻质材料、型线优化、减阻等轻量化设计手段,降低能耗,提升能效利用水平;已有装备通过生态驾驶、节能航速、提高航油利用效率等手段,提升交通运输装备能效。同时,逐步提升交通运输装备能耗限制标准,合理淘汰高能耗、高排放的老旧运输装备,也将提高交通系统的整体能效。

(一)优化设计方案,提升能效水平

推动新材料在铁路系统的应用。研究超导材料、高强度高导材料及纳米材料、碳纤维复合材料、改性工程塑料、绝缘结构材料等在工程领域的应用技术。通过轻量化选材和结构设计,减轻车体结构质量,提高同等动力装置的运转性能,降低编组列车中的空车比率或缩短运转时间,降低运行能耗。同时,可降低车辆制造成本,提高车辆启动加速度和制动减速度等。

进一步优化汽车结构设计。采用低密度材料代替钢铁材料,应用先进的轻量化制造技术,实现汽车轻量化设计和轻量化材料应用。在保证汽车强度和安全性能的前提下,尽可能降低汽车的整备质量,提高汽车的动力性。促进我国汽车轻量化材料及加工工艺技术水平提高,加快推进汽车轻量化材料新工艺的产业化应用,引导轻量化车型成为市场主流产品。同时,将节能轮胎作为车辆生产标准配件使用。

开展船舶型线优化设计。通过钛合金以及高性能复合材料的应用、结构形式的优化等手段,在不影响船舶整体可靠性、安全与性能的基础上,减轻自主重量,提高装载量;发展型线优化,包括船舶主尺度与船型系数优化、线型设计优化与船机桨匹配设计优化;发展气膜减阻技术,并自主创新以适用于不同类型的船舶,

将空气压入船底，在船底表面形成气水混合的两相流，以降低液体黏性系数，减小艇体摩擦阻力；发展涂层减阻技术，使用船舶涂层可以在表面形成隔离和减阻的保护，大大减小船舶航行时的阻力，降低航行能耗。

积极推动航空领域低碳技术应用。采用新型气动布局形式、新结构、新材料，提升飞机气动与结构效率，以减阻减重和综合能效管理为重点进行飞机改进优化；在减阻方面开展如边界层抽吸、翼身融合、桁架支撑翼等飞机先进气动布局研究，起落架舱密封优化等减阻技术研究；在综合能效提升方面开展多电技术等能源系统优化和管理技术研究；在提升结构效率方面，推进碳纤维、陶瓷基复合材料和增材制造技术的应用，通过轻量化座椅装机、EWIS（electrical wiring interconnection system，电气线路互联系统）项目优化等，减少飞机结构重量，从而降低燃油消耗率。

（二）推广生态驾驶、节能航行

铁路领域重点加快对高速列车和重载货车的节能驾驶技术研究，最大程度地降低列车牵引耗能。应加快算法和模型研究的产品转化速度，综合我国复杂的地质条件和线路环境，对高原隧道、长大坡道、进出站等重点场所开展节能驾驶控制策略研究，加快开发出适用于我国不同速度等级、不同牵引类型铁路列车的节能驾驶控制系统，提供最节能的档位操纵方法。在充分考虑列车启停特性的基础上，结合再生制动回收利用技术提高列车牵引能量利用效率。加大相应控制设备和控制系统的研发力度，结合列车自动驾驶系统和智能铁路运输调度，提高我国列车节能驾驶水平，降低我国列车牵引能耗。

公路领域全方面推广生态驾驶。生态驾驶是指驾驶人在驾驶过程中及时换挡、保持平稳的行驶速度、预测前方交通流状态及信号变化情况，最大限度地避免突然加/减速和长时间怠速等行为，以更加经济、环保的方式驾驶汽车。将生态驾驶纳入驾照考试体系，倡导推广生态驾驶、节能操作、绿色驾培，开展生态驾驶方法体系、推广方式和跟踪评价等全链条研究。利用车载监测装置，实现车辆油耗的动态监测，通过技术手段对驾驶状态及能耗进行实时评估，健全生态驾驶提醒警示机制。通过政府、社会、企业和驾校等多方加强生态驾驶的宣传，将"生态驾驶"中节能环保的效益量化为大众日常生活中节省燃油的经济效益，培养大众日常生态驾驶习惯。

水运领域通过加强科学管理合理使用经济航速。主要措施包括船队减速、优化辅机供电体系、气象导航等，通过更高效地管理和运作来提高营运效率，从而实现碳减排。在合理使用经济航速时要综合考虑燃油消耗、船期成本、市场需求等因素，以市场为导向，充分研究水运市场的需求和规律，根据市场需求合理调度船舶；关注国际燃油价格动态，控制燃油支出的范围，根据国际燃油的价格制定合理的水运路线和经济航速；重点加强科学管理，合理使用经济航速，降低燃油消耗。

航空运输方面加强精细化飞行管理以提升燃油利用效率。推动基于数据分析技术的航路优化，结合飞机性能参数和飞行政策，将飞机机型与航线数据匹配，制订最优油耗的飞行计划；推进航空公司和飞行机组与空管部门协作，在条件允许的情况下使用最优飞行高度层和尽可能趋近于点对点的直线飞行航路，截弯取直，减少相同飞行任务下飞机在空中飞行的时间；通过优化运行控制，选择合适的巡航高度和巡航速度，在确保安全的基础上控制燃油过量；通过大数据分析等技术，建立飞行数据分析平台，帮助飞行员及航空公司发现并消除低效环节；加强飞行员在飞行各阶段使用环保飞行程序的训练，深入贯彻节油飞行实践。

（三）优化运输组织，降低空载率

铁路领域制订合理高效的运输组织方案。客运方面，重点落实"一日一图"，通过提高供给与需求的匹配程度减少空载率。精准把握客流周期性波动规律，提高客流预测精度；根据客流波动规律，确定相适应的列车开行方案以及编组方案；优化交路编制技术，提高机车、车底、动车组交路灵活性，具备按照需求临时增加、停开列车的能力。货运方面，重点关注空车调配优化，降低空车走行率。完善空车管理信息系统，实现空车需求提报、空车产生、空车消失、车辆定位的动态掌握；完善空车列车运行径路动态优化技术，在径路覆盖重要空车供需节点的同时，尽可能压缩空车走行里程；实现空车调配计划与列车运行图的高度融合，保证空车动态调配方案的时效性和可实施性。

公路领域持续推进甩挂运输、集约配送等高效货运组织模式。探索推广"互联网+"共享挂车池的甩挂运输新模式，提高干线运输挂车使用效率，降低干线运输空载率。通过搭建互联网平台，创新物流资源配置方式，扩大资源配置范围，实现货运供需信息实时共享和智能匹配，减少迂回、空驶运输和物流资源闲置。建立货运智能匹配调度系统，优化路径规划功能，丰富完善网络货运平台产品，降低车辆空置率、车辆返程空驶率和车辆空载率。

水运领域加强运量供求信息、航运信息来源的对称性、及时性。优化客货运输组织，降低空载率和不合理周转量；建立统一、规范、集中的公共信息平台，有效整合运输资源，实现运力和运量的协调。提供信息联动服务，保证信息的及时性、有效性，实现资源合理配置，有效降低空载率。

多措并举降低航班空载率。加强航空客货运周转量实时跟踪研判，合理规划和利用机队构成；制定灵活的票价策略，统筹优化航班频次；优化客票信息统计与航班调度管理系统的协同融合；提高客机腹舱货运能力的利用效率。

（四）抓好准入，逐步淘汰，提升整体能效

加快构建运输装备低碳多元化动力适用标准体系，完善运输装备能耗限值标准，建立运输装备能耗检测体系并加强对检测的监督管理，建立运输装备碳排放标准体系，为交通运输行业节能减排奠定坚实的技术基础，最大限度地降低能耗和排放水平。

逐步淘汰冒黑烟铁路机车、空调发电车和车载燃煤设备，发挥铁路在减污降碳中的重要作用。改造燃油发电车将消除局部大气污染物排放，减轻噪声污染，改善沿线环境质量，还可增加列车的有效编组数，减少发电车检修乘务成本和燃油消耗，实现节支增效，并有效消除燃油发电车运用安全及火灾隐患。

定期更新营运车辆能耗和碳排放标准，严格执行达标车型制度，不符合准入标准的车辆一律不发放营运证。研究制定老旧柴油货车淘汰更新的补贴政策，针对淘汰国Ⅲ、国Ⅳ等标准的高排放车辆，更新为国Ⅵ标准的柴油货车和天然气货车、纯电动货车和氢燃料货车给予不同的补贴。推动全面实施汽车排放检验与维护制度，加快建立超标排放汽车闭环管理联防联控机制，强化在用汽车排放检验与维修治理，保持良好技术状况。大力调整优化车辆运力结构，大力推广应用节能环保型运输车辆，加快淘汰高能耗、低效率的老旧车辆，引导营运车辆向大型化、专业化、标准化、低碳化方向发展。

根据船舶能效准入机制和相关设计能效准则，进一步加快淘汰老旧船舶，提升水运整体能效。综合考虑各方面因素，对船企、船东淘汰的老旧船舶采取灵活补贴方式，鼓励老旧内河、沿海运输船舶报废，从而提升船队能效，优化船队结构，降低二氧化碳和污染物排放，鼓励建造满足国内、国际新规范和标准的绿色低碳船舶。

调整优化机队规模结构，鼓励运输航空公司加快淘汰高排放老旧飞机；积极选用燃油效率高的先进机型和先进可靠的航空脱碳技术装备。鼓励航空公司加注可持续航空燃料，有序推动纯电动、油电混动飞机在通航领域的应用。

四、推动一体化融合，发挥综合交通系统优势

统筹综合交通廊道资源，推进综合立体交通一体化建设的资源集约利用；提升综合运输组织效率；加强科技创新，推动交通通用技术共享创新成果；强化交通需求管理，推进综合交通运输治理体系和治理能力现代化。

（一）加强各种交通方式一体化规划建设

在综合立体交通通道规划建设过程中，要加强交通规划与空间规划、区域规划的衔接，引导资源有效配置。节约并集约利用通道线位资源、岸线资源、土地资源、空域资源，统筹考虑多种运输方式规划建设，充分利用地上、地下和水上、水下空间，推进公铁线路一体化，促进过江、跨湾、穿越环境敏感区的通道与航运、防洪安全和生态环境等协调发展，优化资源配置，提高资源利用效率。公路铁路一起规划建设，不能同步建设时，预留后者建设条件；公铁道桥上下分层建设，进一步节省土地资源。建设立体（并行）的跨江跨河通道，有效节省建设成本。城市道路、轨道交通与城际道路、市域铁路协调规划，使干支线道路衔接顺畅、能力匹配。

（二）综合立体交通枢纽一体化规划设计

统筹规划建设以铁路枢纽、航空枢纽、航运中心为主体的客货综合交通枢纽，坚持统一规划、统一设计、协同建设、协同管理的原则，推进综合交通枢纽规划设计一体化。在综合交通枢纽备选节点已经确定的情况下，综合考虑枢纽的城市形态、城市定位、运输能力等因素对节点需求的影响，在节点总数确定的情况下，优化综合交通枢纽布局。在设计城市综合立体交通枢纽时，协调考虑各种交通运输方式，如在设计城市大型机场时，应将铁路、公路、城市轨道交通等综合规划设计。

（三）加强联程联运一体化运输组织

打破行业条块分割和行政壁垒，联合民航、铁路、公路、海运以及城市交通等行业管理部门，推进区域内综合交通信息的整合和实时共享，建立综合交通信息服务平台，为"一票制""一单制""一站式"创造条件。①推动旅客联程出行。积极发展公铁联运、空铁联运、海空联运等运输服务，加快推进不同运输方式票源互通开放、出行需求信息共享、结算平台互认，实现旅客出行"一票到底、行李直运、无缝衔接、全程服务"；完善枢纽场站联运服务功能，鼓励共建共享联运设施设备，积极引导综合枢纽立体换乘、同台换乘。②发展货物多式联运。大力发展铁水联运、公铁联运、江海直达等联运服务方式；重点发展以集装箱为标准运载单元的海铁联运，支持基于标准化运载单元的联运设施场站建设及改造；积极培育具有竞争力的多式联运经营人，完善统一的多式联运制度；鼓励以开发多式联运产品为纽带的跨运输方式合作。

（四）强化需求管理，提升综合交通治理能力

强化交通需求管理，统筹考虑路网容量、环境保护等要素，完善小汽车增量调控管理制度。开展道路使用管理政策技术储备研究，建立以交通减碳为切入点的道路使用调节机制，在交通拥堵严重、环境保护要求高的重点片区设置机动车低排放区，提高准入车辆的排放标准。开展路网通行效率、运行速度对路网车辆运行碳排放的影响研究，分析提出以碳排放为优化目标的合理限速设置建议。

规范交通秩序管理，在道路建设、堵点治理、秩序维护、扩容挖潜等方面开展重点工作，让交通路网更通达、行驶更顺畅、停车更便捷、出行更低碳。针对交通拥堵严重的主要通道及片区，研究通过经济、技术等手段提高设施利用效率的可行方案。完善停车管理政策，动态调整道路停车泊位设置，有序推进停车换乘设施建设运营，提供更为便利化、多样化的出行服务。改善慢行交通环境，进行人性化、精细化道路空间设计，提升慢行通道的连续性和功能性，优化慢行交通环境，保障慢行交通路权，完善轨道交通站点"最后一公里"慢行接驳通道建设。通过信息化手段，建设综合交通信息平台，加强智慧管理和动态调控，提升交通组织管理精细化水平。

五、发展智慧交通，提高交通运输系统效率

通过大力发展智慧交通，推动新一代信息技术与交通运输深度融合，提升运输效率，实现综合减碳。重点加大新型交通运输装备智能化研发力度；建设智能化运行的新型枢纽场站；完善预约出行等智慧系统；探索车路协同、智慧车列、地下智能物流等新模式，重构未来客运出行和货物运输场景。

（一）加大智能运输装备研发力度

（1）智能高铁装备研发。基于全方位态势感知、自动驾驶、运行控制、故障诊断、故障预测与健康管理等技术，实现高铁移动装备及基础设施的自感知、自诊断、自决策、自适应、自修复，实现动车组的自动及协同运行，探索具备全面感知与泛在互联能力的智能装备关键技术，开展移动装备智能监控、智能诊断与智能服务关键技术攻关，深化动车组自动驾驶技术研究，推动编组站综合自动化系统智能升级；实现线路、通信信号、牵引供电等基础设施全生命周期精细化管理及优化配置，保持基础设施的最佳使用状态，推进牵引供电系统智能预警与健康诊断技术研究。

（2）智能车辆装备研发。持续深化研究车路协同控制技术、车路协同隐私计

算技术、车辆定位技术、车辆外部环境感知技术和智能厢式车技术等。突破自动驾驶关键技术，重点聚焦模块化、智能化、一体化的自动驾驶汽车技术、自动驾驶汽车预期功能安全技术、自动驾驶汽车变道技术。研发车联网技术，包括基于 5G 的车-车通信技术（5G-V2X）的人、车、路、网协作式智能交通系统的研究和应用，形成联接车（connected car）、联接路（connected road）、联接人（connected people）、联接服务（connected services）、联接生态系统（connected ecosystem）的全方位车联网技术及应用架构，融合单车智能与网联智能于一体的协同自动驾驶技术的研究和应用。

（3）智能船舶装备研发。围绕智能船舶核心理念，进行具备感知、决策和执行功能的智能船舶装备研发，研制高精度视觉传感器，搭建基于机器视觉、雷达处理、AIS（automatic identification system，自动识别系统）解码等技术的智能船舶辅助驾驶系统，结合优化算法实时处理，提升智能船舶特殊海况下的航行能力；建立以电能为主要动力形式的电力推进系统，开展关于支持智能船舶日常供电等船舶综合电网研究，引入变流变频设备对船舶综合电网进行交直流组网，通过储能设备（如超级电容器、飞轮蓄能、锂电池等）对复杂电网下的电流电压进行谐波处理并及时储存电网多余功率，建成以 IPS（intelligent positioning system，智能定位系统）为核心的用电体系，在此基础上推动绿色清洁能源（如太阳能、风能等）在智能船舶上的应用推广，为进一步节能减排助力。

（4）智能航空装备研发。推进航空器在飞行过程中接收航班航迹、气象等信息，探索基于态势分析的飞行精准控制辅助决策功能，加强飞行过程的精准控制。促进前沿信息科学技术与空中交通管理有机融合，通过搭建基于算力的空中交通运行仿真环境，实现基于算力的全国航班协调运行。开展基于 5G 技术的"机-车-场道-设施"协同运行示范，制定 5G、北斗等地面航电设备及适航标准，建立健全相关航电设备适航审定和地面设备准入审定工作机制。

（二）建设智能化运行的枢纽场站

推动智慧综合客运枢纽建设。推广基于信息技术支持的多交通方式换乘方法，通过智能化手段对枢纽内的换乘模式、换乘流程进行梳理优化，提高乘客换乘效率和体验，提升客运服务质量和运输组织效率。设计考虑乘客视认性的综合交通枢纽智能导向标识，根据乘客在交通枢纽内部的出行流程，掌握导向标识对乘客的移动行为的影响作用机制，高效组织乘客按照导向标识进行集散。推动共享汽车作为接驳交通的出行方式之一，利用"交通枢纽+共享汽车"的接驳方式解决城市公共交通营运时间与航运/铁路到站时刻不匹配、特大城市客流量大造成的出租车打车难、排队长、候车时间长等问题。

推动智慧综合货运枢纽建设。基于区块链技术发展多式联运"一单制",梳理铁路、公路、水运、民航四种运输方式及海关等监管单位形成数字化单证的主要内容,对比传统单证与数字化单证在多式联运背景下的业务特点,设计满足用户功能的数字化多式联运单证的业务模式;利用区块链技术构建多式联运系统平台,根据多式联运单证业务模式,设计多式联运系统架构和应用流程以及"一单制"电子提单的信息模型。对区块链模型进行建模和仿真,实现多式联运数字化单证系统的各项用户功能。

(三)完善智慧出行系统

完善综合出行信息服务系统。完善综合交通一体化智慧出行服务系统,整合公交、地铁、市郊铁路、步行、骑行、网约车、航空、铁路、长途大巴、自驾等全品类交通出行服务,持续探索推进 MaaS(mobility as a service,出行即服务)一体化出行服务平台建设,推动多方交通参与主体在数据、信息和价值等方面实现流动与交换,打造以支付业务体系为核心、连接多种出行方式的综合出行平台。

建设智慧停车管理平台。利用互联网、大数据、云计算、区块链等现代信息技术,整合、共享各类停车资源,多措并举增加公共停车泊位供给。建设智能诱导、智能管理、智能收费、智能分析的智慧停车管理平台,提供停车泊位实时查询、在线预订、导航服务、缴费支付、监督管理等智能化服务。因地制宜采取高位视频、道闸或地磁等设备提升泊位智能化水平;推广使用计时化、电子化、差异化、无人化的收费方式,提高停车泊位周转率。

(四)发展智慧交通模式

加快智慧公路建设步伐,推进车路协同商业化落地。通过车辆自动化、网络互联化和系统集成化,构建车路协同自动驾驶系统。智慧公路是车路协同的前提和基础,应首先研究编制国家智慧公路与车路协同建设标准、明确阶段目标,绘制中长期发展路线图,顶层设计、分步实施、协同推进,在全国范围内按照示范期、推广期和全面发展期分类别规划建设;研究制定国家智慧公路与车路协同建设的认证准入、评价等技术标准规范,加快智慧公路系列标准落地,引领车路协同自动驾驶标准跨越式发展;借助改扩建项目与智慧公路示范工程相结合的契机,逐步建立场景适宜的商业模式。

开展定制化预约出行服务,发展智慧车列交通系统。智慧车列交通系统根据客流特点来设置专用道路与固定站点,通过移动互联技术预约出行,提前一定时间精准预知某个时刻从任意同一站点上车到其他任意同一站点下车的乘客信息;基于上述乘客信息和大数据技术,指派就近的合适汽车或汽车组接送在同一站上并在同一站下的乘客；采用专用车道，接送汽车或汽车组不需要中途停靠，实现"点对点"的快速运送。智慧车列交通系统是具有颠覆性意义的新型城市智能交通系统，应将其纳入交通规划和重大项目进行重点支持，尽早启动示范工程建设。同时，探索尝试 TOD 发展模式推进建设，将智慧车列交通系统应用与城市发展规划有机结合，以城市公共交通发展引领城市土地开发利用机制创新，为智慧车列交通系统市场化运营奠定基础。

推进地下智能物流系统建设，助力实现"双碳"目标。地下智能物流系统作为集大数据、云计算和物联网为一体的智慧化载体，通过货运全过程可视化监测和智能调度，在提供柔性服务的同时，实现城市货运数据的数字化搜集和管理，有助于提升城市管理标准化、信息化、精细化水平，缓解地面空间资源压力，提升城市综合交通韧性，助推"双碳"目标的实现。发展地下智能物流系统，亟须推动地下物流与智能制造、智能交通技术深度融合，补齐重大共性关键技术短板，提高地下物流科技创新水平及管理信息化水平，实现我国地下智能物流技术装备的自主研发；建立"平战结合、平疫结合、地上地下一体"的城市物流标准化运营管理机制；完善地下智能物流嵌入后的城市立体交通基础设施网络和新型城市供应链体系；推动地下智能物流在港口集疏运、城市配送、区域物流等重点领域的规划和集中示范；通过示范项目，建立健全地下智能物流落地政策体系、法律法规体系和监管制度。

六、创新管理机制，共促多元低碳协同发展

综合运用政策、市场机制共促绿色低碳发展。积极推进交通碳排放监测统计考核体系建设；建立评价机制，构建交通运输绿色低碳指标体系，定期进行交通运输碳减排工作效果评估。以市场为引领，探索征收碳税政策，利用使用者付费等经济性杠杆，引导绿色出行和绿色货运。探索交通领域零碳、负碳等碳汇技术，提高交通基础设施的固碳能力和碳汇水平。加快构建交通领域减污降碳一体谋划、一体部署、一体推进、一体考核机制，构建减污降碳融合清单，加大综合治理力度。倡导简约出行，降低小汽车使用强度。

（一）推进监测、统计、核算、评估体系建设

统筹建立交通领域统一的碳排放监测体系，并依据铁路、公路、水运、航空各领域特点细化监测核算方法。健全交通运输行业能源消费统计制度和指标体系；建立运输能耗及碳排放数据共享机制；完善能耗和碳排放监测、报告和核查体系；实施交通运输碳排放清单定期报告制度；推动建设交通运输能耗和碳排放监测、

核算、预测一体化平台，全面支持交通运输碳减排政策的制定和精准管理。

建立健全交通运输行业碳减排成效评价指标体系，明确各级运输主管部门职责，强化统计监测和监督考核，建立年度重点工作进展报告制度、中期跟踪评估机制，定期组织开展第三方评估。推动研究制定交通运输行业参与碳排放权交易的相关政策法规和标准配额。加强企业监督管理，推动重点运输企业碳排放核查和低碳运输企业认证。

（二）强化市场激励措施

加强碳资产管理。研发建立碳排放管理信息化系统，高效使用碳资产。在组织架构上，设立碳排放权管理机构，统一管理碳盘查、交易、履约、碳资产开发等。在制度管理上，编制运输企业温室气体排放统计管理规定、配额履约及交易规定、自愿减排项目开发规定等。鼓励交通运输相关企业参与交通运输碳金融产品交易，尝试多种市场减排产品。

建立碳普惠机制。构建引领和激励公众践行绿色低碳行为的碳普惠机制。确立碳普惠减排场景，识别可实施的减排活动，分析减排效益及可行性。充分发挥市场措施的激励作用，建立以个人或家庭为单位的出行碳账户制度，在全国实施以个人或家庭为单位的绿色出行碳普惠激励措施，让小微企业、社区家庭和个人通过绿色低碳行为累积碳积分，并获得产生的经济效益。以交通行业企业员工为普惠对象，自上而下地建立激励机制，倡导员工践行低碳办公行为。

完善碳交易体系。探索碳积分、合同能源管理、碳排放核查等市场机制在交通行业的应用，建立与完善交通领域碳交易体系，围绕碳交易体系的管控范围、核算方法、配额分配、抵消机制、核查报告等关键环节开展研究。加强交通运输行业碳交易能力建设，推动建立交通温室气体排放清单数据库，建设碳交易专业人才队伍，加强碳交易信息交流共享机制，加强各级交通运输行业主管部门和重点交通运输企业对碳交易机制和碳交易市场管理的理解。

（三）探索碳汇技术，提高碳汇水平

开展具备固碳功能的交通建设新材料等技术攻关，提升交通生态系统固碳能力。开展公路沿线、枢纽互通区、港区、航道用地绿化工程，建造碳汇林、种植碳汇草，提高交通基础设施的固碳能力和碳汇水平。统筹考虑交通景观、安全等因素，选育适合当地区域的高固碳释氧植物，提升交通植被单位面积固碳量，增加交通生态碳汇总量。

发展交通零碳、负碳等碳汇技术。推动利用交通基础设施铺设光伏进行发电的应用，尤其是在高速公路边坡、服务区、收费站等设施建设分布式光伏发电站。

研究交通建设活动与碳汇间的关系，分析交通通道沿线及车站、港口、机场等基础设施的生态固碳能力。

（四）推动减污降碳协同增效

交通运输污染物和二氧化碳高度同根同源，遵循减污降碳的内在规律，可进行综合治理，加快构建减污降碳一体谋划、一体部署、一体推进、一体考核机制，建立健全减污降碳统筹融合的战略、规划、政策和行动体系。交通运输领域加快新能源装备发展，逐步推进老旧装备淘汰及新能源替代，推动运输结构调整，将降碳工作与大气污染防治、水环境治理、土壤污染物治理、固体废物污染防治协同，加强交通运输污染物和二氧化碳排放检测，将碳清单分类映射到污染物清单体系中，构建减污降碳融合清单，加强协同技术研发应用。

（五）倡导简约出行，降低小汽车使用强度

实施恰当的交通需求管理政策，如限行限购政策、差别化停车收费、智能停车管理、交通拥堵收费、错时上下班等措施，以促进简约出行，降低小汽车使用强度，进而减少碳排放。通过制定合适的燃油税率，提高燃油使用成本，可以促进消费者选择燃油经济效率高的车型以及更加绿色的出行行为或方式；实施差异化交通管理，研究小汽车停驶相关配套优惠措施，探索建立小汽车长时间停驶与机动车保险优惠减免相挂钩等长效制度。在供需失衡、交通压力大的区域或者路段，探索实施小汽车分区域、分时段、分路段通行管理措施，提高城市核心区小汽车使用成本，引导降低小汽车出行总量。

第六章
相 关 建 议

一、强化前沿技术布局,加大研发力度

建议相关部门统筹布局低碳交通产品论证和关键技术研发,明确下一代低碳化能源、装备研发任务,重点聚焦产品与技术的颠覆性创新。持续推进动力电池、氢能源、核动力等新能源技术研究;突破一批制约未来重载货车、水运、民航低碳化发展的瓶颈或关键问题;进行新型储能技术及电池安全技术攻关,包括基于储能系统的应急供电技术、基于储能系统的源网可靠技术、电化学储能电池技术、锂离子电池储能系统火灾燃爆事故一体化防控技术、氢燃料储存与布局、氢涡轮推进系统等。同时,推动新材料在交通领域的应用,提升传统能源运输装备传动效率,以及加强热管理、低摩擦等技术的研究开发和应用,进一步提升运输装备整体节能水平。

二、加强政策引导,持续推动运输结构优化

坚持把运输结构调整作为交通运输近中期低碳发展的主攻方向,制订铁路和水运扩能改造行动方案,明确重点任务及保障措施;加强铁路、水运大宗货物中远距离主要通道能力建设、集疏运体系完善、铁水联运工程建设、电气化改造、站场设施更新等工作。加大政策引导力度,对积极采取"公转铁""公转水"运输的企业给予适当奖励。同时,针对公路运输从业者出台纾困政策,提供相关人员再就业以及运输装备变现渠道,确保从业人员平稳过渡。

三、率先构建"集中+分布"式的陆路交通能源供应系统

建议相关部门构建"集中+分布"式的陆路交通能源供应系统。构建新型牵引供电系统,通过混合储能接入电气化铁路供电系统实现再生制动能量的回收利用,研究车-地协同储能系统协调控制策略,进一步提升控制精度与响应速度;加强新能源汽车与电网能量互动,实现电动汽车与电网间能量的双向流动,在满足需求响应的同时为电网提供可靠性保障。充分利用网络通信、智能量测、数据处理、智能决策等先进技术手段,建立以储能系统为核心的能量协同优化管理体系,在线实施区域内发电单元的优化调度,全面推广"源-网-车-储"一体化模式,强化陆路交通低碳转型后的清洁能源保障。

四、研究提出行业绿色产业目录并积极争取纳入绿色金融支撑范围

研究提出交通运输行业绿色产业目录,纳入和完善国家《绿色产业指导目录》。对铁路、公路、水运、民航及城市交通领域绿色低碳产业进行系统梳理,并结合交通运输发展现状及未来清洁低碳发展要求制定交通运输行业绿色产业准入标准。对仍需政府给予积极引导的市场化投资项目,纳入绿色金融支撑范围,提高绿色金融对交通运输绿色低碳发展的支持力度。

五、做好能源保障及传统能源运输装备的战略性预留,确保系统具有一定的冗余度

建议相关部门在碳达峰碳中和总体目标下,提前科学谋划陆路交通实现低碳转型后的运输能力保障,建设既满足"双碳"目标要求又保障国民经济发展的综合交通运输体系。充分考虑交通运输系统的可靠性和应急保障能力,对于影响全局的关键线路和枢纽节点,科学合理地配置多动力类型陆路交通运输装备,提供多元化交通用能保障方案,确保系统具有一定的冗余度;以传统能源运输装备为应急保障的"压舱石",做好内燃机车和燃油车的战略性预留。针对重点城市群、主要物资运输通道、自然灾害多发地区,研究多方式、多通道、多路径运输方案,实现多种运输方式的相互补充、协同保障,提升系统韧性。

第二篇

铁 路 篇

第七章
铁路运输低碳发展现状与形势

一、铁路运输能源消耗及二氧化碳排放现状

（一）铁路运输能源消耗现状

1. 能源消耗总量

全国铁路运输企业能源消耗主体由国家铁路、非控股合资公司和地方铁路组成，2020 年运输能耗折算标准煤量分别为 1495 万吨、29 万吨和 13 万吨，其中国家铁路能源消耗占比最高，达到总能耗的 97%，非控股合资公司和地方铁路仅占 3%，如图 7-1 所示。

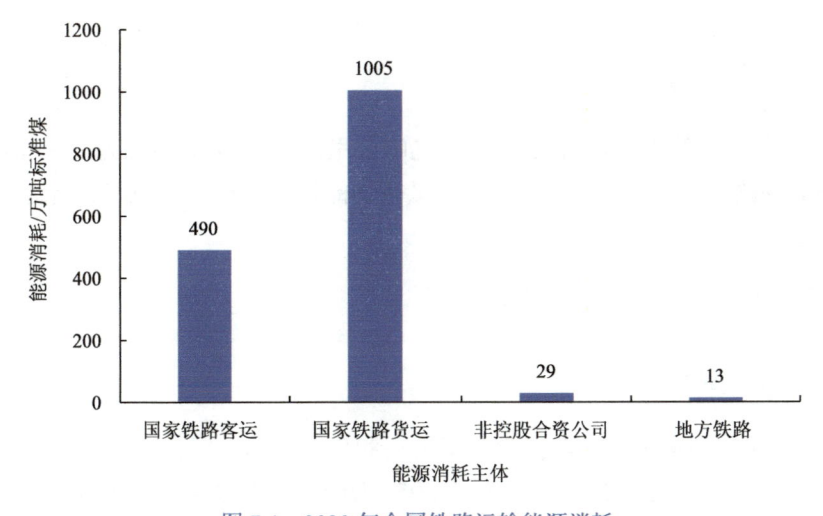

图 7-1　2020 年全国铁路运输能源消耗

铁路运输工具与枢纽能耗分为牵引能耗和非牵引能耗。牵引能耗指用于机车牵引等铁路运输所消耗的能源总量；非牵引能耗指除牵引能耗外（包括枢纽和站段）的能源消耗量，包括暖通空调、照明、信号、通信及给排水等相关设备能耗。2020 年国家铁路牵引能耗和非牵引能耗所占比例分别为 78% 和 22%。

2. 能源消耗结构

目前，铁路能源消耗类型主要包括电力、燃油、燃煤、液化石油气、天然气、外购热力等。2020 年铁路能源种类以电力、燃油和煤炭为主，其中电力消耗量所占比例高达 66.21%，燃油和煤炭分别占 23.07% 和 1.55%，而天然气、煤气等其他类型能源所占比例不足 9%，如图 7-2 所示。

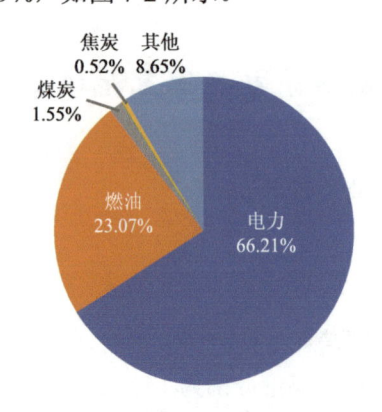

图 7-2　2020 年全国铁路运输能源消耗结构

其他包含焦炉煤气、城市煤气、油田天然气、气田天然气、液化石油气、液化天然气、生物质燃料、外购热力和醇基燃料

3. 能源消耗强度

2020 年总换算周转量为 35 655.93 亿吨公里，铁路运输总能耗为 1537.61 万吨标准煤，铁路客运百万换算吨公里周转量平均能耗为 5.17 吨标准煤，货运为 3.96 吨标准煤。

（二）铁路运输二氧化碳排放现状

1. 二氧化碳排放总量

2020 年，国家铁路、非控股合资公司和地方铁路二氧化碳排放总量分别为 5908 万吨、112 万吨和 35 万吨，合计 6055 万吨，详细数据见图 7-3。

第七章　铁路运输低碳发展现状与形势　71

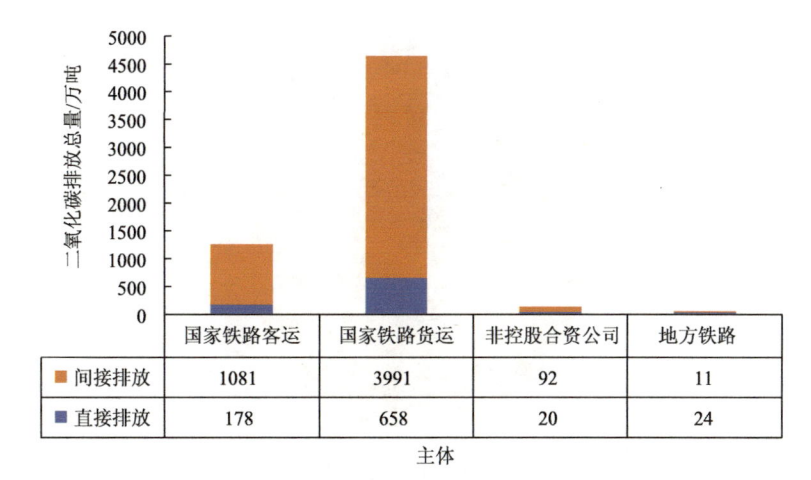

主体	国家铁路客运	国家铁路货运	非控股合资公司	地方铁路
间接排放	1081	3991	92	11
直接排放	178	658	20	24

图 7-3　2020 年铁路运输二氧化碳排放总量

2. 二氧化碳排放占比

图 7-4 分析了 2020 年铁路运输二氧化碳直接和间接排放占比，电力和外购热力等间接排放占比约 85%，化石燃料燃烧等直接排放仅占 15% 左右。

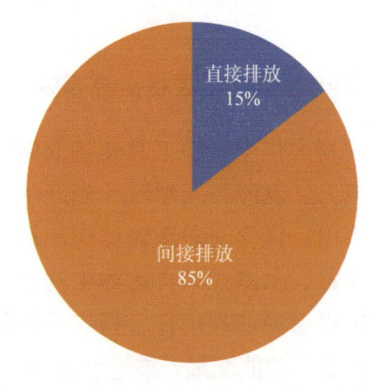

图 7-4　2020 年铁路运输二氧化碳直接和间接排放占比

从能耗结构看，2020 年全国铁路电力二氧化碳排放占比达 79.43%，燃油占 12.98%，煤炭及其他类型仅占 7.58%，见图 7-5。

3. 二氧化碳排放强度

2020 年全国铁路运输业碳排放总量为 6055 万吨，客货运周转量为 35 655.93 亿吨公里，其中，客运二氧化碳排放强度为 22.4 吨二氧化碳每百万人公里，货运二氧化碳排放强度为 15.6 吨二氧化碳每百万吨公里。

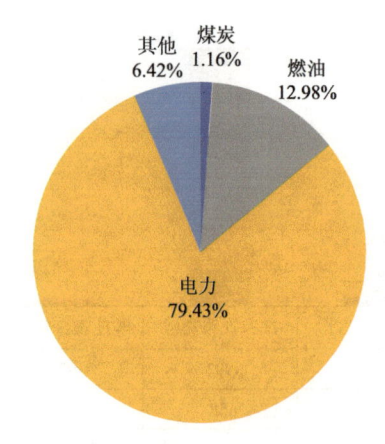

图 7-5　2020 年铁路运输不同能源类型二氧化碳排放占比

图中百分比由于经过四舍五入，合计可能不等于100%

二、铁路运输绿色低碳发展面临的形势和挑战

（一）面临的形势

1. 交通运输行业对铁路运输低碳发展提出更高要求

交通运输行业碳达峰需要聚焦于运输工具装备低碳转型、运输结构调整和碳排放强度控制。积极扩大电力、氢能、天然气、先进生物液体燃料等新能源、清洁能源在交通运输领域的应用；优化交通运输结构，加快建设综合立体交通网，大力发展多式联运，提高铁路、水路在综合运输中的承运比重，持续降低运输能耗和二氧化碳排放强度；积极引导低碳出行、推广节能低碳型交通工具；加快发展新能源和清洁能源车船，推广智能交通，推进铁路电气化改造。《交通强国建设纲要》明确提出了促进资源节约集约利用、强化节能减排和低碳环保的绿色发展理念，将推进新能源和清洁能源应用。《国家综合立体交通网规划纲要》中要求加强可再生能源、新能源、清洁能源装备设施更新利用和废旧建材再生利用，促进交通能源动力系统清洁化、低碳化、高效化发展。

2. 铁路运输是助力交通运输行业低碳转型的骨干

从国内各运输方式碳排放来看，铁路碳排放量最低。公路运输依旧是中国交通碳排放最多的运输方式。公路运输碳排放总量最大且增速较快，占比基本稳定在 80% 以上。水路运输碳排放量增长逐步放缓，占比从 2005 年的 4.1%增长到 2020

年的 6.9%。航空运输碳排放占比为 6% 左右。2020 年，铁路客运周转量市场份额占比 43%、货运周转量市场份额占比 21%，而碳排放量仅占交通运输的 5% 左右。从全球来看，铁路是能效水平最高的运输方式之一。国际能源署（International Energy Agency，IEA）的数据表明，铁路客运量占全球机动化客运量的 9%、货运量的 7%，但能耗仅占 3%，这充分说明了铁路这种交通模式的高能效水平。在碳中和背景下，铁路具有明显的节能减排优势，对建设节能高效的综合交通运输体系至关重要。因此，需研究构建布局合理、层次分明、功能完善、衔接顺畅的综合运输体系，发挥铁路节能减排潜力。

3. 技术创新为铁路低碳发展带来新的机遇

新能源技术的广泛应用为铁路运输提供了强有力的支撑。电力机车作为低碳交通的代表，已经成为铁路客运和货运的重要力量。相较于传统的内燃机车，电力机车在运行过程中几乎不产生碳排放，大大降低了铁路运输的碳排放强度。此外，太阳能、风能等可再生能源在铁路领域的应用，也为低碳发展提供了可能。通过在铁路沿线建设太阳能发电设施，可为铁路信号系统、电气化设施等提供绿色电力，从而进一步降低铁路系统的碳排放。智能交通系统技术的创新为铁路运输管理提供了新的契机。通过大数据、物联网、人工智能等技术，铁路部门可以实时掌握线路、车辆、客流等信息，实现对铁路运输的精准调度。这有助于提高铁路运输效率，降低空驶率，减少能源消耗，从而降低碳排放。同时，智能交通系统还可以为旅客提供个性化出行建议，引导旅客合理安排出行时间，缓解高峰时段客流压力，进一步提升铁路运输的低碳特性。铁路基础设施建设的技术创新也为低碳发展创造了条件。例如，高速铁路桥梁工程采用轻型、高强度材料，降低了结构重量，减少了钢材、混凝土等传统建筑材料的消耗。此外，新型轨道交通系统如磁悬浮列车、真空管道交通等，具有更快的速度和更高的能效，有望在低碳发展方面取得突破。

4. 绿色低碳发展成为铁路走出去战略新引擎

我国铁路走出去战略聚焦于技术创新，推动国际铁路领域的绿色低碳发展。积极加强国际铁路合作，推动全球铁路网络的互联互通。通过"一带一路"倡议等，我国铁路与其他国家铁路部门共同推进跨国铁路项目，从而提升全球铁路运输效率。这将有助于降低物流成本，减少能源消耗，促进国际贸易发展，推动全球范围内的绿色低碳转型。注重提升铁路在国际物流市场的竞争力。铁路部门积极推动多式联运、甩挂运输等先进运输组织方式，提高货物运输效率，降低物流成本。多式联运尤其适用于长途、大批量的货物运输，能够有效减少碳排放，助力全球物流行业的绿色低碳发展。走出去战略还着力于提升铁路在国际市场竞争中的品牌形象。通过举办各类国际会议、论坛、展览等活动，展示我国铁路建设的成就和发展前景，传播绿色低碳的理念，推动全球铁路行业的共同发展。

（二）存在的挑战

1. 铁路运输需求持续增长

近年来，铁路投资逐年增长，高铁、城际铁路、市域铁路等多样化铁路网络不断拓展。特别是在中西部地区，铁路建设取得了显著成果，有效缓解了地区交通运输压力，带动了当地经济的发展。在国民经济发展的大背景下，铁路运输在综合运输体系中的地位日益凸显，成为支撑经济发展的重要支柱。随着我国高铁网的不断完善，铁路运输在速度、安全性、便捷性等方面的优势愈发明显，吸引了越来越多的旅客和货物选择铁路出行或运输。随着人们生活水平的提高，旅客对出行质量和速度的要求也越来越高。我国外贸和内需市场不断扩大，物流运输需求持续增长。铁路货运在降低物流成本、提高运输效率方面具有显著优势。近年来，我国铁路货运不断优化服务，提升运力，吸引了大量货运业务。旅客运输和货物运输在需求增长的同时能源消耗量也在增加，对铁路降碳提出了新挑战。

2. 新能源技术壁垒亟须突破

虽然我国铁路技术在不断进步，但在绿色低碳领域，与国际先进水平相比，仍存在一定差距。例如，高效能的电力机车、新能源动力系统等方面的技术仍需突破。此外，如何将这些先进技术大规模应用于实际运营，也是一个挑战。绿色低碳技术的研发和应用需要大量的资金投入。例如，电气化铁路的建设成本通常要高于传统的内燃机车铁路，且清洁能源设备的采购和维护成本也较高。在当前我国铁路投资有限的情况下，如何引导和激励铁路企业增加绿色低碳投资，是一个亟待解决的问题。

3. 政策环境有待进一步完善

虽然我国政府已经意识到铁路绿色低碳发展的重要性，并在政策层面给予了一定支持，但政策力度、实施效果仍有待提高。例如，我国货物运输结构仍不尽合理。铁路货运量在全社会货运中的占比仍较低，公路货运量在全社会货运中的占比过高。未来推进运输结构调整工作日趋艰难，铁路货运专线、集疏港码头、综合枢纽的建设需要大量资金投入，对中央及地方财政造成较大的压力。铁路相较于公路运输的优势未能得到充分发挥。公路运输不同程度上存在着车辆非法改装、超限超载以及过度竞争的问题，造成铁路的运价和公路的运价倒挂，降低了铁路的比较优势。铁路存在综合运输组织化的水平不高，跨方式、一体化运输组织程度低，多式联运市场主体少，发展有些滞后等问题。

综上所述，铁路绿色低碳发展面临的挑战是多方面的，需要政府、企业、社会各界共同努力，通过加大投资、突破技术壁垒、完善政策环境、提高市场竞争力、加强能力建设和提高社会认知等途径，推动铁路绿色低碳发展取得更大进展。

第八章
典型国家/地区铁路低碳发展历程及启示

一、典型国家/地区铁路低碳发展历程

(一) 欧盟

1. 碳排放现状

欧盟委员会于 2019 年 12 月 11 日发布《欧洲绿色新政》，这项新的增长战略旨在将欧盟转变为一个公平、繁荣的社会，以及富有竞争力的资源节约型现代化经济体，温室气体将达到净零排放并且实现经济增长与资源消耗脱钩。为了更好地实现交通碳减排，欧盟委员会于 2020 年 12 月 9 日出台《可持续和智能交通战略》，该战略提出对欧盟交通运输业的愿景，包括降低交通运输行业的污染排放量、切实推进绿色与智能交通建设、实现整体可持续发展。在所有交通方式中，公路是最大排放者，排放量约占整个交通系统排放温室气体总量的 72%。如果不采取行动纠正这种状况，到 2030 年，交通运输部门的排放量将比 1990 年的水平增加 32%。因此，有必要制定新的措施、计划和行动，以实现《欧洲绿色新政》规定的目标。

铁路碳减排政策方面，《可持续和智能交通战略》强调了铁路运输在向零排放和数字化交通过渡过程中的重要性以及对气候中性的影响，因为铁路运输能够使交通运输系统脱碳，并创造数字网络和服务。该战略指出，需要充分挖掘铁路的发展潜力，并增加铁路运输在所有运输方式中所占的份额，因为铁路具有很多不可替代的优势：铁路是排放量低、最可持续的运输方式，铁路运输排放量占交通运输排放量的比例不到 1%，其中电气化铁路更是促进铁路碳减排的主要力量。

该战略的实施有望使铁路运输成为客货运输领域的首选，但要实现运量翻番的目标，还需要付出巨大努力。

2. 碳排放目标

欧盟 2020 年发布的《欧洲气候法》《2030 年气候目标规划》提出，欧盟将在 2050 年实现温室气体净零排放作为一个具有法律约束力的目标，欧盟及其成员国将就此目标在欧盟层面以及国家层面采取必要措施，每五年审查一次进展情况。欧盟 2030 年温室气体减排目标是在 1990 年的水平上减排至少 50%，力争 55%。到 2050 年欧洲将建立一个气候中性的大陆，届时整个欧盟经济和活动将在温室气体零排放的情况下运行，欧盟每个经济部门都必须降低排放量。交通运输部门是对环境产生负面影响的主要来源，占欧盟温室气体排放总量的 27%。为此，欧盟出台多重交通政策，全面推动碳减排。

3. 低碳发展采取的措施

2020 年 12 月发布的《可持续和智能交通战略》提出，为减少交通碳排放、实现碳中和，将对欧盟交通运输方式进行下列调整。

客运方面，欧盟提出，对于运输距离在 500 公里以下的客运，将大力推动航空运输转向铁路运输。欧盟将增加长途和跨境铁路客运服务供给，力争到 2030 年将高铁运量增加一倍，到 2050 年将高铁运量增加两倍。高铁的大量供应将为乘客提供更多针对短途航班的替代方案。与短途航班相比，此方案将减少大量碳排放，并将释放机场容量，避免维护无法营利的航线。同时，欧盟从 2021 年开始采取灵活的票务机制，计划到 2030 年建成无缝多式联运旅客电子票务系统并实现无纸化操作，在简化跨境票务服务的同时，优化多种交通方式间的换乘和连通，以此促进公共交通的发展并减少碳排放。

货运方面，为解决内陆公路货运造成的交通拥堵和空气污染问题，欧盟提出将内陆公路货运量的 75% 转移到铁路和内陆水运，争取到 2030 年使铁路货运量增长 50%；预计到 2050 年，铁路货运量将增加一倍。

此外，该战略预计，到 2050 年，应投入运营的电力机车车辆将占整个客运列车车队的 94%~95%、占货运列车车队的 88%~89%，铁路基础设施将实现大规模电气化，以便与电力机车车辆相匹配。同时，氢动力列车届时将约占客运车辆的 1%、货运车辆的 2%。

（二）德国

1. 碳排放现状

根据德国联邦环境署发布的数据，2019年德国交通行业二氧化碳当量排放量为1.63亿吨，占全社会总排放量的20%。交通行业中，铁路的二氧化碳当量排放量为81.5万吨（不计入牵引供电中的隐形碳排放），占整个交通行业排放量的0.5%，占全社会排放量的0.1%。2019年德国铁路客货运输周转量的市场份额分别为8.6%（计入个人小汽车）和17.1%。

2020年，德国铁路股份公司（以下简称德铁）拥有的线路里程为3.34万公里，电气化率为61%，电气化里程达2.05万公里。2017年德国电力牵引完成的铁路货物周转量占比已达93%，电力牵引完成的铁路长途旅客周转量占比达98%，电力牵引完成的铁路短途旅客周转量占比达83%。2019年电力牵引完成的总列车公里占比达74%。

2. 碳排放目标

德国政府在出台的系列文件中规定了2020年、2030年、2040年、2050年在诸多领域要实现的减排量化指标。2019年11月15日通过的《气候保护法》首次以法律形式确定德国中长期温室气体减排目标；2021年5月，德国联邦内阁通过《气候变化法》修正案，明确了减排量化指标，与1990年相比，2030年碳排放预计减少65%，2040年降低88%，2045年实现气候中和。根据联邦德国交通路网规划的预测，2030年全社会货物周转量将比2010年增长38%，旅客周转量将增长13%；交通行业2030年温室气体排放将比1990年降低40%，2050年实现碳中和。

德铁提出在2040年前实现气候中和，为此将分两步走：到2030年将二氧化碳排放量降低到2006年的一半，并将绿色电力在牵引供电中的占比提高至80%；到2038年，牵引供电将100%来自绿色电力。

3. 低碳发展采取的措施

1）铁路运输行业

为减少交通所产生的环境危害，特别要减少二氧化碳排放量并实现交通转型，德国联邦数字化和交通部2013年首次颁布《交通和燃料战略》，2016年又予以修订，决定从两个途径入手：一是交通方式的转变，即将客货运输转移至环保的交通方式，客运方面提倡短途使用自行车、中途使用包括铁路在内的公共交通方式、长途使用高速铁路；货运方面提倡长距离运输使用水路和铁路运输。二是加快实现交通系统的能源转型，将交通领域的供能来源改为可再生能源，即使用绿色电能或者由绿色电能生产的电子燃料和生物燃料来代替汽油、柴油燃料，同时着力提高能耗效率。

A. 交通运输重点向铁路转移

基础设施方面，德国政府加大了对铁路网建设投资的力度，着重提升主干道运输能力和消除交通瓶颈，提高运输网络的整体效率，并针对铁路货运线路能力不足的现状提出解决方案。政府承诺将持续增加对铁路基础设施的投资，对新建和扩建项目的资助从每年 15 亿欧元增加到 30 亿欧元及以上，2030 年后将增加到每年 40 亿欧元及以上。客货运输方面，减轻铁路运输在能源税费、碳排放交易、线路使用费等方面的沉重负担，降低铁路长途客运增值税；鼓励航空公司放弃德国国内航班，并于 2021 年起征收碳排放税；通过实施数字化、"德国节拍"等六大措施计划将德国铁路客运量增加 1 倍、铁路货运市场份额从 2018 年的 19%提高至 25%。

B. 提高电气化率

2020 年德铁线路的电气化率为 61%，鉴于电力牵引完成的铁路周转量占比达到 90%以上，电力牵引完成的列车公里占比达 74%，政府在全面评判电气化工程的成本和收益后，决定对繁忙干线进一步实施电气化改造，让德国铁路总体电气化率到 2025 年提高至 70%，2030 年达到 75%。

C. 对非电气化铁路开发替代驱动技术

德国铁路长途客运线路已实现 100%电气化，但许多短途交通路段和货运铁路依然使用内燃机车。近年来，德国政府通过国家创新计划对机车车辆替代驱动技术的研发、试验进行资助，研发重点主要包括以下内容。

电池动力系统：从 2016 年起，德国联邦数字化和交通部设立了"电力驱动技术""电池驱动的电动车组"等研究项目，促进对安装电池的混合动力机车及动车组的研发。研究对象是装配有高效锂电池的机车车辆，可同时在电气化及非电气化线路上运行，项目除了要完成混合动力机车车辆的研发、认证并投入客货运输以外，还需证明电池驱动的总体经济性。目前，庞巴迪、施泰德等公司在德国政府的资助下已完成了原型车的制造，于 2019 年开始进行试验。

氢燃料电池驱动列车：德国联邦数字化和交通部与国家氢能和燃料电池技术组织于 2015 年启动了"铁路氢能基础设施"相关科学研究。2016 年 7 月发布的研究结果表明，氢燃料电池列车效率高、维护成本低，相较现在的柴油列车而言，可以节约 25%的成本，氢能和燃料电池的电动技术特别适合替代内燃机车。用于铁路短途客运领域的燃料电池与蓄电池混合动力车已有具体应用案例或项目研究：Coradia iLint（阿尔斯通研发）、Mireo Plus H-燃料电池-蓄电池混合系统（西门子交通集团研发）、Wink 零排放-新型的短途短编组列车（施泰德铁路公司研发）。Coradia iLint 是世界上首列投入商业运营的氢动力客运列车，于 2018 年首次在德国投入商业运营，最高时速为 140 千米/时。2022 年 9 月 15 日，Coradia iLint 列车在没有加氢的情况下行驶了创纪录的 1175 公里。

D. 提高铁路运行的能耗效率

鼓励铁路公司通过安装新型制动系统、自动化车钩以及制动能反馈系统，达到节能减排的目标。实施高能效技术资助计划，只要铁路公司能源效率同比增长 1.75%，政府将给予该公司高达 50%的高能效措施补贴。

2）德铁

气候保护历来就是德铁企业战略中的核心内容之一，为达到减排目标，成为"气候保护的领导者"，德铁主要采取了以下措施：扩大绿色电力占比、提高能源利用效率、逐步淘汰化石能源、促进车站的节能减排等。

A. 扩大绿色电力占比

一方面，不断扩大与水力发电厂、风电场的合作，保证绿色电力的供应。德铁年均耗电量约 10 太瓦时，是德国最大的电力消费者，在未来几年中，德铁将投资 5000 万欧元进一步扩大绿色电力（即通过可再生能源生产的电能）在能源结构中的占比。2020 年德铁签订了三大绿色电力购买协议，确保了每年 780 千兆瓦时的绿色电力供应。另一方面，为客户提供零碳排放的绿色运输产品。自 2018 年初以来，德铁提供的城际特快列车（inter city express，ICE）、长途客运列车（inter city，IC）以及欧洲城际列车（Euro city，EC）在德国境内的运营已全面采用 100%的绿色电力，为旅客提供了更加环保的出行选择。无 BanhCard 的一般乘客在购买车票时，可选择加 1 欧元购买"环保"产品。

B. 提高能源利用效率

德铁主要通过提高制动能反馈比例、推广使用节能驾驶方式等措施来实现减排脱碳。制动能反馈方面，德铁不断扩大具有制动能反馈的列车保有量，2020 年制动能反馈比例达 16.5%。节能驾驶方式方面，德铁要求列车在保证安全和正点的条件下最大程度实行节能。德铁从 2001 年就开始实施"节能运行"项目，通过驾驶模拟器，对司机进行节能优化操作方法培训，至今已有数万名列车司机通过了这种培训。近年来德铁先后推广应用了 FASSI、LEADER、RESY 等辅助驾驶系统，能耗比之前降低了 9%以上。

C. 逐步淘汰化石能源

目前，德铁仅在少数短途客运和货运线路上使用内燃机牵引，对此希望通过低成本改造来实现脱碳。

一是在短途客运领域推广 Eco Train 改造项目。德铁近几年来所新购的大部分短途客运列车均是内燃驱动,这些列车的使用年限大多还不到全生命周期的一半。在这种情况下,德铁短途客运公司(DB Regio)计划对现有的 1300 台机车或动力车进行低成本改造,以适应环保和经济方面的要求。为此,德铁短途客运公司设立了"生态列车"的研究项目,该项目对 BR 642 型动车组进行了改装,即在内燃牵引的基础上加装高功率锂离子电池,以此为基础研发出模块化的混合动力机车车辆改装技术平台。最初该混合动力车的二氧化碳排放量有望降低 35%,最终二氧化碳排放量能降低 100%,通过加装的受电弓列车在接触网下可进行充电,由此达到无须使用柴油机的目标。

二是在货运领域推广使用混合动力调车机。2013 年,德铁、阿尔斯通、德国机车车辆租赁公司合作,签署了 H3-混合动力传动调车机车项目,项目内容为制造 5 台 H3 系列混合传动调车机车,并验证其可用性。该项目争取到了巴伐利亚州政府 60 万欧元的资金资助,其余资金自筹。在此项目中,阿尔斯通公司作为设备制造商负责调车机车的设计和制造,德铁和德国机车车辆租赁公司作为用户提出设备需求、共同参与设备设计过程,同时德铁还负责该调车机车可用性的验证。2014 年柏林 InnoTrans 铁路展上,德铁和阿尔斯通公司共同展出了该新型调车机车。从 2015 年起,德铁短途客运公司在乌尔兹堡和纽伦堡实际运用这五台调车机车,并计划用 8 年的时间考察这五台新型机车的可靠性以及在节省燃料、减少排放和降低养护费用等方面的实际效益。

三是推动氢燃料列车的研发。为推动交通领域的能源转型,德铁和西门子交通集团联手设计和开发下一代氢燃料电池牵引系统——由氢动力列车和加氢站组成的完整系统,以实现在非电气化线路全面取代内燃发动机。该联合开发项目名为"H2goesRail"。在该项目中,德铁负责开发新型加氢站,以及提供生产氢气所需要的绿色电力。西门子交通集团负责开发氢燃料电池动车组,项目得到了德国联邦数字化和交通部以及巴登-符腾堡州交通部的资金支持。

D. 促进车站的节能减排

一是大力推动绿色电力的应用。2019 年德国已有 33 个客运站 100%使用绿色电力,其中包括柏林、慕尼黑和科隆等地的 15 个大型客运站,未来 100%使用绿色电力的车站数量还将进一步增多。

二是提高车站的能源效率。德铁运营着约 5400 个火车站、厂房和办公楼,并且在全球范围内拥有超过 2100 个德铁信可服务站点。这些设施共同构成了德铁能源消耗的重要组成部分,占其总能源需求的 8.5%。为了确定潜在的降耗量,并对能源消耗进行长期测量,近年来德铁按照欧盟的能源效率指令进行了能源审计,并制订了节能计划。

三是对"绿色车站"进行试点。截至 2019 年,已有两个绿色车站投入运营：Kerpen-Horrem 于 2014 年在北莱茵-威斯特法伦州开放；Wittenberg 是第二个生态车站,位于萨克森-安哈尔特州,于 2016 年 12 月开放。德铁已经计划在 Bitterfeld（比特费尔德）开始下一座绿色车站的建设。这些车站将以绿色屋顶为特色,建筑结构将使用可再生材料和大量玻璃。地热、光伏和太阳能技术将使车站实现碳中和,同时储存和使用雨水,减少对传统供水的消耗。除了绿色环保外,新车站建筑还为旅客提供了更多便利设施,如全程无障碍设施、更为清晰的车站向导,以及在候车区提供了地板加热,同时还增加了"数字接待处",用户可借此获得大量旅行信息,并使用屏幕与德铁服务员工对话。

（三）日本

1. 碳排放现状

根据日本国土交通省发布的数据,2019 年度,日本交通运输行业二氧化碳排放量为 2.06 亿吨,占全社会碳排放总量的 18.6%,其中,铁路二氧化碳排放量约为 789 万吨（客运约占 95%）,占交通运输行业碳排放量的 3.8%,占全社会碳排放总量的 0.7%。

2018 年度,JR 东日本公司碳排放量为 206 万吨,单位旅客周转量碳排放量为 11 克/人公里,环境经营指标（二氧化碳排放量/经营利润）为 527 吨/亿日元。

2. 碳排放目标

为了顺应国际社会应对全球气候变暖问题的发展要求、促进日本产业结构优化升级以及实现经济和环境的良性循环,2020 年 10 月,日本首相在第 203 届国会会议上正式宣布"日本将于 2050 年实现温室气体净零排放,力争实现碳中和,进入脱碳社会"。2021 年 3 月,日本内阁会议审议通过了《第六期科学技术创新基本计划》,提出日本将通过完善制度、创新科技、呼吁公民等一系列措施,计划于 2050 年实现温室气体净零排放、碳中和以及循环经济。

3. 低碳发展采取的措施

1）铁路运输行业

A. 经济产业省提出交通行业碳中和发展方向和措施

2020 年 12 月,经济产业省联合其他政府部门共同编制的《2050 年碳中和绿色成长战略》正式发布,战略提出将通过监管、补贴、税收优惠等激励措施,动员超过 240 万亿日元的私营领域绿色投资,并提出了汽车、船舶、航空、物流等交通行业的碳中和发展方向和措施：一是推进汽车电气化，进一步提高动力蓄电池性能并降低成本，扩大电动车及基础设施的引进，加快"出行即服务"等与电动化相适应的新型服务基础设施建设，到2030年实现新车销售均为电动汽车、全固态锂离子电池实用化；二是加速船舶节能减排，推动LNG、氢能、氨等燃料船相关的技术研发，制定国际船舶能效指数及能效业绩的分级制度；三是发展低碳航空业，推动飞机装备与推进系统电动化，研发氢燃料电池飞机，提高碳纤维和陶瓷等材料性能以加速机身、发动机的轻量化和效率化；四是打造低碳物流，建设碳中和港口，促进智能交通以及自行车的发展，建设高效率、电动化、脱碳化的物流体系。

B. 国土交通省提出交通行业碳中和具体措施

2021年5月，交通运输行业的主管政府部门国土交通省发布《交通政策基本计划2021~2025》，提出将构建"安全、可持续发展的绿色交通"，并将加速交通领域的脱碳进程，为2050年实现碳中和、步入脱碳社会贡献力量。

国土交通省结合国家发展需求，制定了交通行业的脱碳减排（节能环保）措施，在机动车方面，推动新能源机动车的普及，推广应用电动汽车；在铁路方面，研发燃料电池车辆，普及应用节能型车辆；在航空方面，促进生物燃料等可再生航空燃料的使用；在船舶方面，研发采用国际标准、世界领先的燃气船，并推广其投入商业应用，提高日本造船业、海运业的国际竞争力，实现海运碳中和目标；在与交通行业相关的基础设施方面，提出建设碳中和港口、机场，建设节能化道路和铁路，提高施工领域的节能化技术等。

铁路脱碳措施以推进燃料电池车辆的研发，以及蓄电池为主的混合动力车辆等节能型车辆的研发为主。国土交通省明确了氨燃料、氢能等新能源发展的措施，旨在促进新能源技术的实用化，普及推广以氢能为代表的新能源，进入氢能社会。其中，铁路重点发展氢能，发展进度为：2021~2022年制定铁路车辆技术标准，明确地面设备的技术条件；2023~2035年修订相关标准和规制，同时进行验证试验；2036~2045年实现低成本化；2046~2050年进入商用化阶段。

2）JR东日本公司

2020年5月，JR东日本公司在《挑战2050"零碳排放"》中提出了"2050年实现二氧化碳净零排放"的目标。同时，公司在结合国家节能环保要求的基础上，提出了未来脱碳的方向：一是扩大氢能的运用范围、引入CCUS（carbon capture, utilization and storage，碳捕集、利用与封存）技术、研制高附加值产品；二是全面引入氢能发电、建立大规模氢能共享系统、实现CCUS技术的低成本化；三是建立"零"碳排放的氢能供应系统，扩大CCUS产品的消费和运用。为此，该公司主要从引入新技术、推进可再生能源研发、发展氢能源三个方面入手，加快实现集团公司脱碳减排。

第一个方面是在"制造、运送/存储、使用"能源网络的各阶段中,积极引入新技术,并与其他企业和科研机构合作,建立技术创新相关的体制机制。JR东日本公司明确了能源网络中各个阶段实现脱碳减排的理念和途径,并提出了与其他企业和科研机构合作的技术创新方式,主要内容如下。

一是在"制造"阶段,核心理念是利用可再生能源等低碳电源。主要途径包括两个方面:第一,提高自营发电所的效率,公司具有自营发电的独特优势,拥有信浓川水力发电站和川崎火力发电站,其产生的电力主要用于首都圈的列车运营,大约相当于公司用电量的57%,通过使用天然气发电提高自营发电的效率,有助于减少二氧化碳排放量,此外,公司还引入无碳排放氢气发电设施,提供零碳电源;第二,开发建设可再生能源基础设施,供自身使用。

二是在"运送/存储"阶段,核心理念是有效存储并利用能源。主要途径包括四个方面:第一,搭建自营发电网;第二,研发再生电力存储装置,以便将再生电能存储在蓄电池中,目前已在普速线的变电所引入再生电力存储装置,今后将进一步扩大运用范围,并实现装置的轻量化、长寿命等;第三,通过超导飞轮将电能存储为动能,目前正在进行试验;第四,通过氢能存储供应系统有效利用能源。

三是在"使用"阶段,核心理念是实现彻底节能。主要途径包括四个方面:第一,提高车辆的能源效率,推广使用电池或氢能牵引等节能机车车辆。第二,不断改进车辆技术,实现节能减排,如在N700A高速列车上采用100%可回收聚酯材料的座椅、不锈钢转向架侧板、LED照明等技术。第三,增加车站和办公大楼的节能设备,研发节能型设备,实现节能化,如节能型车站和办公楼,实现中央空调控制及智能控制;节能型融雪设备,采用高效率的加热系统;节能型变电设备,将来可实现节能行车模式曲线与地面设备的智能联合控制等。第四,通过采用多种可再生能源、高效能源管理等方式开发"高轮Gateway站"的周边设施,以打造先进的环保城市。

四是与能源公司、大学、科研机构、制造商等通力合作,共同推进能源网络技术创新,如加大对碳中和LNG、"零"碳排放氢能发电和供给、超导电缆、CCUS等技术的研发,创新车辆节能技术,引入燃料电池车辆等。

第二个方面是推进可再生能源研发。能源发电产生的电力将适用 FIT[①]（feed-in-tariff,上网电价）政策,通过将FIT电力与"可追踪的非化石证书"[②]结

---

① FIT:电力公司在一定时期内以固定价格购买可再生能源发电的制度。
② 可追踪的非化石证书:计算出可再生能源等零碳电力的环境价值,并附有发电厂位置等信息的证书。

合起来，为东北地区的车站和列车供电，力争于 2030 年首先在东北地区实现零碳排放。此外，公司还计划于 2050 年将可再生能源（含自营水力发电）占公司使用能源的比例增加至 50%～60%。

第三个方面是发展氢能源，加速进入氢能社会。主要途径包括三个方面：一是建设运营加氢站，如在高轮 Gateway 站附近运营加氢站，并设展厅普及氢能；二是对混合动力列车（燃料电池车辆）进行验证试验；三是在福岛县内车站安装固定的燃料电池，将零碳氢能发电作为主要供电来源。

（1）蓄电池驱动的电车系统：为了减轻非电气化区间的环境压力，JR 东日本公司研发了"蓄电池驱动的电车系统"，典型列车为 EV-E301 型和 EV-E801 型电动车组，分别于 2014 年和 2017 年投入运用，最高运营时速为 100 千米/时或 110 千米/时。公司于 2021 年 3 月调整运行图时在男鹿线增开了 5 列 EV-E801 型电动车组，替代了之前运用的内燃动车组。至此，男鹿线所有列车均为蓄电池驱动的电车系统。

（2）FV-E991 氢燃料混合动力列车：2019 年，JR 东日本公司宣布投资 40 亿日元开发一列配备有燃料电池、锂离子电池以及高压氢罐（70 兆帕）的 FV-E991 系列混合动力列车，最高时速可达 100 千米/时，续航里程为 140 千米，加速度为 2.3 千米/时/秒，2022 年 2 月，日本首款将在商业线路运营的氢燃料轨道车 FV-E991 系列氢燃料车型正式发布，已于 2022 年 3 月在鹤见线、南武线进行验证试验。

总体来看，JR 东日本公司脱碳减排的方向是降低对核电的依存度、清洁高效利用化石能源、发展可再生能源。重点推进燃料电池车辆、蓄电池车辆等节能车辆的研发和运用；提高能源使用效率，减少能耗，实现节能管理；持续发展氢能源以及其他可再生能源。主要方式表现为新技术的研发与应用，如将二氧化碳作为资源进行有效利用，引入 CCUS 技术；研发再生电力存储装置、超导电缆等。

（四）美国

1. 碳排放现状

根据美国环保局（Environmental Protection Agency，EPA）发布的温室气体排放清单，2019 年美国温室气体总排放量为 65.58 亿吨二氧化碳当量（不包括土地利用、土地利用变化及林业影响），其中二氧化碳排放量为 52.56 亿吨，占比约 80.1%。2019 年美国交通运输行业温室气体排放量占美国温室气体总排放量的 29%，约为 19.02 亿吨二氧化碳当量；铁路温室气体排放量占交通运输行业相关温室气体排放量的 2.1%，约为 0.40 亿吨二氧化碳当量，其中美国铁路货运温室气体排放量占交通运输行业相关温室气体排放量的 1.9%。

2. 碳排放目标

EPA 逐年发布的《温室气体排放与碳汇目录》显示，2007 年美国出现二氧化碳排放量峰值，当年碳排放量为 55 亿吨，之后显著下降。美国作为一个排放大国，碳排放量在全球占比约 15%。拜登 2021 年 1 月 20 日上任第一天就宣布重返《巴黎协定》，并就减少碳排放提出若干新政：到 2035 年，通过向可再生能源过渡实现无碳发电；到 2050 年，让美国实现碳中和。这是美国在气候领域提出的目标，为了实现美国的碳中和目标，拜登政府计划拿出 2 万亿美元，对基础设施、清洁能源等重点领域进行投资，具体包括：在交通领域，实施清洁能源汽车和电动汽车计划、城市零碳交通、"第二次铁路革命"等；在建筑领域，进行建筑节能升级、推动新建筑零碳排放等；在电力领域，引入电厂碳捕获改造，发展新能源等。同时，加大清洁能源创新，大力推动储能、绿氢、核能等前沿技术研发。

3. 低碳发展采取的措施

1）铁路行业

美国政府为实现铁路行业碳减排采取了一系列措施。EPA 针对机车制定的 Tier4 排放标准于 2015 年生效。Tier4 标准适用于包括干线和调车在内的所有类型的内燃机车。该标准对机车柴油机制造商提出更高要求。相较于 2005 年提出的 Tier2 机车发动机标准，Tier4 标准要求降低 70%的颗粒物排放量和 76%的氮氧化物排放量，对 HC、CO 和空气中的其他有毒排放物也有更严格的减排要求。

美国政府还制定了一套较为完善的环境税收政策，主要包括对损害臭氧的化学品征收消费税和存放税，对石油及其制品征收泄漏税、使用税以及固体废弃物处理税或处理费等。除了联邦政府的税收之外，各州还可以根据自身情况征收相关的环境税，其中与汽车使用相关的税种最多。美国的环境税由税务部门统一征收上缴至联邦财政部，然后由财政部将税款分别纳入普通基金预算和信托基金，信托基金还下设超级基金，由 EPA 负责管理，主要用于服务专项环保事业。在遵守联邦政策的前提下，州政府还可以根据情况制定有利于地方环境可持续发展的税收优惠政策，以便激发企业和个人参与环保的积极性。

美国铁路行业近年来也采取了一系列促进减少碳排放的举措，包括进一步支持 CCUS 技术、启用机车燃料管理系统和防怠速系统、鼓励铁路企业测试和部署绿色技术等。

2）美国铁路公司

A. 伯灵顿北方圣太菲铁路运输公司采取的措施

机车方面，开发并测试 100%的电池电力机车。伯灵顿北方圣太菲铁路运输公司（Burlington Northern Santa Fe，BNSF）和项目合作伙伴正在开发并将很快开始测试大马力电池电力机车。BNSF 和其他铁路公司已在铁路场中测试用于货车转换的低马力电池电力机车。此外，大量的 BNSF 现役机车均配备了能源管理系统。该系统通过优化油门和刹车的使用方式来最大限度地提高燃油利用效率。该系统能够综合考虑列车重量、长度、功率、曲率、最大速度等参数，以确定列车最高效的运营方式。

发动机方面，BNSF 的机车基本都配备了发动机"stop-start"装置。该装置能够适时关闭发动机，防止不必要的空转，减少燃料消耗的同时还能降低气体排放。这种装置每年会为 BNSF 减少数千加仑的燃料消耗。

投资方面，增加基础设施投资，采取改善路网流动性的措施来减少碳排放。

环保方面，使用对环境影响最小的设计和植被管理原则，将"绿色"工程设计到铁路项目中。例如，适宜的地方使用太阳能和风能；研究生物柴油和可再生柴油的替代品；使用无人驾驶飞机分析植物物种和现场条件，避免对植被环境造成侵入性破坏。

B. 美国联合太平洋铁路公司采取的措施

机车方面，美国联合太平洋铁路公司（Union Pacific Company，UP）与机车制造商进行研究和合作，为 EPA 于 2015 年生效的严格的 Tier4 排放标准做准备。Tier4 标准将柴油机车的颗粒物排放量降低了 90%，将氮氧化物的排放量降低了 80%。

系统方面，UP 为机车安装了运行优化系统。运行优化系统能够自动控制机车油门，在保障机车安全运行的同时减少燃料消耗。该系统通过综合分析车辆长度、重量、坡度、轨道条件、天气以及机车性能等因素，计算出机车最高效的运行方式。

电源方面，UP 机车采用分布式电源，与标准机车相比可以节省 4%~6%的燃料，具体数值取决于路线和地形。

发电机组方面，UP 开发了 Genset 技术。Genset 技术是指用一组功率较小的柴油机（2 台甚至更多）共同驱动一台牵引发电机，当负荷需求不大时，可以关闭一台或几台柴油机，从而达到节约能耗、减少排放的目的。在环保方面，Genset 技术具备以下优势：燃料可节约 20%以上；与传统内燃机车相比，氮氧化物排放可减少 58%、碳氢化合物排放减少 94%、一氧化碳排放减少 37%、颗粒物减少 80%。UP 还为机车安装了"stop-start"装置，通过安装该装置，每台机车通过关闭发动机能够节省 15~25 加仑的燃油。

替代燃料方面，UP 在 2010 年中期开始研究将机车发动机转换为柴油和 LNG 双重燃料，但目前双燃料机车尚不适合在整个网络中使用。UP 还使用太阳能电池板为无法使用电网的地区的设施供电，并将太阳能发电技术应用于警示信号标志、工厂以及冷藏车等方面，通过安装太阳能警示信号标志，每年约节省电量 280 万千瓦时；同时，UP 在其 Joliet 联合运输枢纽、圣特蕾莎工厂均安装了太阳能电池板，Joliet 联合运输枢纽主要由太阳能和风能供电；UP 还通过太阳能电池板为冷藏车提供电力，并为电池充电，以保证车辆能够随时启动。

二、典型国家/地区铁路低碳发展对我国的启示

（一）政策

铁路作为清洁低碳的交通运输方式，在碳中和背景下，受到各国交通运输体系规划的重视。欧盟发布《可持续和智能交通战略》作为绿色新政的配套措施文件，在客运领域将大力推动航空运输转向铁路运输，增加长途和跨境铁路客运服务供给，提升高铁运量；在货运领域将内陆公路货运量的 75% 转移到铁路和内陆水运。日本采取了支持铁路发展政策，从立法和政策制定的角度，将货物运输由汽车转换到铁路。交通运输方式的转变通过行政立法和市场资金支持共同推进。美国政府制定了一套较为完善的环境税收政策，EPA 制定的 Tier4 排放标准将应用于干线和调车在内的所有类型的内燃机车。德国政府通过增加投资和税收减免等措施加大铁路建设力度，引导国内客运市场由航空向铁路转移，增加铁路出行比例。

（二）技术

1. 源头减碳

从源头开展碳减排措施可以有效降低碳排放量，德国和日本铁路运输行业都将大力推广新能源和可再生能源技术，加大对蓄电池和氢燃料电池牵引系统的研发应用。德国政府通过《国家氢能战略》，为清洁能源未来的生产、运输、使用和相关创新、投资制定了行动框架，支持燃料电池在短途公共客运火车上的运用；日本政府发布《氢能源基本战略》，提出氢能社会概念，铁路领域也将加大对氢能列车的投入，形成"制造、运送/存储、使用"的氢能产业链网络。

不同的是，德铁将加大绿色电力的采购力度，与水力发电和风电场合作，力争在 2038 年实现 100% 绿色电力。日本铁路由于拥有自发电厂，将提高可再生能源电力比例。美国铁路行业将进一步支持 CCUS 技术。

2. 过程降碳

提升电气化率和能源效率是节能降碳的主要措施，德国和日本均提出节能车站试点、辅助驾驶技术和再生制动能量回收技术。在重载、长大坡道线路或铁路枢纽站所，列车再生制动能量甚至可达到牵引能量的 10%～30%，具有良好的节能效果及经济性。

不同的是，在非牵引方面，德铁对能源消耗进行长期测量并制订节能计划。在牵引方面，德国计划将电气化率由 2020 年的 61%提升到 2030 年的 75%。日本通过列车轻量化、提升牵引传动效率、采用节能装备来提高能源利用效率。

（三）总结

1. 制定翔实的低碳发展目标，提出重点实施措施

目前，各国铁路公司根据国家低碳发展目标均制定了详细的中期减排目标，对远期低碳目标的设定较为宽泛。我国铁路行业及企业应结合我国经济发展和交通运输需求预测，制定合理可行的铁路低碳近期和远期目标、时间表与路线图、重点实施措施。

2. 大力发展铁路运输，发挥铁路低碳比较优势

各国政府均意识到铁路是清洁、环保、高效的交通运输方式，相比公路和航空运输，其碳排放量及碳排放强度更低。一方面，出台了增加铁路客货运量、提升铁路市场份额的政策；另一方面，提供了财税和资金支持，用于铁路设备的升级和能源变革。我国应加快货运结构调整，充分发挥结构性减排效应，建立合理的碳税制度和财政补贴，由铁路承担更多的运输任务。

3. 改进升级机车技术，推进新能源机车应用

利用混合动力机车过渡，作为一种低排放的替代方案。逐步推广新能源机车车辆，使用新的牵引能源，开展蓄电池与超真空管道磁悬浮列车技术研究。非电气化铁路重点关注燃料电池车辆的研发工作。同时，开展太阳能列车、风能列车领域研究，加大新能源发电技术在铁路牵引中的应用，采用清洁无污染的原料为机车提供运行动力。

4. 通过再生制动和信息技术，提升能源使用效率

鼓励铁路公司通过安装新型制动系统、制动能反馈系统以及智能驾驶等措施

来实现节能，推广能源管控系统，提高大数据应用水平，通过物联网、5G技术、人工智能等新一代信息技术继续发现更多的燃油节约机会，以此达到节能减排的目标。

5. 重视可再生能源使用，提高绿色电力占比

国外铁路重视可再生能源使用，在绿色发展目标值中规定了可再生能源在牵引电能中所占的比重，铁路企业为提高绿色电力占比，与水力发电厂、光伏电厂、风电场签订电力采购协议。国内铁路在可再生能源的应用中取得了比较大的进步，但尚未将其纳入统计项目中，也未将其设为绿色发展指标。

6. 建设零碳示范车站，塑造铁路低碳发展形象

将绿色生态理念融入项目设计中，从源头控制碳排放的产生，对新建铁路客站按照绿色建筑相关标准进行设计和建设。着力推广节能材料、工艺、技术和装备，推广应用绿色环保材料、工艺、技术和装备。推进以铁路客站为中心、其他交通方式有机衔接的现代综合客运枢纽建设，加强与航空、地铁、公交等交通方式的有机衔接。

第九章
铁路运量预测及二氧化碳排放情景分析

一、预测方法

基于经济社会发展规划、铁路运输发展规划等相关文件,预测铁路客货运输需求总量和结构。

对于运输装备能源消耗和碳排放的预测主要采取情景预测的方法进行,基于不同的参数设置基准情景、低碳情景和强化低碳情景三种不同情景,对不同情景下的能源消耗和碳排放趋势进行预测。

基准情景:以 2020 年铁路运输实际发展情况为基础,延续当前实行的低碳政策、减排管理手段,同时推进低碳技术进步,对未来交通发展进行预测,评估和预测在延续现有的政策力度及技术的发展趋势下,铁路运输领域的碳排放趋势。

低碳情景:在基准情景的基础上,进一步推进各项节能减排措施,如提高车辆能效水平、加大运输结构调整力度、加快清洁能源替代、加强出行需求管理等。模拟各类措施的节能减排效果,并预测不同减排措施实施下,铁路运输领域碳排放的发展趋势。

强化低碳情景:在低碳情景的基础上,进一步加大新能源运输装备推广、提高机车技术和运营能效水平、运输结构调整等节能减排措施的推进力度。与低碳情景类似,模拟各类措施的节能减排效果,预测此情景下铁路运输领域碳排放的发展趋势。

二、铁路运输活动水平预测

（一）客运周转量预测分析

1. 经济总量及人口总量变化将促进铁路客运量增长

对近年来我国经济发展速度和全社会客运量增长速度进行比较，客运量的增长速度与国民经济的增长速度基本同步。按照这一规律，随着国民经济的持续发展，全社会客运量也将呈现明显增长趋势。同时，铁路的快速发展，特别是高铁客运能力的不断提升，为旅客的交通出行提供了更加便捷的服务，未来铁路客运需求将会持续增长；随着居民生活水平的提高，对铁路高端产品的消费能力也在增强，居民出行首选高铁的比例将逐年上升。

长期以来，我国人均铁路出行次数远低于很多国家，按照国际铁路联盟对 2004 年各国人均乘车次数的统计，法国为 14.2 次，乌克兰为 11.5 次，俄罗斯为 5.4 次，而我国仅为 1.04 次。近些年我国铁路人均出行次数已呈现快速增长的态势，由 2004 年的 1.04 次增加到 2019 年的 2.60 次，但与国外 2004 年的水平相比，仍有较大的增长空间。这种增长趋势对于人口基数庞大的中国来说，必将形成超大规模的旅客运输需求。

2. 人们工作和生活习惯变化将促进铁路非工作出行增长

随着信息技术的发展，我国居家工作者人数也将呈现增长趋势。此外，疫情过后我国旅游业迅速回升并快速发展，预计 2030 年我国国内旅游人数将超过 90 亿人次。人们工作和生活习惯的变化，会从两方面对铁路客运产生影响：一方面，通勤出行的需求相对减少，对市郊和城际铁路客运带来一定的影响；另一方面，受收入和消费水平的影响，非工作外出和旅游出行需求将不断增长。

3. 新型城镇化将促进城际铁路发展

我国未来将加快城市群发展，主要城市群集聚人口能力增强，预计未来 80% 以上的人口将分布在 19 个城市群地区。城市群客运出行具有明显的区域性、高度的流动性和出行的高效性，这决定了大容量、快速度、低间隔的轨道交通将成为城市群客流出行的主要方式。从发展趋势看，高速公路在城市群客运系统中的作用将逐渐减弱，而城际铁路将被置于城市群交通发展的重要地位，是解决城市群间旅客流动的重要载体。

4. 人口年龄结构变化将促进铁路提升服务质量

人口老龄化发展，对铁路运输服务的便利性和智能化水平提出了更高要求，对个性化的"门到门"服务会产生更大需求。未来交通运输领域的一个发展方向是依托智能手机和信息技术发展，为旅客提供多种交通运输方式有效衔接的全程最优出行方案。

综合各方面因素，本章对2030年和2060年的铁路旅客运输需求进行了预测，预测结果如图9-1所示。

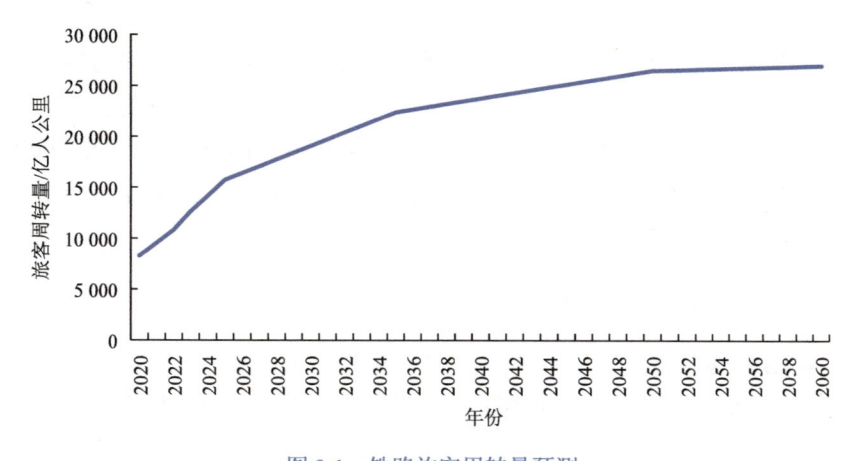

图9-1　铁路旅客周转量预测

（二）货运周转量预测分析

1. "一带一路"倡议将促进铁路向现代物流业发展

"一带一路"倡议是党中央、国务院在新的历史条件下作出的重大决策，其中，丝绸之路经济带建设将带动亚欧大陆30亿人口的巨大市场。经济带快速交通走廊形成后，将吸引更多的货物转移到铁路陆运，为铁路运输拓展新的市场增长点，也将带来可观的企业效益。

目前，铁路运输煤炭和冶炼物资占80%以上，高附加值货物运输比重偏低。随着丝绸之路经济带建设的推动，铁路国际联运业务将大幅度增长，以集装箱运输为代表的高附加值货物运输将占据大部分份额，有利于在铁路运输结构中形成煤炭、冶炼物资、集装箱三分天下的局面，从而加速铁路运输结构的调整与优化。

2. 产业结构调整将提升高附加值产品的运输需求

目前，国内铁路运输中高附加值货物运输占比较低，这类运输仍然有巨大的提升空间。未来我国铁路货运改革将进一步深化，一方面，铁路将会继续发挥在大宗物资运输中的重要作用，满足我国经济社会发展需要；另一方面，铁路也将从运输组织、装备、管理等方面，推动高附加值货物运输方式的改革和创新，高附加值货物运输有望成为拉动铁路货运发展的新引擎。

3. 能源生产及消费结构的调整将使煤炭、铁矿石等大宗物资运量减少

随着特高压输电的发展，长距离运煤变为长距离输电，能源输送格局转变，实现了输煤、输电并举，进一步减少了煤炭运输量。有关部门预测，一条特高压直流输电线路和一条特高压交流输电线路的年输电量，分别相当于运输 2000 万吨和 2500 万吨左右原煤。按规划，预计特高压线路 2030 年和 2060 年可分别替代原煤输送量 2.5 亿吨和 5 亿吨。

4. 物流业快速发展推动铁路快捷货运体系形成

近年来网上购物已经成为一种大趋势。根据有关预测，未来中国网上购物的总额还将持续扩大。人们网上购物的生活习惯，将为铁路快捷货物运输的发展创造条件。

综合各方面因素，对 2030 年和 2060 年的铁路货物运输需求进行了初步预测，预测结果如图 9-2 所示。

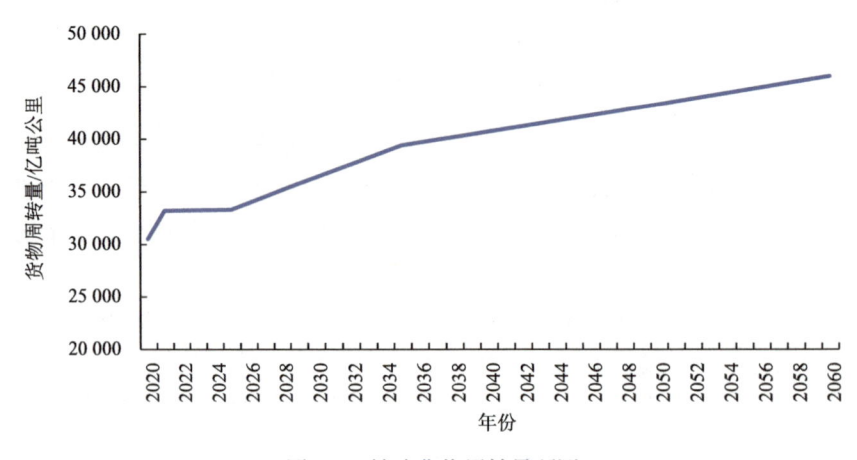

图 9-2　铁路货物周转量预测

(三)未来铁路领域典型减排措施预测

1. 运输结构调整

1)旅客运输结构调整

未来引发客运量转移至铁路的因素主要有两个。一是铁路正在研发更高时速的高速列车,包括 CR450 高速动车组、时速 600 千米/时的磁悬浮列车等。如果更高时速的高速列车能够投入使用,那么铁路将在中长距离旅客运输市场中具有更大的竞争力,从而分流部分中长距离客流。二是近年来针对交通运输行业征收碳税的问题是研究热点,如果相关税收政策发布实施,将会导致以燃油为动力源的交通方式使用成本增加。铁路运输特别是高铁全部以电力为动力源,碳税税额会相对较低。因此,当交通碳税实施后,铁路运输的比较优势会增加,从而诱发客流转移至铁路。

在上述因素的作用下,未来年度铁路旅客周转量的情况如图 9-3 所示。

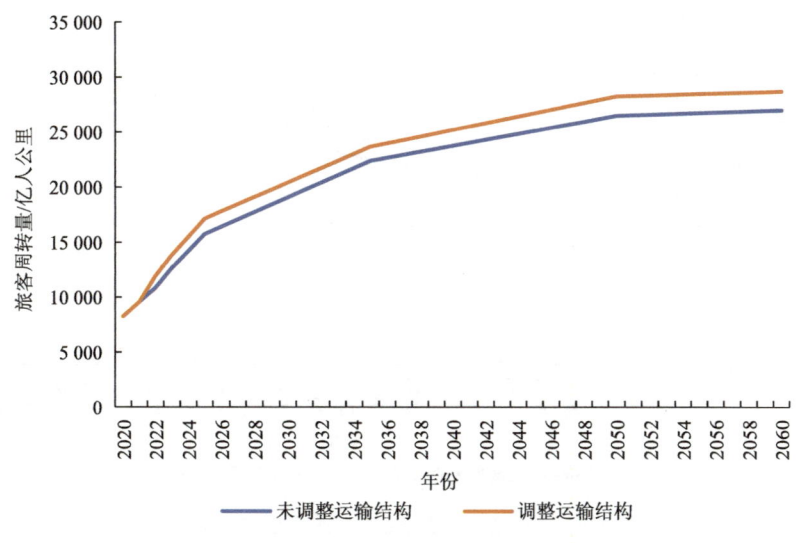

图 9-3　运输结构调整下的铁路旅客周转量预测

2)货物运输结构调整

随着我国经济总量的快速增长,交通拥堵、能源短缺、环境污染、土地紧张等社会问题也日益突出,成为制约我国经济持续健康发展的主要因素,因此构建绿色交通体系至关重要。铁路在解决能源消耗、污染排放、土地占用等方面具有显著的优势。充分发挥铁路运输的比较优势,提高铁路在综合交通运输体系中的地位，是缓解当前交通领域各类矛盾的必然选择。近年来，国家也明确提出要促进货运量由公路运输向铁路运输转移。

2021年12月，国务院办公厅印发《推进多式联运发展优化调整运输结构工作方案（2021—2025年）》，提出"到2025年，多式联运发展水平明显提升，基本形成大宗货物及集装箱中长距离运输以铁路和水路为主的发展格局，全国铁路和水路货运量比2020年分别增长10%和12%左右，集装箱铁水联运量年均增长15%以上。重点区域运输结构显著优化，京津冀及周边地区、长三角地区、粤港澳大湾区等沿海主要港口利用疏港铁路、水路、封闭式皮带廊道、新能源汽车运输大宗货物的比例力争达到80%；晋陕蒙煤炭主产区大型工矿企业中长距离运输（运距500公里以上）的煤炭和焦炭中，铁路运输比例力争达到90%"。这些政策的陆续出台将促使煤炭、铁矿石、钢铁等大宗物资物流从公路回流到铁路，促进铁路货运量及市场份额稳步提升。

通过对上述因素的研判，预计未来年度货物运输"公转铁"的情况，如图9-4所示。

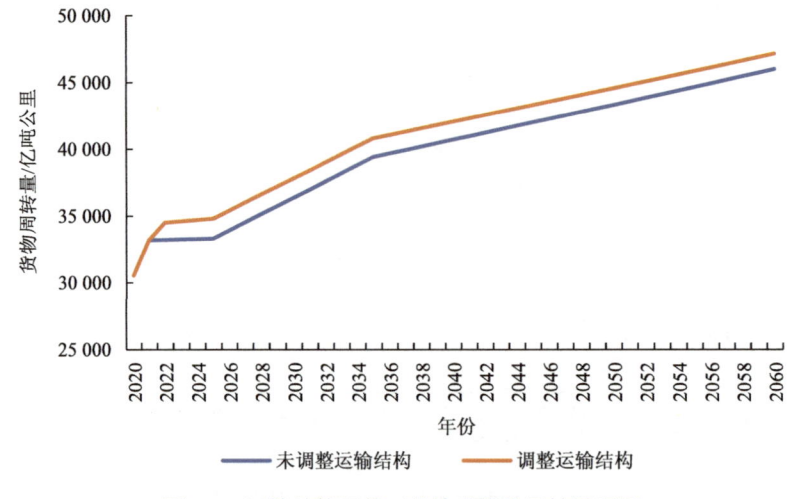

图9-4 运输结构调整下的铁路货物周转量预测

2. 提升铁路电气化水平和电力机车占比

根据现有的节能技术水平，铁路运输装备节能措施主要包括再生制动能量回收、智能化铁路编组和电气化改造等。铁路电气化水平的提升包括电力机车占比的提高和内燃机车电气化。2020年，我国铁路电气化率为72.8%，居世界第一，进一步提升电力机车占比的空间在逐渐变小。

依据《推动铁路行业低碳发展实施方案》中提出的目标，到 2030 年，铁路电气化率达到 78%以上，电力机车占比力争达到 70%以上。根据《新时代交通强国铁路先行战略研究》，到 2035 年，全国铁路网 20 万公里左右，其中高铁 7 万公里左右；清洁能源在能源消耗总量中的比重超过 80%，污染物排放量不断下降，电气化率水平预计达到 80%左右。2060 年，除战备和应急性用能外，燃油车全部被替代，即牵引和其他低碳运输装备接近 100%用电。

3. 再生制动能量回收

列车牵引供电系统制动能量回馈技术也可称为列车再生制动能量回收利用技术，它是指电力机车在制动时控制牵引电机的输出转矩与电机的转速方向相反，从而使牵引电机工作在发电状态，并将此时电机产生的电能返送回接触网或者由其他牵引车辆吸收。不同于传统的动力制动把制动能量转化为热量浪费掉，采用该技术，在列车制动时可将原本消耗到车载或地面制动电阻上的列车制动能量回馈到 35 千伏/10 千伏等交流公用电网，供交流公用电网中的其他牵引车辆或者其他用电设备使用，实现能量回收再利用。结合储能装置，反馈到电网的能量可以在客站的储能装置进行储存，需要时供客站内耗能设备使用。大部分列车的再生制动能量占到机车牵引能耗的 30%左右，因此该项技术的节能效果较为可观。目前，我国铁路列车制动时优先采用再生制动方式，牵引电机转换为发电机运行，将制动减少的动能转换为电能返送至牵引网。在重载、长大坡道线路或铁路枢纽站所，列车再生制动能量甚至可达到牵引能量的 10%～30%。

4. 采用新能源动力型机车

新能源动力型机车是指采用太阳能、风能、氢能等新能源以及磁悬浮等作为牵引动力的新型机车。不同于现有的电力及内燃机车，新型动力机车牵引动力更加清洁和低碳，机车运行基本上不排放有害物质，在有效节约传统能源的同时还有效降低了对环境的污染，实现了真正的低碳、绿色、环保、无污染。由于我国还尚未开展完整周期的新能源动力机车应用，故尚无法进行相应的成本和减排效益分析。

三、铁路运输能耗和碳排放预测分析

（一）能耗预测分析

基于铁路运输活动水平基本参数，初步预测铁路领域不同情景下的运输装备能源消耗变化趋势。电力机车承担的牵引任务比重增多，铁路运输装备中柴油量逐年减少，电力使用比例持续增加，到 2060 年铁路运输装备中柴油占比将仅占到 1%左右，如图 9-5 所示。

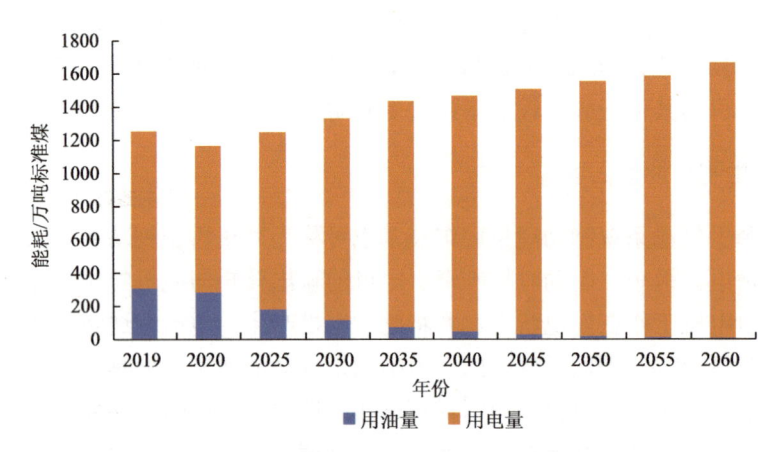

图 9-5　基准情景下铁路运输装备能耗结构

除了内燃机车外，燃油、燃煤锅炉是目前铁路基础设施一次能源消耗的主要来源，也是我国铁路二氧化碳直接排放的主要源头，同时也是铁路环境污染的重要因素。2020 年，铁路基础设施能耗占总能耗的 23.4%，预计到 2060 年基础设施能耗总量将平稳上涨，占总能耗的比重维持在 20%左右。

（二）碳排放预测分析

1. 碳排放总量预测分析

结合铁路运输装备直接和间接碳排放预测分析，碳排放总量将在 2035 年前呈现缓慢下降状态，2035 年后由于新型电力体制改革的推进，电力排放因子降低，碳排放将呈现下跌趋势。

2. 直接碳排放预测分析

受铁路电气化率提升的影响，内燃牵引线路里程被压缩，同时随着普速机车的逐步更新，燃油发电车数量也逐步降低。柴油使用量下降，假设柴油碳排放因子保持不变，运输装备直接碳排放量将呈逐渐下降的趋势。此外，铁路基础设施的直接排放主要源于燃煤和燃油锅炉。为落实国家"煤改电""煤改气"等工程，铁路企业积极推广使用太阳能、空气源热泵等清洁能源，对既有的燃煤、燃油锅炉实施改造。燃煤锅炉预计将于 2030 年前全部淘汰。燃油锅炉的比例也将进一步压缩。

3. 间接碳排放预测分析

我国铁路部门高度重视电气化铁路发展建设，铁路电气化里程持续增长，在提高运输能力、协调匹配路网牵引方式的同时，也更好地发挥了铁路绿色低碳的生态优势，特别是党的十八大以来，我国铁路深入贯彻落实绿色发展理念，以运输需求为导向、以高质量发展为指引，不断提升路网质量和现代化水平，投产了一批电气化新线铁路和既有线电气化扩能改造项目，路网电气化率进一步提高。到 2020 年底，我国铁路营业里程 14.63 万公里，其中电气化里程达到 10.65 万公里，电气化里程规模位居世界第一，全国铁路电气化率提高至 72.8%，铁路电气化率在世界主要国家中位居第一位。

2021~2060 年，可以预见随着国家电力设施的发展，偏远地区的电力供应条件将进一步改善，这为铁路电气化改造工作提供了有利条件；同时随着太阳能、氢能等新能源的发展，混合动力机车、新能源机车的技术水平必将有所提升，在铁路的使用效果也将逐步改善，其应用范围也随之扩大；我国风力发电、光伏发电、水力发电等绿色电力蓬勃发展，占我国发电总量的比例将持续增长，随着国家对绿色电力建设的快速布局以及铁路自身能源结构的持续优化，电力的碳排放因子持续降低。综合以上分析，预计到 2060 年除应急保障等特殊情况外，铁路牵引领域有望实现电力等绿色清洁能源 100%对化石能源的替代。

铁路基础设施间接排放主要来源于电力和热力排放，电力间接排放下降得益于新型电力系统中新能源比例的提升，电力排放因子将持续降低，热力排放处于平稳状态，未出现大幅度上升和下降。此外，燃油消耗量的下降将由其他类别的清洁能源替代，从而进一步降低间接碳排放量。

（三）碳减排措施分析

1. 低碳情景

1）能效提升

目前及未来相当长一段时间里，国铁机车牵引只有电力机车和内燃机车两种形式，分别采用电力和柴油作为驱动能源，两者是替代关系，铁路能效的提升主要通过内燃机车的电气化改造及铁路电气化里程的增加实现。

铁路电气化的节能减排效应分为三类：结构替代节能效应、增量替代节能效应和完全替代节能效应。结构替代是指因铁路电力牵引占机车牵引的比例提高而实现的节能，反映了铁路电气化导致牵引结构变化而产生的节能效应；增量替代是指因铁路电力牵引的吨公里增加而实现的节能量,即如果用内燃牵引来满足电力牵引吨公里增量所导致的能耗增加量;完全替代是指如果内燃完全替代电力牵引而多消耗的能源数量。根据 2020 年《新时代交通强国铁路先行规划纲要》中铁路路网里程预测数据,2025 年为 16.5 万公里,2035 年为 20 万公里,年增长率为 2%;2025 年电气化率为 75%,2035 年目标为 80%,年增长率为 0.6%。因此,根据该增长率预测基准情景下电力里程数据。内燃里程基本保持不变,内燃机车改电力机车的空间逐步压缩,而电力里程持续增长,电力机车的增量效应显著。

2)结构调整

与基准情景相比,公转铁等具体措施产生的减排效果主要为两方面,一是由于铁路碳排放强度低,替代一部分公路运输的减排量;二是铁路自身承担公路运量的增排量。

铁路对公路的结构调整节能效应主要体现为结构替代,是指因铁路运输市场份额提高而实现的节能量,反映了铁路发展导致运输结构变化而产生的节能效应。在低碳情景下,结构调整主要源于公路货运转移到铁路的量。其计算公式为

$$\Delta TG_i = Q_i(r_i - r_{i-1})(n_i - d_i)$$

其中,ΔTG_i 为铁路对公路的结构替代节能量;Q_i 为全社会运输周转量;r_i 为铁路占全社会周转量的比例;n_i 和 d_i 分别为铁路、公路的单位运输工作量能耗;i 为年份。

3)其他措施

铁路运输生产节能减排可通过能源替代、改进运输组织模式、优化运输中间环节的资源配置实现。

2. 强化低碳情景

1)能效提升

强化低碳情景中能效提升措施与低碳情景基本一致,具体计算方法见低碳情景。与低碳情景相似,强化低碳情景下预计增量减排的替代效果于 2035 年达到最高值,2035 年后由于电动汽车的发展,铁路电气化率的优势将逐渐减小。

2)结构调整

与基准情景相比,强化低碳情景下结构调整主要源于公路和航空客运转移到铁路的运量,具体措施产生的减排效果主要为两方面,一是由于铁路碳排放强度低,替代一部分公路和民航运输的减排量;二是铁路自身承担公路和民航运量的增排量。

铁路对民航的结构调整节能效应主要体现为结构替代,是指因铁路运输市场

份额提高而实现的节能量，反映了铁路发展导致运输结构变化而产生的节能效应。在强化低碳情景下，结构调整主要源于民航客运转移到铁路的量。其计算公式为

$$\Delta TM_i = Q_i(r_i - r_{i-1})(n_i - f_i)$$

其中，ΔTM_i 为铁路对民航的结构替代节能量；Q_i 为全社会运输周转量；r_i 为铁路占全社会周转量的比例；n_i 和 f_i 分别为铁路、民航的单位运输工作量能耗；i 为年份。

3）其他措施

铁路运输生产节能减排可通过能源替代、改进运输组织模式、优化运输中间环节的资源配置、提高机车牵引效率和提升能源利用效率实现。

第十章
铁路运输低碳发展战略目标与实施路径

一、铁路运输低碳发展总体思路

（一）总体思路

坚持以习近平新时代中国特色社会主义思想为指导，全面贯彻党的二十大精神和习近平生态文明思想，以习近平总书记对铁路工作的重要指示批示精神为根本遵循，落实党中央国务院决策部署，立足新发展阶段，完整、准确、全面贯彻新发展理念，服务构建新发展格局，聚焦碳达峰碳中和战略和交通强国铁路先行历史使命。以推进运输结构调整和建设绿色铁路为抓手，坚定不移走生态优先、绿色发展的高质量发展道路，统筹污染治理、生态保护与绿色低碳，坚持精准治污、科学治污、依法治污，同时不断提高铁路运输市场份额、优化用能结构、提升能源利用效率。坚持先立后破，坚持全路一盘棋，加快构建以铁路为骨干的绿色低碳综合交通运输体系，为推进经济社会发展全面绿色转型提供有力支撑，当好先行。

（二）基本原则

坚持发挥优势、绿色发展。统筹经济社会发展和碳达峰碳中和目标，发挥铁路绿色低碳运输优势，持续推动运输结构调整，促进综合交通运输体系高效融合和绿色转型发展。

坚持分类施策、先立后破。遵循铁路运输发展规律，围绕铁路节能降碳特点和难点，把握节能降碳关键环节，坚持精准分类施策、先立后破、稳步推进。

坚持节约优先、创新驱动。铁路规划、建设、运营全过程贯彻节约优先、绿色低碳理念，节约集约利用能源、资源，提高能源利用效率和资源循环利用水平。鼓励和推动绿色低碳技术创新，深化前沿技术与铁路融合发展。

坚持积极稳妥、防范风险。落实国家碳达峰碳中和目标要求，合理制定国家铁路碳达峰分阶段时间表和路线图，有计划分步骤实施国家铁路碳达峰行动，保障产业链供应链安全。

（三）战略目标

2025年，国家铁路能源利用效率明显提升、碳排放强度持续下降，单位运输工作量综合能耗比2020年下降4.5%左右，单位运输工作量二氧化碳排放进一步下降。铁路电气化率提升至75%左右，持续推进大宗货物及中长距离货物运输向铁路有序转移，国家铁路客货运输市场份额持续提升。

2030年，国家铁路单位运输工作量综合能耗比2020年下降10%左右，国家铁路碳排放总量在2030年前达峰。推进氢能、电池驱动等新型低碳运载装备研发，进一步提升电力、新能源等绿色机车牵引工作量比重。铁路绿色低碳优势和综合交通骨干作用全面增强，铁路绿色发展水平全面提升。

2060年，通过调整能源使用结构、实施节能降碳工程、推广降碳技术装备、参与碳排放交易等措施，国家铁路基本实现零碳排放；建成与自然资源承载力相匹配，高效集约、绿色低碳的铁路体系，为综合交通运输体系绿色低碳发展提供有力支撑。

二、铁路运输低碳发展时间表及路线图

（一）低碳发展时间表

1. 控碳阶段（2023~2025年）

到2025年，国家铁路系统将在能源效率和环境友好性方面取得显著进步。预计铁路能源利用效率将实现大幅提升，碳排放强度也将显著降低。与2020年相比，铁路单位运输工作量的综合性能耗预计将降低约4.5%。

同时，铁路运输过程中单位工作量所产生的二氧化碳排放量也将得到进一步的减少，这将为实现我国的碳达峰碳中和目标作出积极贡献。在电气化铁路方面，电气化率预计将达到75%左右，这将极大提高铁路运输的清洁能源使用比例。

此外，电力和新能源等绿色机车牵引的工作量将保持在90%以上，这表明铁路运输将越来越多地依赖清洁能源，进一步减少对化石燃料的依赖。为了进一步

优化运输结构，将持续推动大宗货物及中长距离货物运输向铁路的有序转移，这不仅有助于降低整体物流成本，还将提升铁路在综合交通运输体系中的竞争力。

2. 达峰阶段（2026~2030年）

到 2030 年，国家铁路系统将实现更为显著的能效提升目标，单位运输工作量的综合能耗预计将比 2020 年下降约 10%，这一目标的实现将标志着铁路运输在节能减排方面迈出了坚实的步伐。为了达成这一目标，国家将采取一系列创新措施，包括推进能源利用效率的持续优化和新技术的应用。

在新型机车车辆的研发方面，将进一步提升电力和新能源等绿色机车牵引的工作量比重，采用先进的能源管理系统和电池技术，通过优化列车运行图和提高牵引效率，确保绿色能源在铁路运输中的广泛应用。为了支持这些变革，还需加大对铁路基础设施的现代化改造，包括升级电气化设施和建设智能电网，以确保新型机车车辆能够高效、稳定地运行。同时，加强对铁路工作人员的培训，提高他们对新能源技术的认识和操作技能，确保新型机车车辆能够安全、高效地投入使用。

通过这些综合性措施，到 2030 年，国家铁路系统将展现出更加绿色、高效、智能的运输能力，为推动经济社会的可持续发展和实现国家的长期环境目标作出重要贡献。

3. 近零碳排放阶段（2031~2060年）

通过能耗管理措施，强化基础研究和前沿技术，完善技术创新体系布局，提高系统运行效率，减少能源消耗。对于难以实现碳减排的设备，利用市场交易机制进行抵消，到 2060 年国家铁路基本实现零碳排放。

（二）低碳发展路线图

1. 碳达峰路线图

1）强化铁路货运承接力度，提升铁路客运服务质量

一是持续推进铁路货运增量。加快完善浩吉、瓦日等煤运通道集疏运体系，推进浩勒报吉北矿区集运线、董家口至瓦日铁路联络线等建设，加快打通干线大动脉和畅通网络微循环，增强铁路承载能力，发展重载直达、班列运输、冷链物流、集装箱多式联运和铁路快运等高效绿色运输方式，打造以高铁快运为品牌的铁路快捷货运产品，增强铁路"公转铁"承接能力，加快大宗货物和中长距离货物运输"公转铁"，促进运输结构深度调整，减少能源消耗和污染物排放，降低全社会物流成本。实施市场差异化货运价格运用策略，规范铁路货运物流收费，

深化货运票据电子化应用，实现对货运客户的多渠道、全程业务办理和信息服务。2025年，国家铁路货物周转量市场份额稳步提升。到2030年，铁路货运周转量占总周转量的比例力争超过25%。

二是构建以铁路为主体的绿色低碳经济的货运物流网络体系，大力发展多式联运，研究制定多式联运信息共享和数据传输交换标准，建立多式联运公共信息服务平台，推进铁路集装箱运输信息与船舶运输、港口作业等信息共享，制订实施长三角、珠三角地区等主要沿海港口海铁联运增量方案，提高上海、宁波-舟山、广州、深圳盐田港等主要港口海铁联运比重。精准补齐港口、物流园区、工矿企业铁路专用线短板，支持加快主要港口、大宗货物年运量150万吨以上的大型工矿企业、新建物流园区、粮食储备库等铁路专用线建设，到2025年，全国主要港口集装箱铁水联运量年均增长15%以上，全面实现长江干线主要港口铁路进港。支持多式联运经营人发展，实行"一次委托、全程服务"模式，压缩代理环节，提高物流效率。

三是构建以高速铁路、城际铁路为主体的大容量快速低碳客运服务体系，服务支撑"两横三纵"城镇化战略，擦亮高铁服务品牌，打造通勤快线品牌，提升普客优势品牌影响力，持续开好"朝发夕至"列车和公益性"慢火车"，加快形成都市圈1小时通勤、城市群2小时通达、相邻中心城市3小时畅行铁路出行圈。持续优化客运产品结构，扩大有效供给，巩固提升300～1500公里中长距离市场份额；发挥高铁+民航双高集成优势，扩大高铁动卧开行范围，积极拓展1500公里以上客流市场；扩大城际和市域（郊）列车开行范围，支持以市场化方式对能力富裕的既有铁路通过优化调整功能和适当技术改造开行城际和市域（郊）列车，大力开拓300公里以内的中短途市场。扩大复兴号动力集中型动车组开行范围，提高夕发朝至等普速列车开行质效，积极组织旅游列车开行，丰富特色旅游产品供给。推行电子客票、电子支付，推进高铁5G信号覆盖，推动实施绿色出行积分兑换等碳普惠奖励措施；优化刷脸核验、网上订餐、移动支付等便利服务举措。推进干线铁路、城际铁路、市域（郊）铁路、城市轨道交通的融合发展，促进安检便利化、票务协同，引导人民群众便捷绿色出行。2025年，旅客周转量市场份额进一步提高。

四是积极推动铁路运输效率整体提升。制订合理高效的运输组织方案，利用大数据分析，形成灵活高效的市场反应和运力调配机制，精准实施"一日一图"，优化调整列车运行径路，高效配置运力资源，深化运输组织变革，提升路网通达性和整体运输能力，全面提升铁路整体运行效率。扩大动车组编组、缩短列车追踪时间、优化停站运行方案、增加列车开行密度。推进铁路场站适货化改造，系统优化货车车流径路，实施货运列车提速提质，提升装卸、中转技术作业效率，推进货车客车化开行管理，提高货物直达运输比例。完善移动装备及设施设备高效运用机制，优化客车长中短开行组合方案，提高机车车辆运用配置效率，完善检修维修设施生产布局，充分发挥先进技术装备运营效益。

2）优化铁路能源结构，提升清洁能源比重

进一步提高电气化铁路比重，有序推进铁路电气化改造，加快混合动力机车研发应用，逐步淘汰冒黑烟铁路机车、空调发电车和车载燃煤设备，发挥铁路在减污降碳中的重要作用。大力推广空气能、太阳能、生物质能等可再生能源技术应用，鼓励新建铁路建筑屋面优先采用光伏建筑一体化方式，加快隧道挖装运等高能效、低污染的新能源装备研究应用，加强隧道工程施工和运营期间地热能、风能及水能的利用。具备条件的铁路物流基地内部车辆装备和场内作业机械等完成清洁能源动力更新替代，推进生活营地太阳能等可再生能源利用，在北方路局持续推进空气能等清洁能源替代燃煤、燃油锅炉，进一步降低燃煤和燃油消耗比重，提高清洁取暖水平。

3）推进绿色客站建设，提升铁路绿化水平

树立客站建设新理念，将绿色低碳作为客站建设的重要指标，严格按照绿色建筑相关标准进行设计和建设，加强能源管控等技术应用，2023年起批复的新建大型客站达到三星级绿色建筑标准；开展"零碳客站"试点示范工作，建设一批节能低碳型铁路客站。

强化绿色设计与建造支撑作用，加强铁路沿线绿化建设。铁路建设项目根据沿线生态系统特征，采取表土剥离回铺、骨架护坡、拦挡、截排水、乔灌草相结合等工程加固或植物防护措施，减少土石资源消耗、土地占用和水土流失，实施生态修复和土地复垦，保护沿线生态环境，做好新建铁路植被保护和绿化工作。因地制宜推进既有铁路线两侧绿化工作，采取乡土及适生品种，打造一线一景、一站一景，持续提升铁路可绿化线路的绿化率，建设绿色美丽的万里铁道线，提升铁路基础设施固碳能力。

4）推动绿色低碳技术应用推广，加快先进适用技术研发

扩大"复兴号"中国标准动车组等新型低能耗、低噪声移动装备的应用范围。持续推进老旧机车车辆更新工作，加快推进旅客列车空调节能变频改造。加大CR450科技创新工程关键核心技术攻关力度，开展车辆动力学、车体轻量化、噪声控制等关键技术研究，打造更环保、更节能的新一代高速动车组技术平台。锚定绿色低碳发展方向，深化混合动力、永磁直驱、低排放柴油机等新能源新制式研究应用。

加强暖通空调、围护结构改造、绿色照明、能源管控、新能源利用等方面节能技术研发应用。实施既有客站绿色改造，重点进行绿色照明改造，在站房、灯桥、灯塔、景观等照明采用LED光源，持续推广能源管控技术，实现对空调、照

明、电梯等耗能设备的节能优化控制，既有屋面分区分类推进光伏发电系统改造；研究推进铁路沿线光伏发电试点，研究试点建设集光伏发电、储能、直流配电、柔性用电于一体的"光储直柔"建筑，提高能源利用效率。

深化牵引供电新技术研究应用，降低电能消耗和损耗。围绕推动智能铁路升级发展，开展面向全生命周期的协同化设计、数字化制造、智能化施工、装配式建造、智能运维等技术研究。

5）强化铁路节能环保基础能力建设，制定碳排放标准规范

完善节能环保指标计划制订和考核制度，加快形成减污降碳的激励约束机制，加强指标过程监督，深入开展重点用能单位和重点排污单位考核。加强铁路能源（水）计量监测能力建设，完善能源（水）计量器具的配备，将暖通空调、照明、电梯、道岔融冰除雪装置等用能设备和客车上水等用水设备配备能源（水）计量器具。加快淘汰技术落后的能源（水）计量器具，加快推进能源（水）计量器具智能化改造。建立健全国铁集团战略管理系统节能环保子系统，大力推进节能环保相关信息系统数据对接和信息共享，提高信息化、智能化数据统计分析能力，2025年基本完成能源（水）计量器具智能化改造，实现数据自动采集上传。

针对铁路行业自身特点，根据国家温室气体排放统计核算相关要求，研究细化铁路运营期统计核算边界、方法，明确国家铁路碳排放核算核查、碳减排技术、碳基准等标准，支撑碳减排、碳管理等工作，规范推进碳排放统计工作。研究制定铁路行业和产品温室气体排放标准，完善低碳产品标准标识制度，提升铁路行业绿色产品采购比例。

2. 近零碳排放路线图

充分发挥铁路的低碳优势，在综合交通运输业的低碳发展进程中作出突出贡献。2031～2060年，可以预见随着国家电力设施的发展，偏远地区的电力供应条件将进一步改善，这为铁路电气化改造工作提供了有利条件，内燃线路将压缩；同时，随着太阳能、氢能等新能源技术的发展，混合动力机车、新能源机车的技术水平必将有所提升，在铁路的使用效果也将逐步改善，其应用范围也随之扩大。根据目前的研究成果，铁路在低碳方面具有十分显著的优势，国铁集团作为国有企业应充分承担起社会责任，承担更多的客货运量，不仅仅在建设交通强国中作出贡献，更应该在综合交通运输体系低碳发展进程中争当先行。到2060年，除应急保障等特殊情况外，铁路牵引领域基本实现电力等绿色清洁能源100%对化石能源的替代，扩大电池直接驱动和氢能驱动在牵引领域中以及光伏、风能、氢能等在非牵引领域中的应用范围。全面建成与自然资源承载力相匹配、与沿线生态环境相协调、更加高效集约、更加绿色低碳环保的铁路体系。

1）完善技术创新体系

发挥国家铁路技术创新领军作用，以铁路低碳发展需求为导向，加强节能低碳科技创新总体部署，统筹推进关键技术攻关。围绕创新决策、研发投入、科研组织、成果转化，加强铁路绿色低碳科技创新顶层设计和总体布局。以铁路领域科研单位为主力军，打造铁路绿色低碳重大科技攻关、基础前瞻研究、创新成果产业化高地。强化铁路运输企业技术创新和创新成果运用主体地位。

2）强化基础研究和前沿技术布局

推进动力电池、氢能源、生物质能等新能源技术应用研究，深化石墨烯、碳纤维、碳化硅、纤维增强复合材料、智能自适应材料、高性能钢及混凝土材料等新材料的研究应用。推进量子科技、区块链等前沿技术与铁路绿色低碳技术的高度融合。

3）积极利用市场化机制，拓宽资金来源渠道

充分发挥节能减排市场化机制作用，鼓励社会资金投资铁路节能减排项目，加快推进客站、机务段、车辆段等采用合同能源管理等模式进行光伏发电、绿色照明、暖通空调改造、能源管控等技术改造。在满足铁路技术要求的基础上，铁路运输企业积极参与新能源电力市场化交易，提高铁路绿色电力使用比例。探索参与碳交易市场，利用核证自愿减排量抵消机制，推动铁路可再生能源、林业碳汇等项目碳减排效果的量化核证，探索完善铁路相关自愿减排方法学，发挥铁路低碳优势，通过市场交易获得绿色发展收益。利用绿色金融工具、碳减排支持工具不断拓宽节能环保资金来源渠道。铁路运输低碳发展实施路径如图10-1所示。

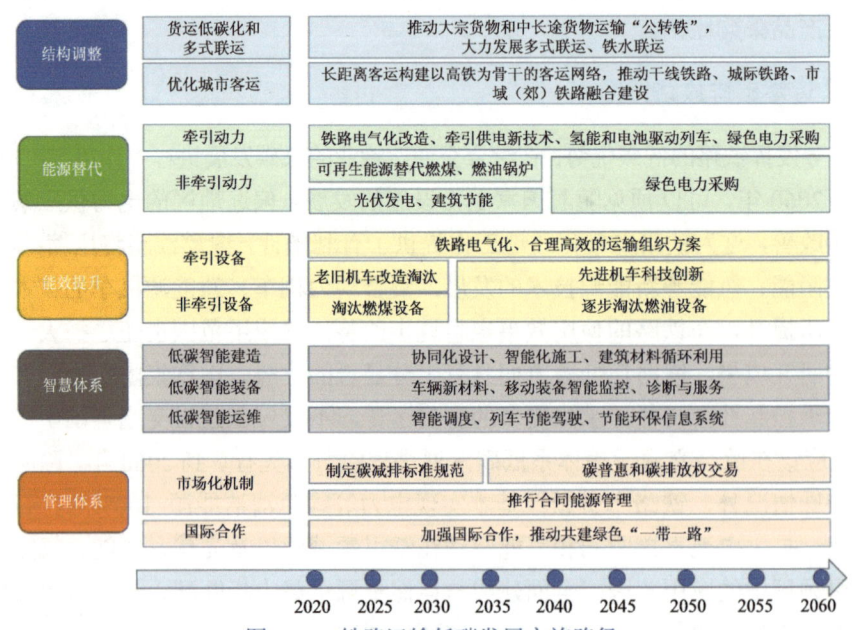

图10-1 铁路运输低碳发展实施路径

第十一章
铁路运输低碳发展重点任务

一、优化综合交通运输结构，发挥铁路碳减排效应

（一）煤炭运输结构调整重点任务

1. 加强煤运通道集疏运系统运力协调

对于煤矿、电厂、钢厂分布与铁路线路的不协调问题，已建成的铁路通道应加强支线和专用线建设，尽快形成"鱼骨状"路网；强化煤运通道集疏运系统的协调和顺畅，加强干支线轴重、到发线有效长等建设标准的协调匹配，从而提高干支线衔接效率、完善前后一公里接取送达运力匹配机制；进一步推进企业专用线建设和路企直通运输组织建设，加强点对点的煤炭"门到门"运输。

2. 提高重载运输比重

对于已经满图运输的铁路通道，应突出重载运输特点，在条件允许的前提下，通过延长车站到发线、运用大功率机车和大容量货车等措施，提高煤运列车载重量，进而提高重载运输比重，满足煤炭运量增长的需求。

3. 优化煤运通道分工

对于"三西"地区（山西、陕西、内蒙古西部）煤炭东出下海，目前已形成北中南三大通路，其中部分煤运干线的货源吸引范围有所重合，因而促进煤运通道的合理分工将更加有利于提高煤运能力利用效率。例如，统筹用好大秦线和张唐线能力，优化晋北、蒙西、陕北煤源的运输结构，中国铁路太原局集团有限公司主打大秦线下水、中国铁路呼和浩特局集团有限公司主打张唐线曹妃甸港下水；

中国铁路太原局集团有限公司灵活组织瓦日线和宁岢-大秦线去向,实现晋陕蒙交界处的优质煤炭资源通过合理径路运输。

4. 加强"北煤南运"直达运输组织建设

对于地处非南方沿海港口辐射区域的"两湖一江"地区(湖北省、湖南省、江西省)和云贵川渝地区,其煤炭需求难以通过铁海联运方式满足,并且,随着我国近年来煤炭行业去产能政策相继落实,煤炭供需分布的不平衡进一步加剧,北煤南运需求进一步增加。对此,应加大"三西"地区至中南、西南地区的煤炭直达运输组织力度,特别是对于西南四省市(重庆、四川、贵州、云南)和中南地区(河南省、湖北省、湖南省、广西壮族自治区、广东省、海南省)海进江水网未覆盖地区,保障煤炭直达运力。

5. 探索煤炭、铁矿石"重去重回"组织模式

对于同通道流向相对的煤炭下水运输和铁矿石上水运输,目前的组织模式基本以"重去空回"为主,车辆空载率高、周转距离长。对此,研究港口、钢厂翻车机标准匹配,即载运煤炭、铁矿石的敞车车种相互统一,以及煤炭、铁矿石运输干支线轴重协调一致的可行性,探索煤炭下水、铁矿石上水"重去重回"大交路循环、保障空车及时供给的组织模式,从而提高车辆周转效率,节省车辆运用成本。

6. 基于煤运需求监测预警的运力筹备

针对煤炭需求的季节性波动特征,及时洞察并预判煤电运输行业运行波动,以往年煤炭、电力、冶金等行业的淡旺季波动周期为参照,以太原、西安、呼和浩特三大铁路局集团公司煤炭日装车数、地区日发受电量、沿海五大电厂煤炭库存、环渤海五港煤炭库存、煤炭坑口、车板、平仓、提货价格等参数为指标,进行煤炭需求监测预警体系建设,从而实现煤炭需求高峰期的提前预警,并据此进行铁路煤炭运输计划调整和装备补充。

7. 针对煤运高峰季的运力保障

在迎峰度夏、迎峰度冬煤炭需求高峰季,加强铁路运力配置。例如,对重点告急电厂进行精准盯控,对于存煤不足的电厂重点加强运力供给;对电煤列车加强运输组织建设,加速放行,分界口优先交接;加强卸车尤其是敞车货物的卸车组织,加强与地方政府、企业的沟通与协调,督导厂矿企业及时卸车,提高卸车效率,保障煤运高峰期的车辆供应。

8. 基于煤炭交易的铁路运力产品化

协同煤炭生产企业、电力企业等，合力打造煤炭交易中心。积极推进国铁集团所属铁路局集团公司与大型煤炭和电力企业签署年度运量运能互保和均衡运输协议，将煤电行业的煤炭买卖和铁路运力配备纳入交易体系，从而促进铁路运力产品化，使得铁路运输计划绑定煤炭资源，共同成为煤炭交易的附加匹配商品。

（二）矿石运输结构调整重点任务

1. 探索集疏港"重去重回"组织模式

积极搜寻与疏港铁矿石运输流向相对的货源体系，拓展循环直达列车开行范畴，探索串联大循环交路上厂矿企业大宗货运需求的"重去重回"组织模式，形成疏港铁矿石卸后捎带重流返港的运行体系。深入贯彻"一港一策""一企一策"的大客户个性化服务准则，对于"重去重回"的组织模式，给予运价优惠政策，进一步稳固货源、保证运量，同时实现车辆周转效率的提升，以及在"公转铁"条件下促进企业物流成本的降低。

2. 加强港口后方通道衔接

重点研究唐山港、天津港、黄骅港、青岛港、日照港、连云港港、宁波港等沿海后方铁路通道建设问题，提高这些港口铁矿石的铁路疏港量及其比重。

按照铁路先导、地方政府协调督办、分级规划、稳步推进的原则，全面推进冶金企业的铁路专用线建设，疏通铁路货运网络的"毛细血管"，解决"最后一公里"问题。

针对冶金生产原材料中金属矿石、煤和焦炭等运输品类单一且流量稳定的物流方向，加大点到点始发直达列车的开行力度，并且在运输能力适应的情况下适当宽松化直达列车的开行条件，增加列车频次，最大限度地满足钢企及时化生产需要。

3. 研发铁矿石运输专用装备

开发适合铁矿石运输的重载车辆，研发适合焦炭和钢材运输的专用集装箱，提高焦炭和钢材入箱率。研发并投入冶炼物资专用装卸机械，加大翻车机、传送带、起重机、吊车等配套设备的投入，扩大机械适用范围。制定冶炼物资装卸机械配置统型标准，加快设备统一管理和调配，提高装卸机械化和自动化水平。

4. 用好市场化的价格调整机制

推进铁路物流价格市场化，逐步形成一个多层次、放松灵活的定价机制；坚持铁路运价改革市场化取向；实时监测公路物流价格，按照铁路与公路保持合理比价关系的原则制定铁路物流价格，分步理顺价格水平，建立价格上下浮动机制，增加运价弹性，充分发挥铁路在中长距离物流中的运价优势，增强铁路物流的市场灵活性。

（三）集装箱运输结构调整重点任务

1. 海铁联运产品优化

2017年，交通运输部、国家铁路局、中国铁路总公司联合印发了《"十三五"港口集疏运系统建设方案》，要重点突破铁路、公路进港"最后一公里"，加快推进港口集疏运系统建设。目前，我国正在加快建设能力充分、布局合理、结构优化、衔接顺畅的港口集疏运系统。铁路方面重点解决提供公共服务的港口铁路支线或专用线建设问题，实现铁路支线（专用线）与港口及干线铁路的顺畅衔接，为集装箱海铁联运产品优化创造有利条件。

2. 江铁联运产品优化

1) 沿江平行快运班列方案

针对长江高附加值货物过闸翻坝运输需求，以及长江中游向长江下游高附加值货物快捷运输需求，组织成渝地区至上海、宁波等沿江枢纽节点间的双向多式联运集装箱快运班列以及快速班列，十堰、襄阳、信阳、合肥等华中腹地、安徽腹地向沿海地区发送的单向多式联运集装箱快运班列，按固定车次运行。

2) 江铁联运快运班列方案

依托南京、武汉、重庆等重要沿江港口，发挥铁水联运优势，围绕向长江两岸腹地延伸的高附加值白货、商品车等运输需求，以及长江中游翻坝运输需求，组织多式联运集装箱班列、快运班列、普快班列等，按固定车次运行。

3. 集装箱国际联运产品优化

1) 联合运输组织货流

第一，大力开展公铁联运业务。铁路应深化改革运输机制，建立独自经营的集装箱公铁联运企业，开拓市场，实行灵活多变的运输组织形式，真正融入市场经济。

第二，加强与物流企业合作。与国际、国内物流企业合作将有利于铁路集装箱运输依托铁路优势，引进国际资本及先进管理经验和管理机制，建设具有现代化信息处理、仓储及分拨功能的物流基地。在合理分工、降低成本的基础上，为广大客户提供高质量的综合物流服务。

第三，依托平台公司发展货运代理。货运代理是介于货主和承运人之间的中介服务机构，是一种现代化的经营方式，通过提供"一次托运、一次结算、一票到底、全程服务"，将公铁结合成一个整体。建立多种形式的代理机构，可以加强公铁相关业务的紧密衔接，进一步实现集装箱公铁无缝运输，促进集装箱运输的专业化和市场化，为铁路集装箱运输争取到更多的货源。

2）积极组织回程货流

第一，与国际物流企业战略协作。充分发挥境外网点和沿线合作伙伴的优势，强化同中国远洋海运集团有限公司、中国外运股份有限公司等中资物流企业的战略协作，积极组织返程班列，为实现中欧班列双向往返开行奠定基础。

第二，建立海外集疏中心。通过在海外建立分公司，来负责境外货物的货流组织与分拨配送工作，扩大境外辐射范围，同时采取"1+N"模式选择境外分拨点，组织回程货物，即在现有线路的基础上，从沿线和终点延伸出去，发展 N 个分拨点，并建立回程货物的集货点。

第三，构建现代物流体系。建立物流园区和信息平台，构建"点线片"结合的交通物流体系；加快建设连接我国西部地区与中亚、西亚、东南亚和南亚地区的贸易通道和核心枢纽，构建国际货物进入我国中西部市场的分销中心、中西部货物进入国际市场的内陆口岸；引进第三方物流，推动物流企业在沿线交通枢纽建立仓储物流基地和分拨中心，打造以"国际采购、全球服务、区域分拨、城际配送"为主体功能的全球贸易物流节点城市，吸引更多的回程货源。

（四）发展以铁路为骨干的多式联运体系

铁路多式联运的发展是一个系统性工程，除了在战略上需要明确发展目标、在关键技术上明确发展方向外，还需要在关键问题上提出解决策略。从目前多式联运发展存在的问题来看，铁路在整个多式联运体系中的问题仍然是比较突出的。要想推动铁路多式联运加快发展，就必须寻找破解问题的路径，特别是在多式联运中具有骨干作用的铁路运输企业要发挥更大作用。为此，我们研究提出以下铁路推动多式联运发展的重点任务。

1. 推动多式联运铁路运输价格市场化

1）实施差别化定价策略

要根据公路运价市场动态，在"一口价"的基础上，不断优化运价方案，充分利用价格杠杆的调节作用,对不同地区、不同季节、不同速度等级、不同运量、不同距离、重空流向、双向往返等实行差别化定价策略。

2）提高铁路局调价自主权

要充分利用承运清算机制,按照"谁点菜谁买单"的原则,给予铁路局更大的自主调价空间和权力,为跨局运输解决制度性问题；对于重点市场,可在一定时期内允许铁路局低于运输成本调价以提高竞争力、培养运输市场需求。

3）协调其他联运方形成调价利益共同体

在中短途特别是铁路局管内多式联运中,铁路运费的占比并不高,其价格调整的影响也不显著。要促进铁路多式联运发展,就需要降低各环节收费标准,需要相关铁路局与港口方达成"联运互动、整体平衡、链条共赢"的共识,推出价格同步下浮政策,在铁路运费执行管内运价下浮的同时,港口同比例下浮吊装费、短驳费、集港费、场站费等多项费用,确保多式联运班列具有较强的市场竞争力。

4）积极争取国家和地方政府补贴

一是联合部委、地方政府、相关企业推动形成独立运输方式,确定门槛标准,核发资质证书及专用运单,给予专门补贴和运输政策。二是倡议对多式联运实施精细化补贴,避免补贴乱象,特别是要对承接主体运输任务的铁路运输企业给予资助和扶持。三是针对到发位置集中且运量较大、港城关系受集卡影响较严重的港口城市以及环保要求高的区域等,积极争取地方政府补贴,利用铁路运输优势缓解港城矛盾,形成双赢局面。四是支持国家出台推动公路治超和长途运输限制政策,利用罚款补贴铁路运输。

2. 推动多式联运铁路运输时效提升

1）优化铁路场站作业组织

结合铁路集装箱办理站和作业站的功能特点,优化作业组织。集装箱办理站可向综合物流园区发展,主要受理集装箱托运业务,处理客户相关需求；集装箱作业站配备高效的装卸设备和合理的站场布局,能够满足列车快进快出需求。集装箱办理站和作业站之间可通过第三方物流公司经公路短驳或高频次固定车底小运转循环列车完成集运,集装箱班列主要途经区域集装箱作业站运行,提高全程运输效率。

2）打造多式联运示范铁路通道

结合当前集装箱运输通道能力与未来需求增速较快不适应的现象,国铁集团要高度重视运能匹配问题。尽快从战略视角明确多式联运发展的重点通道,将重点通道开行多式联运班列的优先级别进一步提高,选择个别有量支撑、效益好的线路作为铁路多式联运示范通道,在站场设施配套、运行图安排、运输调度等方面给予全方位支持，同时还可以将干线普速客运列车适当优化，引流上高速，释放干线货运能力。通过打造示范通道，提高铁路多式联运的运输时效。

3）试行客车化班列开行

客车化、高频次、高准时性的多式联运服务是铁路未来市场竞争力的核心。结合铁路多式联运示范通道的建设，可选择几条线路进行客车化+固定车底的多式联运班列开行。客车化班列开行将有效缩短运到时限、提升运输产品质量，短期来看虽可能经历投入多、亏损大的市场培育阶段，但从物流市场发展尤其是"互联网+"环境下的发展规律看，初期对运输质量和市场经营的投入是铁路必须作出的战略性选择。

此外，优化港前站站场布局、短驳作业流程、装卸设施设备，减少集装箱多式联运衔接作业时间，也是提升运输效率的必要措施。

3. 推动多式联运铁路服务水平提升

1）加快铁路主导的多式联运信息平台建设

着眼于把铁路多式联运信息平台打造成多式联运信息互通共享的主要平台的目标，加快完善多式联运信息平台的功能和数据归集，实现多式联运全过程信息化管理及与港口、海关及其他物流企业的信息交换，实现铁路现车、装卸车、货物在途、到达预确报等信息共享，以及港口装卸、货物堆存、船舶进出港、船期舱位预订等联运信息互联共享。同时，以 95306 网站为综合客户服务平台，建立客户服务信息系统，提供分层服务，为提高铁路多式联运信息化服务水平提供支撑。

2）积极培育多式联运经营人

多式联运经营人是多式联运的重要构成要素，在货源组织方面，能够大幅提高铁路集装箱多式联运集货能力，尤其是回空方向捎货集货能力，实现集装箱班列重去重回；在联运衔接方面，能够实现多式联运无缝衔接，加快集装箱周转，解决单证不统一问题；在客户服务方面，能够使客户拥有统一、连贯的服务接口，大幅提高服务质量；在运输组织方面，能够比传统货运代理拥有更高的调度指挥优先权，能够深度参与各运输阶段的组织工作。因此，铁路集装箱多式联运应推动培育权威的多式联运经营人，提升多式联运运输服务质量。

目前，铁路在培育多式联运经营人方面已有成功案例，如中国铁路哈尔滨局集团有限公司、中国铁路沈阳局集团有限公司参与的辽宁沈哈红运物流合作模式。国铁集团要鼓励铁路局加强联运经营人合作模式的研究和参与,推动以资本融合、资源共享、网络共建为纽带，打造利益共同体，实现市场互补、风险共担。一是以资本为纽带组建多式联运的平台公司；二是以信息为纽带的联盟合作模式，不同区域和不同运输方式的企业，通过信息共享、代码共享等，形成协作联盟；三是以产品为纽带，分工协作，建立契约条款，共同打造通道上的多式联运服务产品。

4. 支持多式联运相关配套建设

1）支持行业标准化建设

积极支持推动行业标准化建设，打造衔接紧密、转换顺畅的多式联运服务系统，推进多式联运深度融合。一是积极参与各种设施设备、物流场站、集装箱码头等技术标准的协调对接，实现联运过程中各种技术标准统一；二是积极参与多式联运法律法规、责任划分、保险理赔以及企业互认的多式联运专用提单单证系统建设，加快实施物流全程"一单制"；三是积极参与制定适用于各种运输方式的集装箱装载、危险品认定标准，建立集装箱危险品品类目录；四是参与构建货物电子赋码制度，推进电子货物清单，形成包含货单基本信息的唯一电子身份，实现电子标签码在多式联运全链条、全环节的互通互认。

2）支持集装化资源统筹

解决海内外集装箱、还箱点互使共管问题，能够减少空箱无效调拨和拆箱环节，提高集装箱利用率，加快集装箱周转，降低箱使费及联运成本。

一是共同推进实现铁路箱和海运箱共用。铁路与船公司应加强合资合作，共同建立箱使协作机制，进一步打通铁路箱下水、海运箱上路的制度和效率障碍，统一箱使费、返空费、堆场免堆期、箱使免费期等政策，避免因政策不同出现不必要的掏箱和公路运输等情况。

二是针对铁路、海运各自还箱点实际情况进行优势互补，提供多种还箱服务。铁路庞大内陆场站可作为海运箱还箱点，提供内陆箱管服务，解决海运箱内陆还箱问题，扩大海运箱上线运输，加大铁路内陆还箱点布局建设；船公司完善的海外还箱点可以作为铁路箱还箱点，解决铁路海外还箱点不足的困境，推动铁路箱参与国际铁海联运业务。

三是积极拓展铁路境内外还箱点建设。借鉴有经验的物流企业的做法，加快境外还箱点和回程运输组织体系建设，在铁路货场拓展验箱、洗箱、修箱功能，为客户提供"单程使用、境外还箱""往返使用、入境还箱"等用箱模式。

四是积极参与集装箱、专用车辆、装卸设备研发。坚持"国际箱＋内陆箱""铁路箱＋自备箱"并行发展，强化集装箱系统建设，研发集装箱新装备，积极组织适箱货源入箱，大幅度提升铁路集装化比例，大力发展20英尺35吨敞顶箱，开展45英尺34吨集装箱试运，着力发展20英尺、40英尺国际标准集装箱，积极发展大容积、大载重内陆箱，在发展通用箱的同时，提高普通罐箱、LNG

罐箱、冷藏箱、保温箱、干散货箱、平台箱、台架箱以及适应货物特点的其他特种箱等新的集装箱箱型研制开发力度。大力发展集装箱专用平车和共用平车，推进物流装备技术创新，推广应用 160 千米/时和 220 千米/时的快速集装箱专用车、关节式集装箱车、4 英尺×20 英尺/2 英尺×40 英尺长大集装箱车，提升车辆运输速度和装载能力，压缩运到时限，增强铁路快捷货运市场竞争力，积极探索与双层箱运输适应的新型特种平车。研发推广经济实用、适用于中小货场的轻量化集装箱装卸机械，大力推广托盘、集装袋等标准化设备，其中托盘是提升货物运输效率的重要器具，物流标准化试点企业实践表明，带板运输效率提高 110%，综合物流成本下降 25%以上，平均货损降低 45%，单位装卸成本下降 53%，物流成本占营业收入的比例下降 13%，当前亟待建立全国铁路托盘共用体系。

3）支持铁路专用线建设

全力支持铁路专用线建设，积极参与专用线建设专项行动，对有助于上量增效的专用线，积极支持与国铁干线接轨，增强装卸配套能力配置，满足多式联运进港、进厂、进园要求，在打通铁路运输"前后一公里"上补强发力。

4）参与公共内陆港布局建设

加快以铁路为主导的公共内陆港布局建设。一是围绕产业、贸易、物流等要素，从全国层面规划布局"公共内陆港"、无水港，打造内陆铁路口岸，共同服务经济腹地重叠的相近港口，同时服务铁路、船公司，避免重复建设和资源浪费；二是优先利用既有、新建、改扩建铁路场站进行布局建设，重点关注铁路主通道内货源集中的综合枢纽；三是积极对接规模较大的纯公路内陆港，通过引入铁路线路，将纯公路内陆港升级为公铁内陆港。

5）加强一关三检合作

虽然我国海关已建立统一监管平台和数据管理系统，各海关之间报、通关业务信息交换在技术上已无障碍，但在实际操作中，只有与口岸海关签订协议的内陆海关才能进行异地报关、转关等操作，这不但限制了用户对货物进出口岸的选择，也在一定程度上影响了海铁联运的发展。一关三检畅通与否直接影响进出口货物联运效率，相对于其他运输方式，铁路天然拥有高封闭性、高可控性、高安全性等技术特征，在明晰责任的前提下，海关监管铁路专列开行十分便捷。建议将已建成的铁路大型场站全部纳入多式联运海关监管中心范围，打造一站式服务，实现数据互通和异地报关，转移港口海关抽检作业，开行内陆海关监管专列，提升多式联运效率。

二、推动燃料替代，促进铁路能源融合发展

（一）提升铁路电气化水平

电气化改造是采用电气化牵引机车和线路替代原有的内燃机车和线路。由于电气化改造将原有的柴油消耗直接转化为电力消耗，在减少二氧化碳和其他污染气体排放方面起到了极大的改善作用，因此多年来，铁路电气化改造一直是铁路能源结构优化的最有力手段之一。党的十八大以来，铁路能源消费结构持续优化，污染治理能力不断提升，铁路绿色环保优势得到充分发挥，我国铁路持续推进"内改电"结构优化。全国电气化铁路营业里程由 2012 年的 5.11 万公里增加至 2020 年的 10.65 万公里，电气化率由 2012 年的 52.3%上升至 2020 年的 72.8%。燃油牵引线路里程被压缩，同时随着普速机车的逐步更新，燃油发电车数量也逐步降低。电气化改造技术的实施对于减少我国铁路直接碳排放总量具有重要、直接的推动意义。

虽然我国铁路的电气化牵引率较其他铁路发达国家已经处于较高水平，但未来仍旧存在进一步改造优化的空间。2030 年之前，应继续提高电力机车承担的工作量比例，减少内燃机车运行工作量，充分发挥电力机车的节能低碳优势，提高我国铁路综合能效水平。

（二）推广节能低碳型机车

1. 新能源动力机车

新能源动力机车能够从根本上改变传统列车牵引用电方式，采用清洁无污染的原料为机车提供运行动力，对于改善铁路能源消费结构、减少机车燃油和电力消耗及对应的温室气体和污染物排放具有重要的推动作用。相较于其他节能技术措施，应用新能源动力机车在降碳效果上更为明显，因此具有十分重要的研究意义。

在世界多个国家大力推广新能源技术的前提下，我国铁路未来应逐渐开展太阳能、风能等新能源机车研究试验，从太阳能发电技术首先应用在列车空调、照明逐步发展到应用于整个列车牵引用电。

氢燃料列车具有高效、清洁、环保、技术继承性好、性价比高等优点，在氢燃料列车技术受到世界多国高度重视的背景下，氢燃料发动机及配套的制氢技术的研发应受国内科研院所和企业的重视，尽快推动氢燃料列车向产品成熟化、成

本低廉化的方向发展。

在磁悬浮列车领域，我国正在开展超真空管道磁悬浮列车技术研究工作，未来应加快真空磁悬浮管道、列车牵引等多项技术的产品化研究，争取早日生产出试验样车，以进一步提高我国轨道交通牵引能效水平。

2. 混合动力机车

混合动力推进系统是一种低排放的替代方案，因为轨道电气化非常昂贵且耗时。混合动力有轨电车可以从现有的架空线或电池中获得动力，而不需要接触线，突破了机车单一能源驱动的局限，丰富了机车牵引动力能源的多样性，有效改善了机车牵引用能的灵活性和可靠性。此外，新能源动力的引入使得机车运行更加节能和低碳，对于部分采用内燃机车的线路区域可以有效改善柴油消耗对环境的影响，有效提高机车节能环保效果，是未来机车节能降碳领域不可缺少的技术之一，已经成为世界先进铁路国家重点发展的技术方向，在我国碳达峰碳中和目标的需求下，随着我国铁路对机车牵引关键技术的深入创新研究，该技术在我国拥有广阔的应用前景。

使用燃料电池或电池，不仅取决于距离和电气化程度，还取决于投资和维护成本。目前由电池支持的混合动力列车的续航里程长达 100 公里，因此特别适合易于电气化或已经拥有架空电力线的线路。在没有架空线的长距离线路以及只有少量架空线的线路上，燃料电池是更好的选择。如果该地区的新能源制氢成本经济性较好，那么燃料电池就尤其适合。

我国铁路应探索研究氢燃料、蓄电池与油电驱动混合动力牵引技术，同时在太阳能列车、风能列车领域开展研究，加大新能源发电技术在铁路牵引中的应用，开展新能源发电与柴油机车结合的混合动力机车试验，用于不繁忙区间的测试及检修列车，让铁路牵引能源消耗更加清洁环保，打造真正的低碳绿色运输工具，改善列车传统能源消费结构，构建铁路清洁低碳的能源消费体系。根据每种车型制订特定的混合动力及存储设备解决方案，提高各种机车牵引用能的灵活性。

三、提升机车能效，优化站段能耗

总体来看，我国铁路能效与其他国家相比处于较高水平，但有部分原因是我国铁路的实载率比较高，拉低了单位客货周转量的能耗。单从技术角度看，我国铁路的节能减碳还存在一定空间。

（一）铁路牵引技术领域

1. 新型机车更新换代

1）加强直供电机车的应用改造，淘汰燃油发电车

采用直供电机车改造替代燃油发电车是减少发电车燃油消耗和碳排放的重要技术手段之一。据统计，某铁路局集团公司"十三五"期间，投资5000万元对6台机车和70辆客车进行直供电改造，加装380伏直供电装置。取消燃油发电车后，除可消除局部大气污染物排放、减轻噪声污染、改善沿线环境质量外，还可增加列车的有效编组数，减少发电车检修乘务成本和燃油消耗，实现节支增效，并有效消除燃油发电车运用安全及火灾隐患。未来应继续实施燃油发电车改造项目，做好机车节能改造技术应用，降低铁路二氧化碳直接排放。

2）组织实施"CR450科技创新工程"，持续扩大高铁领跑优势

CR450动车组是在CR400复兴号动车组基础上研发的更快速度、更加安全、更加环保、更加节能、更加智能的新型动车组，也是未来一段时间我国高速铁路动车组更新换代的主要方向。要按照CR450动车组制动距离、能耗、噪声等指标与CR400复兴号动车组350千米/时运行时基本相当的顶层要求，开展车辆动力学、模态、轻量化关键技术研究，攻克车体结构、减振降噪材料、高强度铝合金型材技术难题，深化转向架悬挂技术、轮对驱动技术、轮轴和轴承技术、轻质高强度材料应用技术研究。开展牵引系统永磁电机、碳化硅大功率器件、高效变压器、新型受电弓技术研究，推进制动控制、风阻制动、碳陶制动盘等高性能制动技术研究，深化列车以太控制网络技术、列车监测诊断网络技术、信息安全技术、服务设施小型化智能化技术创新，确保CR450动车组在运营方面更加绿色低碳。

此外，还要加快制定CR450动车组总体技术条件，进行基础理论及关键技术攻关，推进动车组样车设计、制造、试验验证，打造更高速、更安全、更环保、更节能、更智能的新一代高速动车组技术平台，为实现铁路高质量发展、践行交通强国铁路先行历史使命提供重要推动力，同时为进一步提高铁路运输效率、早日实现铁路碳达峰提供重要支撑。

2. 机车永磁同步牵引系统

根据统计，牵引系统能耗占铁路系统总能耗的40%～50%，是铁路机车车辆节能升级的关键。因此，改进和创新牵引系统是国内外铁路机车车辆节能降碳发展的方向。机车永磁同步牵引系统的电机功率质量比接近1，电机效率为97%以上，与现有的异步电机牵引系统相比，噪声可降低3～7分贝，节能效果一般在

10%以上，该技术在一定程度上已经成了铁路机车牵引节能降碳领域的关键技术之一。随着相关技术的不断完善，永磁同步牵引系统未来在铁路机车牵引方面有着十分广阔的应用前景。

列车牵引用能占据铁路整体用能的主要部分，在高速列车逐渐成为我国铁路运输主要工具的大背景下，新一代永磁同步牵引系统对于降低高速列车牵引用能、打造低碳环保的高效运输方式具有十分深远的意义。该项技术已经开展了试验性装车测试，我国铁路正在抓紧开展一系列安全、质量及全寿命周期性测试。

未来应加强对国外永磁同步牵引系统技术的学习和产品化研究，优化永磁电机的制造工艺，加快推进永磁电机的低成本化发展，重点研究和突破永磁体失调等关键性问题，加快推进永磁同步牵引系统全生命周期试验。结合车体材料轻量化等相关技术，打造绿色低碳移动装备，助力铁路绿色发展。

3. 列车牵引供电系统制动能量回馈技术

相对于传统的再生制动能量直接反馈回电网而白白浪费掉，再生制动能量利用技术能有效提高再生制动能量的利用率，具有良好的节能效果及经济性，对实现高速铁路的节能减碳具有重要作用。

在高速铁路、重载铁路领域开展再生储能技术研究意义重大，不仅能够提高再生制动能量利用率，实现高铁节能减支，还能有效降低再生制动反馈的负序电流，提高牵引供电网稳定性。随着我国高速铁路运营里程的不断增加，列车再生制动反馈的能量越来越多，进行再生制动能量回收利用对牵引节能减碳起到重要作用，具备十分广阔的应用前景。

储能型和储能+能量回馈型再生制动能量利用方案均能有效提高再生制动能量的利用率，具有良好的节能效果及经济性，对实现高速铁路的节能减支具有重要作用。在对铁路牵引供电系统和铁路10千伏配电系统负荷进行科学化分析的基础上，发掘负荷变化规律，制定变流器、储能系统、能量回馈系统等各子系统科学合理的控制方法。此外，如何对储能装置的容量进行合理配置以实现经济利益最大化，是未来研究的重点。

再生制动能量是清洁高效的，未来可充分利用列车在起停阶段产生的再生电力，打造不通过变电站而直接传输再生电力的系统。该设备以最短的线路输送再生电力，以使产生的再生电力尽可能多地得到利用。针对重载铁路和长大坡道线路特点，未来应加强对重载铁路再生制动储能系统及其控制策略的研究，突破功率融通、大容量储能等关键技术，提高牵引供电节能技术水平。

4. 电气化铁路节能型牵引变压器

目前国内外已经能批量生产35千伏及6300千伏安以下的配电变压器,但110千伏以上大型电力及牵引变压器受工装设备技术水平所限,制造难度较大,在该节能变压器研制之前国内外均为空白。根据变压器原理,变压器容量越大,同等时间耗能越多。目前铁路220千伏牵引变电所数量众多,牵引变压器产生的能耗不容小觑。

加快变压器的低成本化研究,提高产品的技术成熟度,开展更多牵引变电所的应用研究;加快节能型牵引变流器先进技术研究,进一步提升牵引变电站节能技术水平。

5. 车辆新材料应用

推动新材料在铁路的应用,研究超导材料、高强度高导材料及纳米材料、碳纤维复合材料、改性工程塑料、绝缘结构材料等在工程领域的应用技术。通过轻量化选材和结构设计,减轻车体结构质量,提高同等动力装置的运转性能,降低编组列车中的空车比率或缩短运转时间,直接降低运转动力费用,间接减少轨道维护费用。

(二)铁路建筑节能技术领域

1. 光伏发电技术

由于铁路行业光伏发电应用项目开发相对较晚,目前仅用于少数的高铁车站和青藏铁路沿线,其他方面的开发基本没有展开,铁路企业的大部分能用于安装光伏发电设备的空间资源(土地和屋顶)没有被利用,将来开发利用的潜力非常可观。尤其是像青藏铁路沿线和西北的广大区域,光照条件十分充足,光伏应用前景更为广阔。铁路有大量大型场站,如高铁车站、大型客货车站、物流中心、车辆检修基地等;铁路沿线站区、铁路系统生活区,都有大量屋顶可以用来建设光伏发电系统。此外,铁路路网规模的不断扩大,必然带来能源消耗量的增加。铁路应用光伏发电系统,除了满足自身用电需求、节约大量电费外,还可以通过余电上网的方式获取利润,产生良好的经济效益,在节能减排的同时对铁路的提质增效起到重要作用。另外,应用光伏发电系统还有利于提高铁路新能源发电应用比例,优化铁路能源消费体系。在国家碳达峰碳中和战略和铁路绿色发展的内在需求下,随着电力电子和电网技术的发展,光伏发电质量进一步提升,光伏发电技术在铁路中的推广应用前景将更加广阔。

对于未来铁路光伏发电系统运营模式,自发自用、余电上网的方式仍旧是铁路运输企业应用光伏发电系统最为合理的方式,此种模式下用户获得的经济效益最大,投资回收期最短,且用户的自用比例越高,经济性越好。因此建议铁路站房等区域采用分布式光伏发电系统,上网模式采用"自发自用、余电上网"的方式,并根据地域限制、投资规模和站房实际用电量需求设计光伏系统安装容量,尽可能保证站房用电占光伏系统发出的电的比例越高越好。此外,对于铁路光伏发电系统建议安装带有远程自动监测功能的光伏发电系统,方便用户实时掌握光伏系统发电及用电情况,及时发现系统损坏情况,实现系统诊断、定位和预警功能,提高光伏系统的安全性、可靠性和系统发电效率。

为了更好地吸收和消纳光伏发出的电,还可结合储能和电动汽车充放电系统,组成智能微电网系统,实现站内用电资源的最优化调配。

2. 建筑围护结构改造

目前铁路新建建筑的围护结构均有保温设计,但是大部分老旧建筑由于设计年代久远,无保温隔热措施,冬季室内供暖热量通过门窗、墙和屋面散失很多,造成房间温度下降、热负荷增加及供暖能耗增加;有些地方甚至存在破损,造成冷风渗入,会产生不必要的供暖能耗损失。

随着我国铁路客流量的增加,部分客站冷热负荷需求剧增,加上大部分铁路站房外墙结构均为玻璃幕墙,保温隔热效果并不理想,造成夏季空调用电负荷增加。因此,进行适用于铁路客站的新型保温隔热材料研究和利用对于降低铁路客站用能负荷从而减少二氧化碳排放量具有十分重要的意义。

目前,大部分铁路客站外墙均为玻璃幕墙结构,造成铁路客站保温隔热性能的下降,从而增加了空调冷热负荷能耗。未来应加快开展适用于高大站房玻璃幕墙结构的保温隔热材料和技术研发,应用功能性纳米材料等提升建筑的保温隔热效果,推广建筑节能新技术、新构造、新材料。同时,在设计阶段对建筑围护结构和冷热负荷模型进行充分模拟,研究建立适用于铁路大型客站等建筑的围护结构模型,结合当地环境情况、客流量及未来发展潜力等因素,从源头上提高铁路建筑围护结构的节能优化水平。

3. 绿色照明技术

大部分 LED 照明灯具工程改造的经济回收期在 5 年以内,节能经济效果十分明显。随着节能灯具、智能照明控制技术等绿色照明技术的发展,绿色照明技术在新建铁路建设项目沿线及既有建筑照明控制等方面仍旧拥有良好的发展应用前景。

随着我国铁路对既有建筑所用光源的灯具节能改造逐渐完善，我国铁路大部分建筑的照明灯具均更换为 LED 节能灯具。与此同时，大部分照明灯具控制仍采用传统的人工开关进行，存在一定的照明浪费现象。在此基础上，应加快对照明系统的智能控制工作，重点开展对大型铁路客站及办公建筑的智能照明控制技术应用。在新建站段设计智能照明控制系统，从源头避免照明能源浪费；对原有具备条件的场所进行改造，采用科学的智能照明控制系统对大型客站和站段的照明系统进行分区域、精准化、智能化控制，对公共区域进行人体感应智能照明控制，并实现根据照度和人体感应的多重控制功能，最大程度地减少照明浪费，节约照明用能。

4. 建筑材料循环利用

探索铁路资源循环利用发展模式，着力推行标准化设计、工厂化预制和装配化施工，推广应用新型节能材料、工艺、技术和装备。加强新旧设施更新利用，推广建筑施工材料、废旧材料等再生资源回收综合循环利用，推进建设项目渣土等资源化利用。

研究具有稳定服役性的辙叉材料、桥梁高强度耐候钢、减振降噪用钢轨约束阻尼材料、无砟轨道降噪吸声材料，研发应用无砟轨道、桥梁、隧道等修补、加固新材料和新工艺。

四、发展铁路低碳智慧体系

（一）低碳智能建造

开展面向全生命周期的协同化设计、数字化制造、智能化施工、装配式建造技术研究，推进基于数字孪生的智能建造技术研发，以 BIM（building information modeling，建筑信息模型）为核心数字孪生平台，深化基于 BIM+GIS（geographic information system，地理信息系统）的空天地一体化勘探、参数化协同设计技术研究。加强梁场、板场、枕场、装配式构件场等智能化研究，逐步推进少人化、无人化施工的智能车间、智能工厂、智能工地建设，完善智能化施工装备体系，深入开展复杂山区长大隧道、大跨桥梁智能化装备研究。加强无砟轨道施工、路基填筑智能机械群施工技术研究，深化桥梁、隧道、站房装配式施工技术研究。

（二）低碳智能装备

智能装备基于全方位态势感知、自动驾驶、运行控制、故障诊断、故障预测与健康管理等技术，实现高铁移动装备及基础设施的自感知、自诊断、自决策、自适应、自修复，实现动车组的自动及协同运行，探索具备全面感知与泛在互联能力的智能装备关键技术，进行移动装备智能监控、智能诊断与智能服务关键技术攻关，深化动车组自动驾驶技术研究，推动编组站综合自动化系统智能升级；实现线路、通信信号、牵引供电等基础设施全生命周期精细化管理及优化配置，保持基础设施的最佳使用状态，推进牵引供电系统智能预警与健康诊断技术研究，探索基于无人机、检测机器人等的智能巡检技术。

（三）低碳智能运营技术

1. 铁路运输智能调度管理

随着网络与信息技术的深入发展，铁路运输调度加速从信息化向数字化、智能化、绿色化转变。智能铁路运输调度作为智能运营的重要组成部分，是指借助物联网、大数据、云计算和人工智能等先进技术，实现对客/货运动态需求、各种铁路资源的全息化感知、一体化实时决策、自动化控制和反馈，对运输态势与调度效果做精准实时判断，自动实现铁路资源在整体和局部上的最优分配与运用，节能高效地完成各项运输生产作业目标。智能运输调度系统主要实现智能感知、智能决策、智能操控和智能评价。

2. 优化列车驾驶技术

随着我国高速列车数量和里程的不断增加以及我国铁路货运量的逐年提升，未来应重点加快对高速列车和重载货车的节能驾驶技术研究，最大程度地降低列车牵引耗能。应加快算法和模型研究的产品转化速度，同时综合我国复杂的地质条件和线路环境，对高原隧道、长大坡道、进出站等重点场所开展节能驾驶控制策略研究，加快开发出适用于我国不同速度等级、不同牵引类型的铁路列车的节能驾驶控制系统，提供最节能的档位操纵方法。同时充分考虑列车启停特性，结合再生制动回收利用技术提高列车牵引能量利用效率。加大相应控制设备和控制系统的研发力度，结合列车自动驾驶系统，提高我国列车节能驾驶水平，降低我国列车牵引能耗。

3. 推进智慧货场建设

智慧货场是利用大数据技术对铁路生产系统数据、货场资源数据、历史作业数据进行深度整合、优化，结合智能终端设备的应用，自动分配作业计划、实时掌控作业进度、分析作业瓶颈点、实时定位跟踪，提升铁路货场智能化水平。国铁集团正大力推进智慧铁路物流基地建设，物流基地智能化建设主要内容包括开展数字化集装箱堆场系统、集装箱门吊远控系统、货场数字化门禁系统、装卸设施设备控制系统、货场自动转运机器人系统等物流基地智能化建设。在作业量较大的铁路物流基地，积极推进数字化场站建设试点，逐步强化智能化功能，形成示范效应。

4. 推动智能客站运营

智能客站以现代铁路管理为发展力量，依托云计算、物联网、大数据、人工智能、数字孪生等技术，达到旅客便捷出行、精准旅客服务、高效生产组织、协同应急保障目标，最终形成一套智能出行服务、智能生产组织、智能安全保障有机统一的新型生产服务系统。

铁路客站能源管控系统可满足管理者通过一个页面掌握整个客站的能源消耗情况及需求。通过融合各能耗子系统，实现对能源消耗的精细化管理，包括对客站内各类能源消耗系统的日常实时监控、能耗分析、重点用能设备自动控制和远程控制等多种功能，帮助客站管理者制定科学合理的考核、评价管理制度，提高整个客站能源管理的数字化、科学化和智能化水平。铁路客站能源管控系统以能源管理和节能决策为目标，实时采集客站内各类耗能设备系统的运行信息与能耗相关的数据，通过分析、控制和管理等手段，优化用能，消除能源浪费，提高客站运营管理的效率与服务质量，实现客站能源消耗的最低成本控制。

随着铁路对 BIM 运维管理平台等关键技术的高度重视，以及加快建设铁路统一的信息化平台和大数据中心的战略需求，铁路客站能源管控系统将朝着更加科学智能、标准统一、绿色高效的方向发展，实现能源管理的全局性、动态性和科学性。未来的能源管控系统标准更加统一、可扩展能力强，能够为铁路统一的信息化平台建设提供基础。科学的能源管控系统将全面提升铁路客站运营管理水平，打造舒适高效、低碳环保的绿色客站，为客站的节能低碳绿色运营提供技术指导和决策支持。

（四）低碳与新一代信息技术融合

随着新一代信息技术在能源管理行业崭露头角，在能源平台建设和节能管理大数据分析、碳交易平台建设等方面，铁路运输均可与物联网、大数据分析、区块链技术实现深度融合，有效提升铁路节能降碳技术水平，不断推动铁路节能降碳技术走向新的高度。信息技术和节能降碳技术的发展与铁路的融合能够助力我国铁路节能降碳管理水平进一步提升。

物联网技术能够根据各种传感器技术和传输技术，对铁路能耗数据进行实时监测和监控，帮助节能管理人员方便快捷地收集数据。节能方面，加快物联网技术在我国铁路基础设施运维及全寿命周期监控监测的应用，建立以关键设备在线故障监测和诊断为基础的智能运维和能源系统，部署传感器实施设备状态监测和故障预警，降低铁路设备运维成本。利用铁路大型耗能设备和耗能场所的传感器数据采集进行能耗精确感知，结合数据分析技术发掘节能管理规律。

在能源管理信息化快速发展的趋势下，建立节能数据管理和监控信息化平台已经成为铁路未来节能管理的方向。云技术可将铁路采集的各类节能数据在云平台进行大量存储，并在此基础上对数据进行分析计算，增加了铁路节能系统大规模部署能力和数据处理能力，同时解决了不同软硬件厂家协议标准不统一的问题。因此，可充分利用云技术的优势将铁路节能信息化平台搭载于云平台之上。

大数据分析技术不仅能够对大量的节能数据进行快速检索和查询，还能将节能数据转化为智能数据。算法作为大数据分析的核心和关键，是铁路节能技术向智能化发展的重要方式。未来可将关联规则学习、聚类分析法、支持向量机、神经网络算法等大数据分析方法与节能环保技术相结合，获取不同环境下设备节能数据与设备运行管理之间的关系，建立更为科学精确的节能数据分析模型，发掘节能降碳规律，从而帮助管理者制定更加合理的节能控制策略，减少铁路能源消耗和碳排放水平。

5G技术具有高数据传输速率，能够有效减少数据延迟、节省能源、降低成本、提高系统容量和实现大规模设备连接。目前已经在列车安全通信、智慧出行、综合检测等方面开展了研究应用，未来应充分利用我国5G技术发展优势加快其在铁路节能降碳领域的应用，将5G技术与列车自动驾驶技术紧密结合，提高列车驾驶水平，降低列车牵引能耗。此外，还可利用5G技术加快铁路节能数据采集和传输效率。

区块链技术大发展能够为云计算、大数据、移动互联网等新一代信息技术的发展带来新的机遇。因此，铁路应加快进行区块链技术在铁路节能领域的场景、可行性及系统架构研究，推动区块链技术与铁路节能降碳技术的深度融合。随着分布式能源在铁路应用范围的逐渐扩大和碳交易平台在铁路未来市场的应用，分布式能源发出的电力越来越多，未来可逐步试点区块链技术与铁路分布式可再生能源、碳交易平台等场景的结合，建立能源流动和交易机制，通过不同用能单位共同维护可信任的分布式账本，能够实现未来能源交易中能量流、信息流和价值链的有效衔接。在铁路可再生能源项目评估过程中，区块链技术将有助于检验项目来源是否符合预期节能效果，也可以根据平均市场价格对能源进行计价，一旦节能效益可观将能够有效推动可再生能源项目的发展。

五、创新铁路低碳组织体系

（一）创新铁路低碳管理体系

1. 加强碳资产管理

碳资产管理的目的在于通过高效使用碳资产为企业创造更大的效益，根据目前的碳资产交易制度，主要分两部分碳资产进行管理，一是已经或即将纳入碳交易体系的重点排放单位免费获得或参与政府拍卖获得的碳资产配额；二是未被纳入碳交易体系的非重点排放单位通过自主减排行动得到政府认可的自愿减排碳资产。

1）建立碳排放管理信息化系统

研发建立碳排放管理信息化系统，配备碳排放监测装置，形成铁路部门的温室气体统计、核算和管理体系。在组织架构上，设立碳排放权交易专门机构，统一管理碳盘查、交易、履约、碳资产开发等事宜。在制度管理上，编制铁路运输企业温室气体排放统计管理规定、配额履约及交易规定、自愿减排项目开发规定等；完善碳会计信息披露制度，建立碳绩效评估指标，为资本市场投资者提供铁路低碳信息；鼓励铁路企业参与交通运输碳金融产品交易，尝试多种市场减排产品。在人员配备上，建立碳交易人才培养机制，不定期开展铁路碳交易机制建设、运行和管理等专题培训，建设铁路碳交易专业人才队伍和铁路碳交易专家库，增强铁路行业对碳排放控制及碳资产管理的认识，进一步提升绿色低碳能力。

2）开展碳配额和自愿减排量管理

大部分铁路企业属于未被纳入碳交易体系的非重点排放单位。2018年北京市重点碳排放单位名单中与铁路运输企业相关的单位包括中国铁路北京局集团有限公司，中国铁路上海局集团有限公司从2013年到2015年进行了3年碳试点交易，2015年之后不再被作为重点控排企业进行碳核查。另外，铁路碳排放占全国总碳排放的比例较低，并未纳入全国碳排放权交易市场。国铁集团下属单位多，各铁路局有其特有的性质，碳市场中的核算、报告、配额、交易等工作覆盖数据多，牵涉部门广，因此铁路企业可成立专门的碳市场管理部门，对全国铁路系统内碳排放数据报告、配额分配和碳交易进行统一管理，实现铁路行业内部碳交易相关的统筹，及时发现行业在碳市场建设中的需求和问题，更好地与国家主管部门进行沟通。

3）引导推行碳普惠机制

碳普惠机制是近年来国内低碳发展领域提出的一项重要工作创新，旨在构建引领和激励公众践行绿色低碳行为的正向引导机制。作为环境权益惠及公众的具体表现，碳普惠机制主要以公众个人为制度设计对象。具体而言，碳普惠机制通过量化公众低碳行为产生的碳减排效益，给予其相应的碳积分，并允许公众用碳积分在碳普惠平台上换取普惠产品、商业优惠、公共服务等，使碳积分在个人、企业间流通，将低碳行为与生产、消费链接。

依据碳普惠机制核心要素确立铁路碳普惠减排场景，铁路旅客出行活动包括三个方面，利用铁路出行、购票及取票、在车站以及车厢内的消费活动。针对上述环节，分别识别乘客可实施的减排活动，并分别分析其减排效益及可行性。以城际铁路为主，引导铁路旅客选择绿色低碳出行方式。此外，可以铁路企业员工为普惠对象，建立激励机制，倡导员工践行低碳办公行为。提升员工减碳意识，鼓励员工绿色办公、绿色出行，充分调动和鼓励员工参与铁路碳减排工作。

从目前的碳普惠实践状况看，铁路推动碳普惠试点示范在低碳出行的应用可以通过以下办法实行。一是落实资金保障，在试点示范初期需要提供足够的资金满足公众碳积分兑换需求，逐步降低低碳行为的普惠资金对政府财政资金支持的依赖性，进一步纳入社会资本；二是推动可持续的运营方式，组建长期运营的专业团队；三是加大公众宣传，鼓励民众主动选择更为低碳的高铁运输模式，通过普惠机制内部的运作，达到正向循环的效果。

2. 减污降碳协同增效

铁路减污针对的是燃煤燃油锅炉排放、污水排放以及内燃机车排放的氮氧化物、二氧化硫和化学需氧量，降碳针对的是不同设备的能源消耗，二者相辅相成。为实现铁路减污降碳协同增效，需积极应用高效污水处理和回收利用技术装备，在控制成本及污水处理稳定达标的前提下，提高污水资源化利用水平，节约新鲜用水量和成本，逐步解决部分老旧车站的污水未纳入污水处理管网等遗留问题；持续开展既有燃煤燃油锅炉的清洁能源替代，强化挥发性有机物治理；加强散装货物储运装、煤运列车粉尘管控和污染治理；开展垃圾分类收集管理，规范铁路危险废物处置与管理，提高资源化利用率，促进减量化、无害化；开展机务段、车辆段、动车段等单位的土壤污染监测与修复研究。

3. 加强国际交流合作

围绕六大国际经济合作走廊，构建互联周边、联通亚欧、辐射"一带一路"

的铁路国际运输大通道，推进互联互通绿色基础设施建设。

1）推进绿色"一带一路"建设

以铁路为代表的交通基础设施互联互通是"一带一路"合作的核心，同时，铁路基础设施占地大、工程复杂等特性使得其不可避免地对生态环境产生一定影响。因此，应深化与各国在铁路绿色技术、绿色装备、绿色服务、绿色基础设施建设等方面的交流与合作，积极推动我国铁路绿色低碳技术和产品走出去，发展高质量、高技术、高附加值的绿色产品贸易。

2）加强国际交流与合作

铁路行业将履行《联合国气候变化框架公约》及《巴黎协定》，加强应对气候变化国际交流合作，主动参与全球铁路行业气候和环境治理。国际铁路行业将能源和碳排放作为重点工作内容，国铁集团应充分利用"一带一路"平台，加强铁路国际交流互鉴及对外宣传，扩大对外交流合作"朋友圈"，提升国际交流合作深度和广度。完善国铁集团在企业层面牵头铁路走出去的工作机制。加强与重要铁路及环保国际组织沟通，全面参与国际组织事务。深化铁路能源和碳排放国际规则与标准的制定合作，加快中国铁路技术标准国际化，提升中国铁路品牌国际话语权与影响力。

（二）建立铁路领域碳排放统计核算体系

铁路运输企业具有其独特的管理运行特点，各铁路局集团公司和合资公司存在线路交叉以及企业管辖范围跨省份的情况。铁路运输行业温室气体排放报告与核算若按照现行属地化管理方式进行拆分，将与铁路行业当前数据统计基础存在冲突，从而导致大规模的数据拆分工作，难度大且数据不准确，因此，铁路运输行业在进行温室气体排放核算与报告工作时，应明确核算边界要求，以国铁集团下辖的18个铁路局企业法人管控范围边界进行核算，而不应依据铁路局所在行政区域进行核算。因此，在主管部门将铁路运输行业纳入核查前，应引导主管机构在铁路运输行业碳排放政策制定过程中制定统一的核算边界，为争取合理的碳排放权益打下基础。

铁路运输企业主要温室气体排放源为机车牵引过程排放，为了更加准确地衡量行业排放水平，建议应从牵引过程排放入手，进一步细化各类型机车牵引排放核算要求。因此，铁路局有必要进一步细化行业企业能耗统计要求，建立碳排放监测和核算体系，对排放强度的影响因素进一步评估，如根据铁路运输行业列车功能分类统计，铁路运输列车可分为货运和客运，货运与客运分别又可分为高铁、动车和普铁。针对不同功能进行能耗的分类统计，将更有利于企业掌握自身能耗情况以及排放量核算的准确性，也为后续政策制定做好了数据支撑。

（三）铁路低碳技术评价体系及标准化平台建设

2021年10月，中共中央、国务院印发《国家标准化发展纲要》，第四节完善绿色发展标准化保障中第十一条提出建立健全碳达峰、碳中和标准，加快节能标准更新升级，抓紧修订一批能耗限额、产品设备能效强制性国家标准，提升重点产品能耗限额要求，扩大能耗限额标准覆盖范围；加快完善地区、行业、企业、产品等碳排放核查核算标准；制定重点行业和产品温室气体排放标准，完善低碳产品标准标识制度。2022年4月，国家发展和改革委员会、国家统计局、生态环境部印发《关于加快建立统一规范的碳排放统计核算体系实施方案》，第五条提出建立健全重点产品碳排放核算方法。

目前铁路局集团公司亟须统一规范的碳排放评价体系和标准，对铁路实现近零碳过程中的各项工作进行规范，完善铁路企业低碳发展内部流程。2015年11月，国家市场监督管理总局和国家标准化管理委员会批准了工业企业、发电企业、电网企业温室气体排放核算和报告等11项国家标准；2023年4月，国家标准化管理委员会等十一部门联合印发《碳达峰碳中和标准体系建设指南》，鉴于此，有必要开展国家铁路碳排放和产品标准制定研究和推进工作，建立和完善铁路碳排放核算和低碳产品标准标识制度。

第三篇

公 路 篇

第十二章
公路运输低碳发展现状与形势

一、公路运输能源消耗及二氧化碳排放现状

（一）公路运输能源消耗现状

1. 能源消耗总量

1）公路运输装备

2020 年公路运输装备产生的能源消耗量约为 4.23 亿吨标准煤。公路运输最大的能源消耗来自中重型货车，占比接近 50%，其次是小型客车，占比超过 35%，如图 12-1 所示。

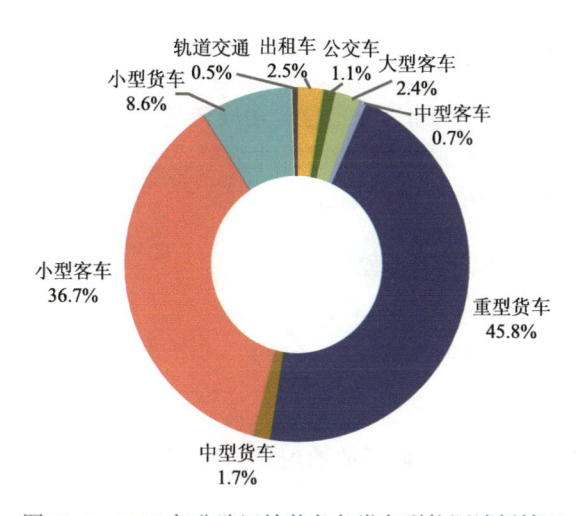

图 12-1　2020 年公路运输装备各类车型能源消耗情况

2）公路运输枢纽

由于公路客货运场站数量庞大，且缺乏统计基础，公路基础设施运营环节的能源消耗缺乏统计数据，根据《基于气候分区的公路客运场站能耗及能效等级研究》的测算，调研回收的全国 11 个省（自治区、直辖市）的公路客运场站年平均能源消耗共计 563.4 吨标准煤。

2. 能源消耗结构

目前公路运输用能以化石燃料为主，柴油是公路交通运输工具的主要燃料，占比近 55%，清洁能源与新能源占比仍较小，占比不足 10%，运输装备和机械设备的能源清洁化水平仍然较低，如图 12-2 所示。

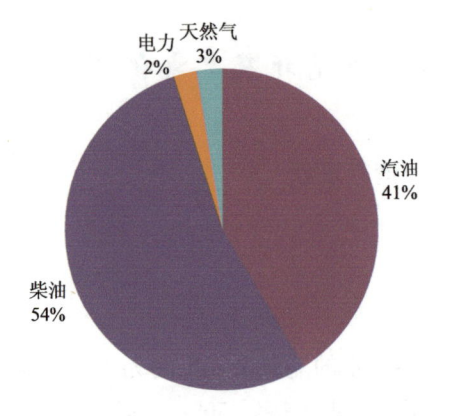

图 12-2　2020 年公路运输装备能源消耗情况

3. 能源消耗强度

2020 年，我国营运性公路运输单位运输周转量能耗，客运为 14.4 吨标准煤/百万吨公里，货运为 33.5 吨标准煤/百万吨公里。公路客运周转量与公路货运周转量之间的换算比例为 10∶1。

（二）公路运输二氧化碳排放现状

1. 二氧化碳排放总量

1）公路运输装备

我国公路运输是交通运输碳排放的重点领域，2020 年公路运输装备碳排放量达到 8.82 亿吨，如图 12-3 所示。

第十二章　公路运输低碳发展现状与形势　137

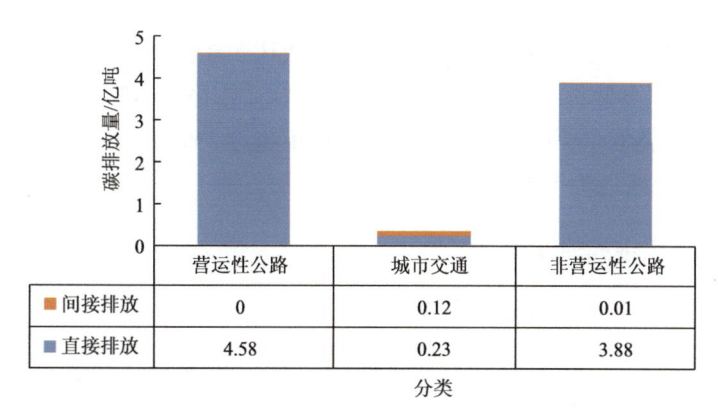

	营运性公路	城市交通	非营运性公路
间接排放	0	0.12	0.01
直接排放	4.58	0.23	3.88

图 12-3　2020 年公路运输装备二氧化碳排放总量

2）公路运输枢纽

公路基础设施运营环节的碳排放缺乏统计数据，根据《现代物流中心运营阶段 CO_2 排放计算分析》的测算，文献检索部分公路基础设施运营环节二氧化碳排放量，如宜昌市白洋港现代物流中心的物流园区装卸作业二氧化碳总排放量为 2772.49 吨/年，排放总量较少。

2. 二氧化碳排放占比

2020 年，公路运输中重型货车的碳排放量最大，重型货车行驶里程长、承运量大，碳排放量达到 4.2 亿吨，约占公路运输碳排放总量的 47%（图 12-4）。其次是小型客车（乘用车），近年来我国小型客车市场规模持续扩张，2020 年我国小

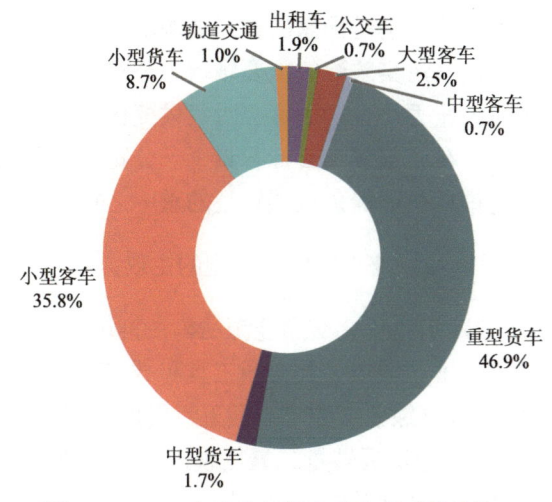

图 12-4　2020 年公路运输各类车型碳排放情况

图中百分比由于经过四舍五入，合计可能不等于 100%

型客车保有量超过 2.2 亿辆，随之产生的碳排放达到 3.2 亿吨，约占公路运输碳排放总量的 36%。小型货车碳排放量约为 0.7 亿吨，占公路运输碳排放总量的比例超过 5%。其他类型车辆碳排放占比较小，均不超过 3%。由此可见，重型货车和乘用车是我国公路运输节能减排的关键。

3. 二氧化碳排放强度

1) 公路客运单位周转量碳排放

2020 年，公路客运单位周转量碳排放为 33.8 吨/百万人公里。由于公路客运间接排放较少，直接碳排放强度与间接碳排放强度差异不明显。

2) 公路货运单位周转量碳排放

2020 年，公路货运单位周转量碳排放为 69 吨/百万吨公里。由于公路货运间接排放较少，直接碳排放强度与间接碳排放强度差异不明显。

二、公路运输清洁低碳发展面临的形势和挑战

（一）面临的形势

1. 公路运输绿色低碳发展需求迫切

交通运输部门在应对气候变化、保障能源安全和保护生态环境等方面都起着举足轻重的作用，减少交通运输部门的能耗和排放已成为国际共识。公路运输是我国运输量最大的运输方式，也是国家的重点能源消费部门，更是交通运输领域最主要的碳排放来源和大气污染防治的重要领域。公路运输高速发展对能源资源和生态环境都带来了巨大压力，也给国家应对气候变化、保障能源安全和治理空气污染带来了严峻挑战。在"双碳"目标背景下，公路运输已成为影响交通运输碳达峰的关键领域，是推动交通绿色低碳转型的重中之重。

2. 公路运输是交通运输行业绿色低碳转型的主攻方向

《交通强国建设纲要》指出优化交通能源结构，推进新能源、清洁能源应用，促进公路货运节能减排，推动城市公共交通工具和城市物流配送车辆全部实现电动化、新能源化和清洁化。《绿色交通"十四五"发展规划》明确提出一项目标：到 2025 年，营运车辆单位运输周转量二氧化碳排放较 2020 年下降 5%。"十四五"时期是推动减污降碳协同增效的关键时期，交通运输部针对公路领域印发了《公路"十四五"发展规划》，强调要推进公路绿色发展，推动公路交通与生态保

护协同发展，继续深化绿色公路建设，促进资源能源节约集约利用，加强公路交通运输领域节能减排和污染防治，全面提升公路行业绿色发展水平。各类政策规划对公路运输碳减排作出了系统部署，公路运输绿色低碳转型是交通运输部门落实"双碳"目标的重要抓手。

3. 技术创新为公路运输绿色转型带来巨大推力

新能源、新技术、新模式在公路运输领域加快应用，推动汽车、能源、交通、信息通信等领域协同发展、相互赋能。相比其他交通运输领域，公路运输新能源技术路径相对明确，近年来交通燃料技术的研发突破与成熟商业化，使得纯电动汽车、氢燃料电池汽车以及多种节能技术与清洁燃料技术不断普及，新能源汽车产业在我国得到了飞跃式的发展。在智能信息技术高速发展的背景下，智能调度、车辆追踪、车路协同、自动驾驶、交通控制等技术手段日趋成熟，物联网、大数据、云计算、自动化等数字技术的广泛应用更将重构未来公路客运出行和货物运输场景，大幅提升公路运输系统效率。交通与能源、信息等领域技术加速融合，"分布式光伏+储能+微电网"交通能源系统、交通基础设施综合能源补给站以及新能源运输装备等不断涌现，带动交通基础设施实现绿色化升级。

（二）存在的挑战

1. 公路运输需求将持续增长

公路运输是居民出行、物流服务的基础支撑和保障。随着经济社会的快速发展和居民生活水平的不断提高，居民出行需求更加旺盛，外贸货物运输将保持长期增长态势，大宗散货运量未来一段时期内保持高位运行状态。根据《国家综合立体交通网规划纲要》，未来旅客出行需求稳步增长，高品质、多样化、个性化的需求不断增强。预计 2021~2035 年旅客出行量（含小汽车出行量）年均增速为 3.2% 左右。东部地区仍将是我国出行需求最为集中的区域，中西部地区出行需求增速加快；货物运输需求稳中有升，高价值、小批量、时效强的需求快速攀升。预计 2021~2035 年全社会货运量年均增速为 2% 左右，邮政快递业务量年均增速为 6.3% 左右。公路运输需求"量"与"质"的双刚性增长将导致公路运输碳排放持续增加。

2. 新能源车辆更新迭代仍需要较长时间周期

我国公路运输工具保有量数量庞大，截至 2021 年底，全国汽车保有量达 3.02 亿辆，全国新能源汽车保有量达 784 万辆，占汽车总量的 2.60%；传统燃油汽车占汽车总量的 97.4%，约 2.94 亿辆。我国目前每年的汽车销量大约为 2300 万辆，即使全部为新能源汽车并且淘汰同等数量的传统燃油汽车，也需要十余年的时间，而目前我国汽车销量中新能源汽车的占比在 25%左右，且不可能淘汰同等数量的传统燃油汽车，大规模的存量燃油汽车实现新能源汽车的全面替代尚需时间。

3. 新能源技术发展的未来仍然存在不确定性

尽管近年来新能源小型乘用车和轻型物流车技术逐步成熟，但重型货车等短期内还缺乏成熟的能源替代方案，如新能源重型货车未来在续驶里程、有效载重方面仍看不到清晰的可实现目标。从技术成熟、产能支撑、消费意愿以及基础设施配套上看，均存在诸多不确定性。公路运输领域新能源技术的成熟商业化应用，离不开全社会、各行业、各部门的共同努力，需要实现车辆技术成熟、产能初具规模、能源供给稳定、消费意愿强烈以及基础设施配套完善的新能源汽车产业生态。

4. 公路运输组织效率有待提升

先进组织模式和技术手段应用不够。甩挂运输等高效运输组织模式仍发展缓慢，存在拖挂比例低、区域发展不平衡、运营模式简单、企业管理水平与合作程度低、基础设施建设与技术应用落后等问题。共同配送、统一配送、集中配送、分时配送等集约高效的城市配送模式应用仍不广泛，城市配送整体效率还有待提高。物联网、大数据、云计算等智慧物流新兴技术的应用仍存在海量数据处理能力不足、基础设施不足、技术人才不足等问题。

5. 公路基础设施建设水平尚不适应交通清洁低碳转型的需要

当前公路基础设施供配电系统主要满足基础设施日常用电，无法满足未来新能源车辆充换电站的建设要求；公路沿线充换电站、加氢站等供能设施也不足以满足未来大量的清洁能源车辆用能需求。公路与能源两大系统融合发展仍在起步阶段，两大系统的统一规划设计不足，相关标准规范缺乏，应用场景和核心技术仍待进一步深入研究。

第十三章
典型国家/地区公路低碳发展历程及启示

一、典型国家/地区公路低碳发展历程

（一）欧盟

1. 欧盟碳排放现状

根据欧洲环境署发布的数据，2017年欧盟温室气体排放量约为31.3亿吨，其中27%来自运输部门（如果不包括国际航空和海运排放，则为22%）。运输部门（包括国际航空和国际航运）中，公路运输占温室气体排放总量的近72%。

2. 欧盟碳排放目标

欧盟在2020年发布《可持续和智能交通战略》以削减交通运输领域的二氧化碳排放，并针对公路运输部门提出了明确、定量的发展目标：到2030年，至少要有3000万辆零排放汽车和8万辆零排放卡车在欧洲公路上行驶；到2050年，几乎所有汽车包括货车、公共汽车及新型重型车辆等都将实现零排放。

3. 欧盟公路运输低碳发展措施

1）政策措施

欧盟出台了法律、战略、策略、规划等政策措施，明确了公路运输低碳发展目标要求和具体举措，通过出台《欧洲气候法》明确各成员国温室气体减排目标；通过发布《可持续和智能交通战略》明确道路运输零排放汽车的发展目标，以及运输结构调整方面"推动500公里以下的旅行实现碳中和"的目标；通过制定2030年"零排放城市物流"战略，更好地促进城市货运绿色发展；通过制定城市综合

发展战略和城市交通规划，推动城市低碳出行。

2）技术手段

优化运输结构方面，完善交通基础设施，建设欧洲"核心网络"。通过构建由通道组成的"核心网络"，整合欧盟的东西地区，与邻国建立前瞻性连接，建立欧洲交通一体化区域。到 2030 年建成全功能的多式联运泛欧道路运输网络的核心部分，到 2050 年建成高品质、高能力的基础网络。

能源替代方面，不断加大电力技术和氢燃料电池技术在车辆领域的应用，同时配套充足的充电基础设施和加氢站。

提高交通系统效率方面，依靠数字技术创建一个全面运营的跨欧洲多式联运网络，在城市交通领域将加大部署包括车辆导航系统、智能停车系统、共享汽车、驾驶辅助系统等在内的智能交通系统。

3）资金支持

多渠道融资，保障绿色交通发展。欧盟通过搭建基础设施资金框架、促进成员国采用公私合作模式，以及为运输部门设计新的融资工具（如欧盟首发的项目债券）等方式支持提高基础设施使用效率和降低碳排放技术的开发和部署。2020年，欧盟结构和投资基金中与交通相关的基金合计 700 亿欧元，其中支持低排放行动的资金为 390 亿欧元。这部分资金中的 120 亿欧元主要用于发展低碳交通、多式联运、可持续城市交通等。

设立专项补助资金，引导绿色交通发展。欧盟于 2003 年启动了推动多式联运的马可波罗计划，用于补助道路货物运输向铁路或水路转移等，每年预算约为 6000 万欧元。2014 年欧盟启动了"地平线 2020"，这是欧盟实施创新政策的资金工具，实施年限为 2014~2020 年，预算总额为 770.28 亿欧元，其中，智能、绿色和综合交通单项资金达到 63.39 亿欧元。

4）标准完善

欧盟委员会从始至终都保证了最低的车队平均排放目标，通过实施更为严格的能耗标准持续提升车辆能效水平。2017 年 11 月，欧盟委员会宣布温室气体排放标准升级，欧盟境内新车每公里碳排放必须在 2025 年降低 15%，在 2030 年之前降低 30%；2018 年 12 月，又将 2030 年的减排目标提高到 37.5%。欧盟委员会 2021 年的排放标准为乘用车 95 克二氧化碳/公里、轻型商用车 147 克二氧化碳/公里。同时，采用更为先进的车辆测试循环，如果新车测试无法达标，每公里超出排放限额 1 克罚款 95 欧元。

（二）日本

1. 日本碳排放现状

2017 年日本二氧化碳排放量为 11.9 亿吨，其中交通部门二氧化碳排放达到 2.13 亿吨，约占 17.9%，其中所有车辆产生的二氧化碳排放占交通部门的 86.2%。

2. 日本碳排放目标

2021年4月，日本宣布新的2030年温室气体减排目标，即较2013年削减46%，并努力向削减 50% 的更高目标去挑战。针对新能源汽车，提出到 21 世纪 30 年代中期时，实现销售的新车全部转变为纯电动汽车（electric vehicle，EV）和混合动力汽车的目标，从而实现汽车全生命周期的碳中和目标；到 2050 年将替代燃料的经济性降到比传统燃油车价格还低的水平。

3. 日本公路运输低碳发展措施

1）政策措施

根据日本汽车工业协会于 2018 年 11 月发布的《日本的电动化政策》，2030 年其目标为"新一代汽车"占国内乘用车的 50%~70%，其中混合动力车占 30%~40%，纯电动/插电式车占比为 20%~30%，燃料电池车占比 3%。

2019 年，日本经济产业省"汽车产业新时代战略会议"确定了 2050 年 "xEV"战略，即实现全球销售的所有日系车均为纯电动汽车，电动车市场占有率从 2019 年的约 30% 提升至 100%，每台汽车的温室气体排量较 2010 年减少 80%。

2021 年 6 月，日本经济产业省发布最新版《2050 年碳中和绿色成长战略》，其中进一步明确了电动汽车和燃料电池汽车的发展目标与运输部门的技术路线。

2）技术手段

强化动力电池、燃料电池、电机等电动汽车相关技术/供应链/价值链，包括大规模投资支持、技术开发和示范、轻型车和商用车电气化、支持建立数字开发基础设施以支持中小型供应商的业务转型、经销商电气化和业务转型支持等；支持车用合成燃料的大规模化与技术开发，包括提高现有技术的效率、降低成本、开发新技术和工艺，以及建立集成的制造流程；通过研究开发和技术应用，不断提高全固态锂离子电池和创新电池的性能，提高蓄电池材料性能，提供高速、高质量、低碳制造工艺，发展再利用/回收产业，提升电池储能提供电力供需调节能力等。

信息技术方面，推进满足各种出行需求的智能公交普及；推广 MaaS 系统；

利用新技术提高整个供应链的系统效率；推进无人机在孤岛和山区配送市场化，在城市内部分地区实现和部署无人机送货，提高无人机的性能，增加尺寸，并实现与多机远程操作有关的技术开发、技术验证和支持部署。

3）资金支持

2017 年，日本经济产业省的税收制度改革中指出，汽车产业是日本的骨干型产业，日本将着力通过国家车辆购置补贴与税收减免制度，促进电动汽车和混合动力汽车产业的发展，以此来降低新能源汽车在开发初期的价格，提高新能源汽车的购买需求与普及率。此外，东京都交通局多次大力向氢燃料电池市场投入研发资金，为燃料电池的技术研发作出了重要贡献。日本仍是迄今为止氢和燃料电池领域研究经费最高的国家。

4）标准完善

2019 年 6 月，日本经济产业省和国土交通省联合发布新燃油效率标准，2021 年起实施。新标准引入"well-to-wheel"（从油井到车轮）全生命周期监管措施，即燃料上游消耗也纳入监管范围。在乘用车领域，由于高比例的混合车，日本在 2013 年就达到了其指定的 2020 年的车队平均油耗目标（122 克二氧化碳/公里），并计划在 2030 年达到 74 克二氧化碳/公里；在轻型商用车领域，日本以 2022 年 133 克二氧化碳/公里的目标领先于世界各国。

（三）美国

1. 美国碳排放现状

2020 年美国化石燃料燃烧产生的二氧化碳排放量为 43.43 亿吨，其中交通部门二氧化碳占比达到 36.2%，约 15.72 亿吨。2020 年美国二氧化碳排放量为 47.15 亿吨，其中交通部门（公铁水航）二氧化碳排放约 15.20 亿吨，占比达到 32.2%。

2. 美国碳排放目标

2021 年 11 月，美国发布《迈向 2050 年净零排放的长期战略》，公布了美国实现 2050 年碳中和终极目标的时间节点与技术路径，并设定了 2030 年实现 50% 的电动汽车的目标。

在车辆碳排放控制方面，加利福尼亚州是美国车辆大气污染物和碳排放控制最为严格的地区，其目标是 2030 年的温室气体排放量比 1990 年的水平降低 40%。加利福尼亚州于 2020 年发布行政法令，要求到 2035 年所有乘用车和轻型货车实现新车 100%零排放。2020 年 6 月，加利福尼亚州空气资源委员会通过了《先进清洁卡车法规》，自 2024 年起对零排放卡车的销量占比提出要求，到 2035 年，4～

8 级整体式卡车（额定总质量范围为 6~15 吨）零排放新车占比达到 75%，7~8 级牵引卡车（额定总质量范围在 12 吨以上）零排放新车占比达到 50%；同时要求自 2030 年起，所有近零排放卡车的纯电续航里程都必须达到 75 英里（约 120 公里）。

3. 美国公路运输低碳发展措施

1）政策措施

设定零排放车辆的目标。15 个美国州政府和华盛顿特区都宣布了非约束性目标，如前文所述加利福尼亚州设定的目标、美国纽约州提出 2045 年中重型货车新车销量达到 100%零排放等。宏观的非强制目标是重型车新能源化的第一步。监管部门接下来需制定车辆生产企业可以遵循且具有可操作性的车辆管理法规。加利福尼亚州的《先进清洁卡车法规》是世界上第一个有约束力的零排放商用车生产法规。加利福尼亚州的此法规制定的依据是不同车型的温室气体排放差异，并不偏向纯电和燃料电池技术路径之间的某一个。长远来看，这能建立一个公平的竞争环境，支持最具成本效益的技术途径。

制定城市可持续发展规划，推动交通减排。例如，美国旧金山迄今为止，已发布多项应对气候变化的政策文件。为在 2050 年实现零碳城市，交通运输减排设定的目标是到 2030 年步行、骑自行车出行和公共交通出行行程占比达到 80%，25%的私家车和卡车实现电动化，全市公共汽车拟在 2035 年前 100%实现电力驱动，到 2040 年 100%的私家车和卡车实现电动化。面向 2030 年，旧金山交通运输部门减排重点是推动私家车和卡车向零排放汽车转型，同时坚持实施公共交通优先等关键政策。

2）技术手段

在轻型、中型和重型汽车中迅速推广电力、低碳或零碳生物燃料以及氢燃料技术，同时要突破电池技术、燃料和充电技术障碍。

3）资金政策

2021 年 11 月 19 日，美国众议院通过拜登 1.75 万亿美元的《重建更好法案》，将新能源汽车税收抵免政策从之前的 7500 美元提高至最高 1.25 万美元，对于在美国国内组装的汽车，在 7500 美元的消费者税收抵免的基础上将额外增加 4500 美元。使用美国制造电池的车辆还将额外获得 500 美元的奖金。

针对零排放重型车提供购置补贴是北美汽车市场常用的一种政策工具，如对于加利福尼亚州的混动、零排放卡车和巴士代金券项目，可提供单车上限高达 31.5 万美元的购置补贴。

在长途卡车的整个生命周期中，运营成本（包括加油和道路通行费）在重型车拥有总成本中所占的比例最大。加利福尼亚州制定低碳燃料标准积分制度，即车队可以通过销售使用电力和氢能能源所获得的积分来抵消运营成本。

4）标准完善

2021年12月20日，EPA发布最终版《乘用车和卡车温室气体排放法规》更正方案，成为美国2022~2026年新能源车发展重要的支持政策，这是美国历史上最严格的油耗标准，超过了奥巴马政府在2012年制定的最终规则标准。EPA发布了2023~2026年美国轻型车新油耗标准。2026年新车二氧化碳排放标准为171克/英里，2023年的标准较2022年严格10%，2024~2026年每年分别严格5%、7%、10%。CAFE标准为52.0英里/加仑（约22千米/升），2023年CAFE政策趋严10%左右的幅度，2024~2026年每年分别严格5%、7%、10%。

（四）德国

1. 德国碳排放现状

2019年德国碳排放总量为8.11亿吨，其中交通部门碳排放1.64亿吨，占比为20.2%。

2. 德国碳排放目标

德国交通运输行业气候目标主要由《气候保护法》驱动，即以2030年减排65%、2040年减排88%、2045年实现气候中和为目标。

3. 德国公路运输低碳发展措施

1）政策措施

2021年12月8日，德国新一届政府签订了联合执政协议，以确定2025年前的政府工作方案，并将德国经济的绿色和零碳转型作为其中的重点。协议中提出了交通领域的总体目标，即21世纪20年代开始实施政策来推动实现可持续、高效、无障碍、智能、创新和经济的交通。到2030年，纯电动乘用车数量实现1500万辆，可用充电点达到100万个。未来，住宅、企业和其他建筑停车场必须安装充电基础设施。个人业主和租户可以要求自费安装充电站。德国联邦政府于2019年11月通过《充电站基础设施总体规划》。

2）技术手段

德国政府十分重视可再生能源技术在交通领域的应用并关注电动汽车发展中的发动机技术、电池技术以及充电网络等关键因素。为了便于充电，德国将加强氢电池充电站的建设，同时注重氢气来源渠道建设，通过风能等可再生能源制造氢气，加强工业生产过程产出氢气的收集（如聚氯乙烯生产过程中会产生氢气）。除了燃料电池的研发，德国在风能等可再生能源与车辆驱动电池电力收集转换装置上进行了探索，使车辆出行时可从某种装置获取电能，在车辆停驶后将多余电力输回，以供其他用途。

3）资金支持

德国电动汽车还实施了税收激励措施，免征电动汽车的机动车税。此外，对于新车将增加基于汽车二氧化碳排放量的机动车税，每公里从 2 欧元增加到 4 欧元。现有的每公里 95 克二氧化碳的豁免限制仍将适用。

联邦政府于 2019 年 11 月通过《充电站基础设施总体规划》：从 2021 年起，将进一步资助公共充电基础设施建设。政府还在 2020 年首次为私人充电设施提供 2 亿欧元的额外资金。

联邦政府从 2021 年起增加了公共交通资金。到 2030 年，联邦政府将提供更多资金以扩大自行车基础设施建设规模。此外，还将为使用可再生燃料的公交车队提供资金。

二、典型发达国家/地区公路碳排放特征

（一）欧盟

2017 年欧盟公路运输温室气体排放约占运输部门的 72%（图 13-1），其中，乘用车、重型货车和轻型货车温室气体排放占公路运输的比例分别为 61.1%、26.4%和 12.5%（图 13-2）。

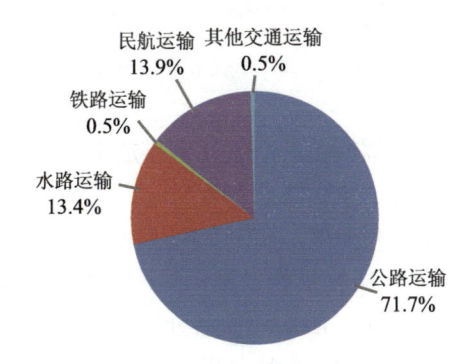

图 13-1 欧盟不同运输方式温室气体排放占比情况（2017 年）

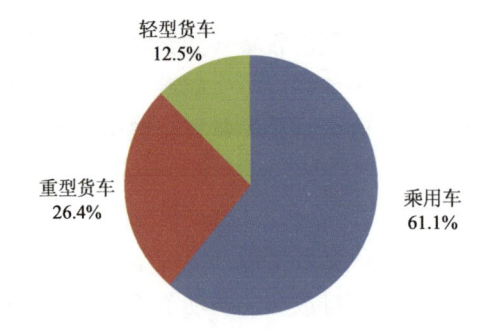

图 13-2 欧盟公路运输不同车型温室气体排放占比情况（2017 年）

（二）日本

2017 年日本公路运输二氧化碳排放约占交通部门的 86.2%（图 13-3），其中，私人小汽车、商业货车、私人货车、公交车、出租车和摩托车温室气体排放占公路运输的比例分别为 53.6%、23.1%、19.2%、2.3%、1.5%和 0.4%（图 13-4）。

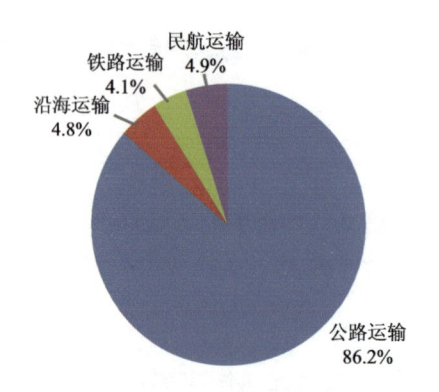

图 13-3 日本不同运输方式二氧化碳排放占比情况（2017 年）

2017 年，日本单位客运周转量的二氧化碳排放中，小客车最高，为 137 克二氧化碳/人公里，飞机、公交车和铁路分别为 96 克二氧化碳/人公里、56 克二氧化碳/人公里和 19 克二氧化碳/人公里，如图 13-5 所示。

2017 年，日本单位货运周转量的二氧化碳排放中，私人货车最高，为 1177 克二氧化碳/吨公里，商业货车、船舶和铁路分别为 232 克二氧化碳/吨公里、38 克二氧化碳/吨公里和 20 克二氧化碳/吨公里，如图 13-6 所示。

第十三章 典型国家/地区公路低碳发展历程及启示 149

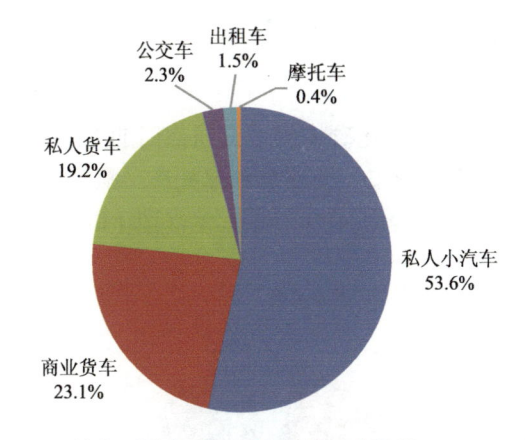

图 13-4 日本不同车型二氧化碳排放占比情况（2017 年）

图中百分比由于四舍五入，合计可能不等于 100%

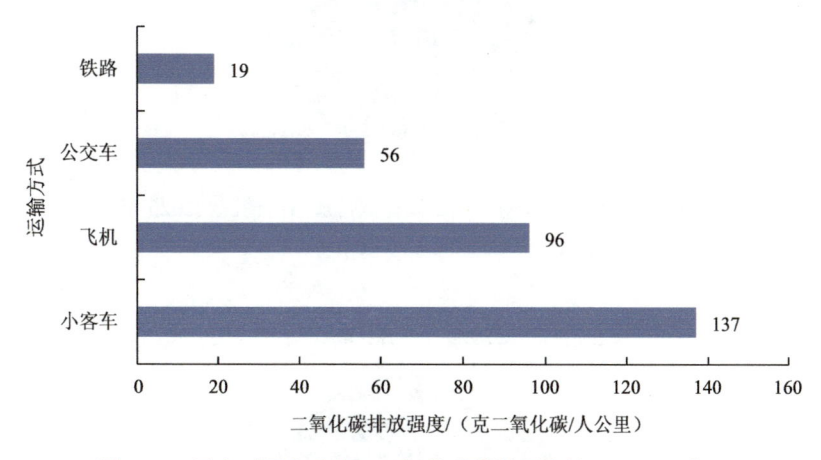

- 公交车 2.3%
- 出租车 1.5%
- 摩托车 0.4%
- 私人货车 19.2%
- 私人小汽车 53.6%
- 商业货车 23.1%

图 13-5 日本不同方式客运二氧化碳排放强度情况（2017 年）

二氧化碳排放强度/（克二氧化碳/人公里）

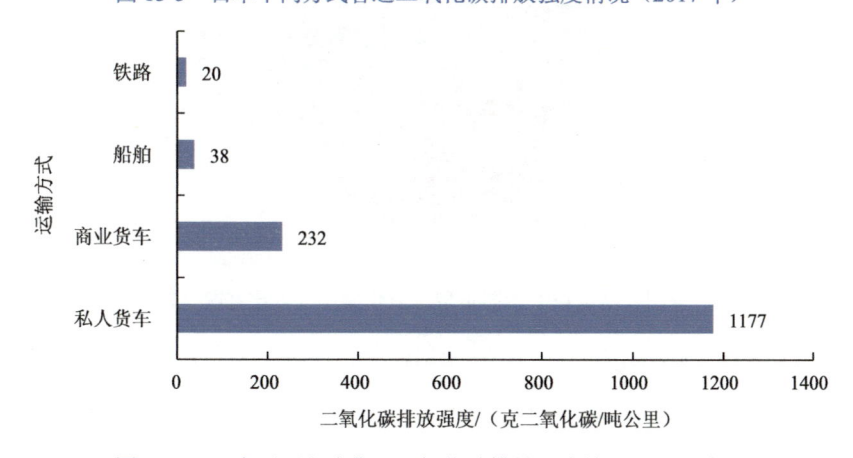

- 铁路 19
- 公交车 56
- 飞机 96
- 小客车 137

图 13-6 日本不同方式货运二氧化碳排放强度情况（2017 年）

二氧化碳排放强度/（克二氧化碳/吨公里）

- 铁路 20
- 船舶 38
- 商业货车 232
- 私人货车 1177

（三）美国

2020年美国公路运输二氧化碳排放占交通部门的87.9%（图13-7），其中，小客车、轻型货车、中重型货车、公交车和摩托车二氧化碳排放占公路运输的比例分别为45.3%、22.3%、30.9%、1.3%和0.2%（图13-8）。

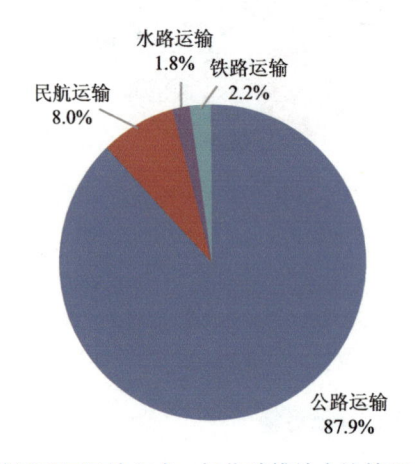

图13-7 美国不同运输方式二氧化碳排放占比情况（2020年）

图中百分比由于经过四舍五入，合计可能不等于100%

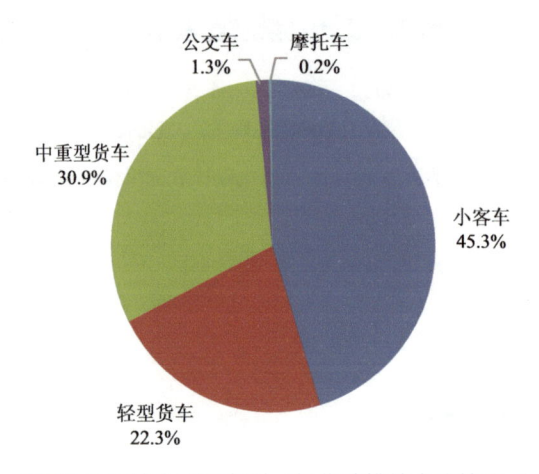

图13-8 美国公路运输中不同车型二氧化碳排放占比情况（2020年）

三、典型国家/地区公路低碳发展对我国的启示

（一）政策

综合以上各项分析来看，欧盟、日本、美国和德国均通过法规、战略等各种形式，制定了较为明确的交通领域碳减排目标，公路运输领域以新能源汽车新车销量目标为主，有些国家还设置了充换电配套基础设施的建设目标。

（二）技术

综合以上各项分析来看，欧盟、日本、美国和德国公路运输领域的碳减排技术主要集中于新能源和低碳燃料技术应用，相关的电池技术、充电技术研发以及提升运输系统效率的信息技术和智能技术等。

（三）其他

综合以上各项分析来看，欧盟、日本、美国和德国在推进公路运输低碳发展时，车辆购置和使用过程中的财政补贴、基础设施的财政补贴和税费减免政策都有所涉及。欧盟、日本和美国对车辆设定了严格的二氧化碳排放标准，美国更是将排放标准上升到了法律法规层面，德国主要执行欧盟的车辆排放标准。

（四）总结

对于我国公路运输低碳发展的启示是：针对公路运输低碳发展制定清晰的发展战略或规划，明确碳减排目标或者车辆电动化相关指标，提出清晰的公路运输低碳发展路径；大力推进车辆新能源相关技术和智慧交通技术研发应用；加快研究建立车辆二氧化碳排放标准体系，同时辅以多样的财政补贴、税费优惠等资金政策。

第十四章
公路运量预测及二氧化碳排放情景分析

本章阐述公路运输碳排放预测采取的方法,针对公路运输未来客货运周转量、车辆保有量、车辆行驶里程等活动水平指标,对未来公路运输领域车辆能耗排放水平进行预测,预测公路运输到 2060 年的碳排放趋势。

一、预测方法

公路运输领域碳排放预测方法主要以《交通运输行业发展统计公报》《公路、水路运输和港口能源消费统计报表制度》等为数据基础,采用基于排放因子和活动水平的"自下而上"的分析方法,兼顾社会经济、能源结构、技术水平等方面,测算和预测交通领域碳排放。

在此基础上充分考虑我国相关国家战略规划、新能源和节能车船推广情况、车辆能效水平、运输结构调整实施情况、目前实施和未来潜在的减排措施,从技术成熟度、实施条件可行性、经济可行性、制度可行性等方面进行综合评估。对标国际先进经验,在充分考虑产业发展的基础上,结合未来的政策目标和技术发展潜力,对细分的参数作出进一步的设置,构建出基准情景、低碳情景和强化低碳情景,以模拟不同减排措施力度下的碳排放趋势。

基准情景:以 2020 年交通运输实际发展情况为基础,延续当前实行的低碳政策、减排管理手段,同时推进低碳技术进步,对未来交通发展进行预测,评估和预测在延续现有的政策力度及技术的发展趋势下,交通运输领域的碳排放趋势。

低碳情景:在基准情景的基础上,进一步推进各项节能减排措施,如加大运输结构调整、提高车辆技术能效水平和运营能效水平、加快新能源运输装备推广等。模拟各类措施的节能减排效果,并预测此情景中不同减排措施实施下,交通运输领域的碳排放趋势。

强化低碳情景：在低碳情景的基础上，进一步加大运输结构调整力度、挖掘车辆技术能效和运营能效潜力、加快新能源运输装备替代进程等。与低碳情景类似，模拟各类措施的节能减排效果，预测此情景下交通运输领域碳排放趋势。

二、公路运输活动水平预测

结合《交通强国建设纲要》《国家综合立体交通网规划纲要》等，以及其他相关科研机构预测结果，基于营运性道路运输车辆保有量历史数据库，利用弹性系数等其他统计回归方法，预测分析营运性公路运输未来规模及发展趋势。

综合经济、人口、城镇化以及信息技术发展和旅游业发展预判，参考《交通强国建设纲要》《国家综合立体交通网规划纲要》，以及交通发展相关规划中提出的客运周转量变化趋势预测，通过梳理现有航空客运需求预测的相关研究，遴选人口、GDP、人均收入、旅游、交通基础设施发展水平等关键指标，构建多因素回归模型、时间序列分析预测模型等预测公路旅客周转量。

综合各方面因素，参考《交通强国建设纲要》《国家综合立体交通网规划纲要》，以及交通发展相关规划中提出的货运周转量变化趋势预测，采用多元回归、增长率法、弹性系数等模型，定量比选多模型结果，预测公路货运周转量。

未来公路运输客货运周转量变化趋势如表 14-1 所示。

表 14-1　2020～2060 年公路运输客货运周转量预测

年份	公路客运/亿人公里	公路货运/亿吨公里
2020	4 641.0	60 171.9
2025	6 572.0	75 893.3
2030	6 381.3	79 844.5
2035	5 957.4	83 868.1
2040	5 839.7	85 999.1
2050	5 715.0	89 497.0
2060	5 662.0	89 900.0

对于非营运性公路运输，小型客车（乘用车）保有量预测基于 Gompertz 模型，模拟了 2002～2020 年全国小型客车保有量历史变化趋势，参考国际发展经验及研究成果，将我国千人保有量的饱和值设置为 350。基于千人保有量与人均 GDP 间的线性关系，预测未来小型客车保有量的发展趋势，商用车保有量预测采用趋势外推法，综合各车型历史及现状数据，结合营运车辆周转量趋势，预测未来轻型

客车保有量发展趋势。各类车型未来的车辆保有量变化趋势如表 14-2 所示。

表 14-2　2020～2060 年各类车型车辆保有量预测　　　　　单位：万辆

车型	2020 年	2025 年	2030 年	2040 年	2050 年	2060 年
出租车	139	140	140	140	140	140
公交车	70	76	82	93	104	104
大型客车	82	59	57	53	51	51
中型客车	46	36	34	32	31	31
小型客车	22 163	33 029	41 434	48 311	51 042	49 049
重型货车	944	1 205	1 259	1 307	1 291	1 279
中型货车	131	80	47	19	5	2
轻型货车	2 073	2 874	3 592	4 516	5 141	4 771

三、公路运输碳排放预测分析

（一）碳排放预测分析

1. 直接碳排放预测分析

综合交通运输发展趋势，考虑运输结构调整、能效提升、新能源替代等各项减排措施实施情况，预测公路运输不同情景下的二氧化碳排放量的变化趋势。经模型测算，在基准情景下，若维持现有减排政策力度及发展趋势，我国公路运输直接碳排放有望在 2030～2035 年达到峰值，约为 12.7 亿吨。在低碳情景下，采取能效提升、清洁能源利用、运输结构优化等政策措施，达峰峰值将提前至 2030 年，峰值约 11.4 亿吨。在强化低碳情景下，综合考虑清洁燃料替代潜力，加大零排放运输装备推广力度，提高各类措施实施强度，达峰峰值可进一步提前至 2025 年，峰值约 10.3 亿吨（图 14-1）。

2. 间接碳排放预测分析

公路运输在基准情景下，间接碳排放将在 2020～2035 年持续走高，达到 2300 万吨左右，后随着电力逐步清洁化，间接碳排放呈现下降趋势，2060 年下降至 500 万吨左右（图 14-2）。低碳情景下，公路运输间接碳排放将于 2035 年达到峰值，约为 2800 万吨，后呈现缓慢下降趋势，2060 年下降至 2435 万吨。强化低碳情

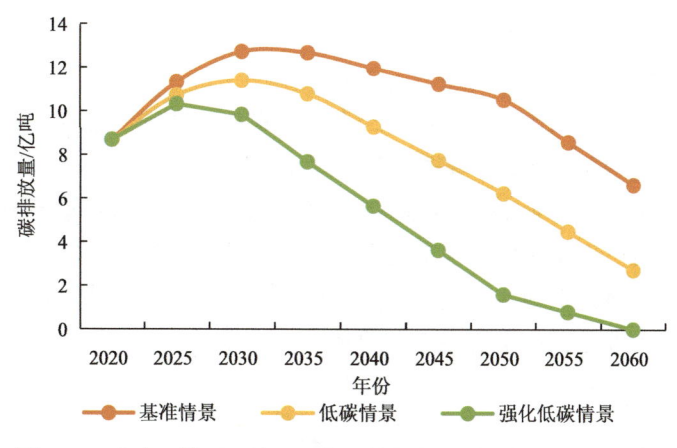

图 14-1　公路运输不同情景下的直接二氧化碳排放量的变化趋势

景下，2035 年前间接碳排放量将大幅上升，2035 年为 4000 万吨左右，后随着能源效率的逐步提升和电力的清洁化转型，排放量大幅下降，2060 年下降至 2165 万吨。

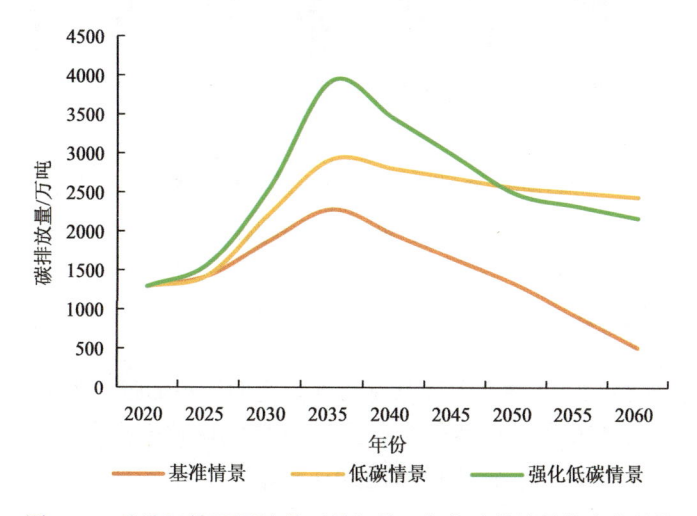

图 14-2　公路运输不同情景下的间接二氧化碳排放量的变化趋势

（二）各类车型碳排放预测分析

从公路运输细分车型来看，重型货车和乘用车是公路运输碳排放的主要来源。为推动交通行业尽早实现碳达峰，小型客车与重型货车需要在 2025~2030 年达到碳排放峰值。

1. 低碳情景

在低碳情景下，由于人们对小型客车的需求仍在持续增长，小型客车的碳排放也将呈现快速增长趋势，随着电动车的逐步推进，小型客车有望于 2030 年实现碳达峰，峰值在 4.8 亿吨左右（图 14-3）。随着未来大宗货物运输不断转移，重型货车碳排放将自然下降，但目前新能源重型货车规模化推广应用仍存在诸多不确定性，重型货车将是最晚实现近零排放的公路运输方式。因此，重型货车是公路运输碳达峰、支撑全社会实现碳中和的重点及难点。

图 14-3　低碳情景下各类车型碳排放趋势

2. 强化低碳情景

在强化低碳情景下，随着各项减排措施力度的逐步加强，各类车型的碳排放将加速下降。小型客车和大型客车都将于 2025 年实现碳排放达峰，之后呈现大幅下降趋势。2060 年前随着替代燃料的加速推广，有望实现零排放，如图 14-4 所示。

（三）碳减排措施分析

为推动公路运输尽早实现零碳排放，主要采取优化运输结构、提升运输装备技术能效水平和运营能效水平以及提高替代燃料使用比例等措施。优化运输结构是指将货运需求从高碳排放的公路运输转向低碳排放的水路或者铁路运输，推动公路货运向铁路、水路转移。提升运输装备技术能效水平是指通过优化发动机，采用节油部件等方式提升车辆的能源消耗。提升运营能效水平是指通过优化运输

图 14-4　强化低碳情景下各类车型碳排放趋势

组织，采用无人驾驶、智能车队等技术大幅提升运输效率，从而减少车辆的能源消耗。提高替代燃料使用比例是指提升运输装备天然气、电力、生物质燃料、氢燃料等替代传统化石燃料的使用量占比，提高运输装备清洁化水平。

1. 低碳情景

经测算，低碳情景下各类减排措施可实现的减排量如图 14-5 所示。总体来看，新能源替代是推动交通领域碳减排最主要的措施。2030 年前需要依靠能效提升、运输结构调整和新能源替代等协同发力。远期进一步向交通领域碳中和迈进，需要重点推进新能源替代和能效提升等措施。

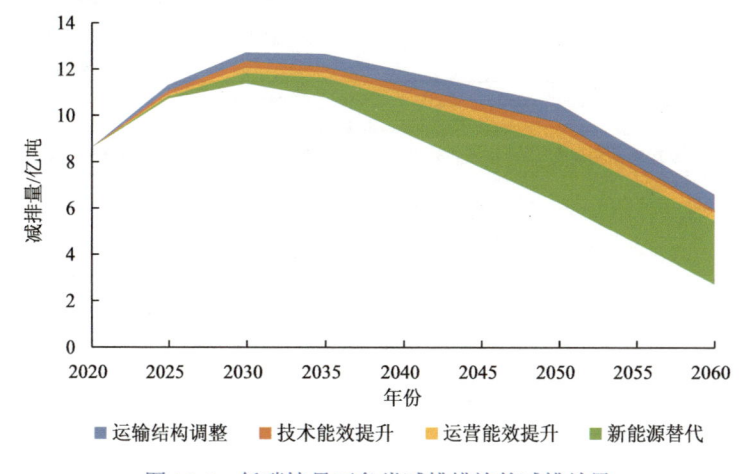

图 14-5　低碳情景下各类减排措施的减排效果

运输结构调整措施随着大宗货物的逐步转移，减排贡献率逐年降低，贡献率将从 2025 年的 42%降低至 2060 年的 17%。技术能效提升在 2025 年的减排贡献率为 25%，随着减排潜力的逐步挖掘，2060 年逐步下降至 3%。运营能效提升措施 2025 年的减排贡献率为 17%，2060 年下降至 8%。2025 年新能源替代的减排贡献率为 16%，2035 年后随着车辆新能源技术逐步成熟，新能源的大量引入使新能源替代的减排量大幅提升，2060 年贡献率达到 71%。

2. 强化低碳情景

经测算，强化低碳情景下各类减排措施可实现的减排量如图 14-6 所示。技术能效提升在 2025 年的减排贡献率为 28%，2060 年逐步下降至 3%。运营能效提升措施 2025 年的减排贡献率为 18%，2060 年下降至 10%。运输结构调整措施随着大宗货物的逐步转移，减排贡献率逐年降低，从 2025 年的 25%降低至 2060 年的 8%。强化低碳情景下，新能源替代进程将有所提前，2025 年减排贡献率为 29%，2035 年后随着车辆新能源技术进一步成熟，贡献率达到 67%，2060 年贡献率达到 78%。

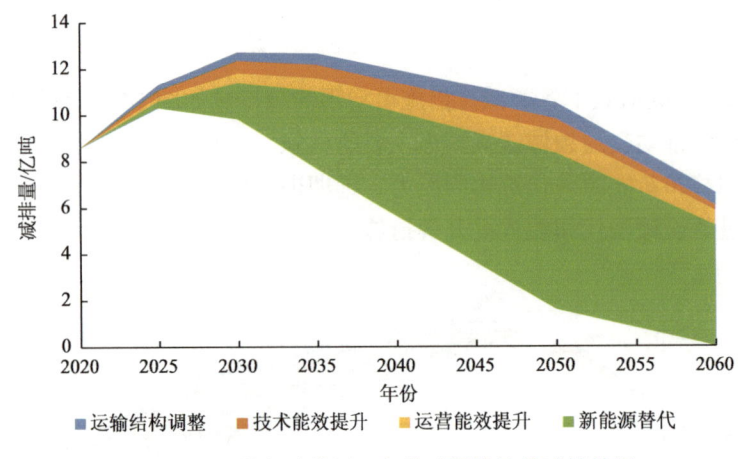

图 14-6 强化低碳情景下各类减排措施的减排效果

第十五章
公路运输低碳发展战略目标与实施路径

一、公路运输低碳发展总体思路

（一）总体思路

以习近平新时代中国特色社会主义思想为指导，深入贯彻党的二十大精神，全面贯彻落实习近平生态文明思想以及关于交通运输的重要论述精神，全面落实《交通强国建设纲要》《国家综合立体交通网规划纲要》《推进多式联运发展优化调整运输结构工作方案（2021—2025 年）》战略部署，以碳达峰目标和碳中和愿景为指引，以推动公路运输高质量发展和绿色低碳转型为主线，以深化公路运输用能结构变革为关键手段，以深度电动化和智慧高效化为主要减排路径，以低碳出行和绿色货运为重点，建设"低排放、高效率"的现代化绿色公路运输发展体系。

（二）基本原则

分类施策，重点突破。坚持实事求是，聚焦公路运输不同子领域碳排放特点，把握公用先行、商用跟进、民用响应的节奏，整体推进、以点带面、先立后破、先易后难，加大增量零碳导入力度、加快存量低碳更新速度。

创新驱动，稳中求进。坚持科技创新和体制机制创新，充分发挥公路运输在交通运输领域碳减排中的关键作用，同时切实保障产业链供应链安全和群众正常生产生活，稳妥有序减少化石能源消费，实现精准降碳、科学降碳、安全降碳。

多方参与，协同共治。坚持政府引导以及企业主体、社会组织和公众共同参与，充分发挥市场的导向性作用、企业的主体作用、市场交易机制的调节作用，形成部门联动、政企互动、人人参与的公路运输碳减排格局。

（三）战略目标

1. 2030 年目标

公路运输石油消费力争 2030 年前达到峰值。到 2030 年，营运车辆换算周转量二氧化碳排放强度较 2020 年降低 10%，公路行业直接碳排放量增速逐步放缓。

2. 2060 年目标

建设更加安全、更加便捷、更加高效、更加绿色的公路运输体系，电力、氢燃料等新能源运输装备在不同子领域加速推广应用，不断提高绿色出行分担率、共享交通发展水平、公路运输智能化管理水平。到 2060 年，公路运输实现近零碳排放（不包括间接排放）。

二、公路运输低碳发展时间表及路线图

遵循"分类施策，先易后难，先立后破，控增量调存量、积极稳妥推进"的理念，提出我国公路运输领域低碳发展时间表，具体分为稳步增长期、达峰平台期、稳步下降期和深度降碳期。

（一）低碳发展时间表

1. 稳步增长期（2023~2030 年）

在稳步增长期，碳排放随公路运输需求的增长仍持续增长，同时车辆新能源和清洁能源技术尤其是重型货车新能源技术仍无法大规模商业化应用；新能源和清洁能源替代技术在乘用车中的应用逐步成熟，发挥主要的碳减排作用，但能效提升和结构优化在此阶段仍需共同发力。

2. 达峰平台期（2031~2035 年）

在达峰平台期，需要依靠大规模的新能源替代和效果极佳的能效提升手段共同推动，运输结构调整措施开始出现边际效益递减现象；2030 年左右公路运输开始进入达峰平台期，重点深化乘用车和货运车辆的碳减排工作。

第十五章 公路运输低碳发展战略目标与实施路径

3. 稳步下降期（2036~2050 年）

在稳步下降期，主要依赖新能源和可再生能源的替代，实现公路运输领域的碳排放稳步下降；燃料替代开始发挥关键作用，乘用车、公交车和出租车的电动化全面推进，货运车辆电动化加速推进；车辆能效水平持续提升；新技术和市场激励手段开始同步发挥作用，自动驾驶技术基本成熟，绿色出行碳普惠激励措施多地推行。

4. 深度降碳期（2051~2060 年）

在深度降碳期，新能源和可再生能源在公路运输领域大规模稳定使用，交通和能源融合工作有力推进。到 2060 年，各项新能源技术发展日趋成熟，车路协同和自动驾驶技术全面推广，公路运输领域全面实现近零碳排放，公交车、出租车和乘用车全面实现电动化。

（二）低碳发展路线图

综合新能源替代、能效提升两方面，提出公路领域低碳发展路线：在客车和轻型货车领域，以发展纯电动车技术为主；在中重型货车领域，基于技术发展情况，在纯电动技术和氢燃料电池技术中确定主要的能源替代路径；同时全过程辅以能效提升技术。各车型减排技术路线具体如图 15-1～图 15-5 所示。

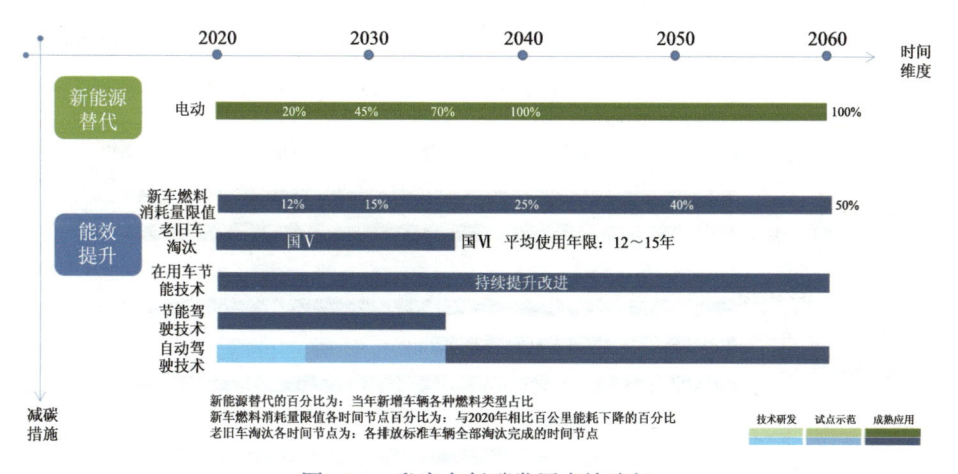

图 15-1 私家车低碳发展实施路径

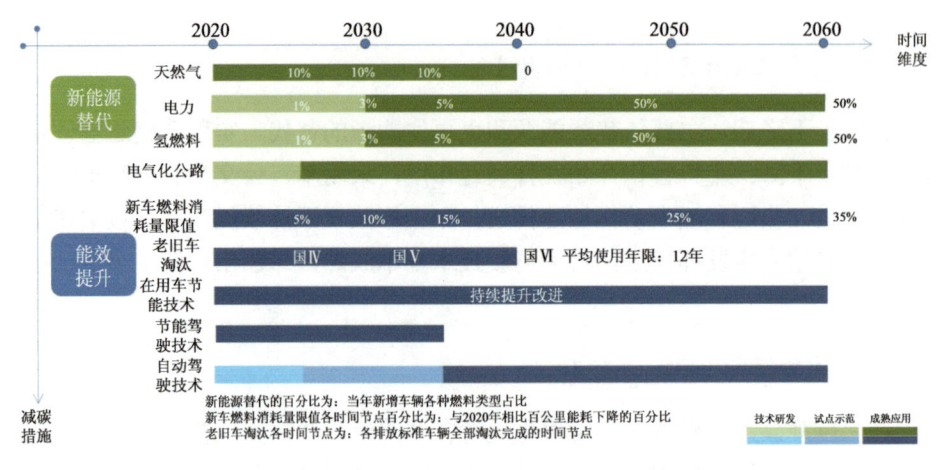

图 15-2　中长距离公路货运低碳发展实施路径

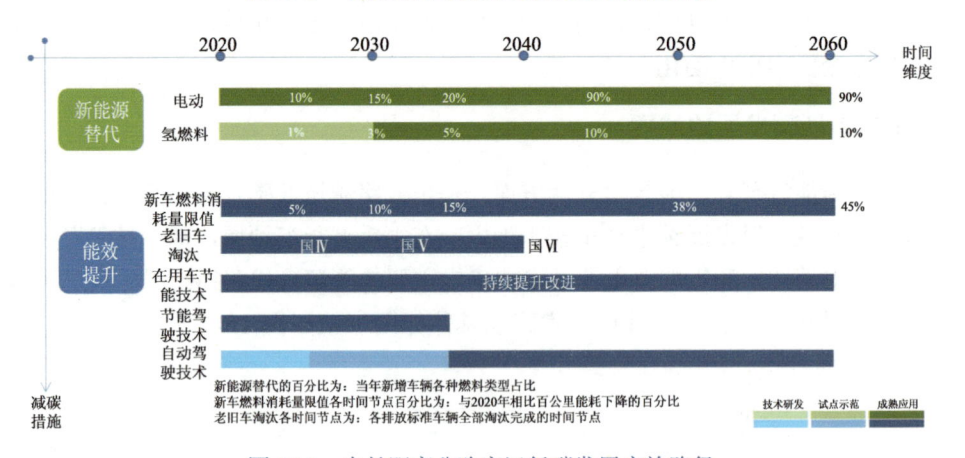

图 15-3　中长距离公路客运低碳发展实施路径

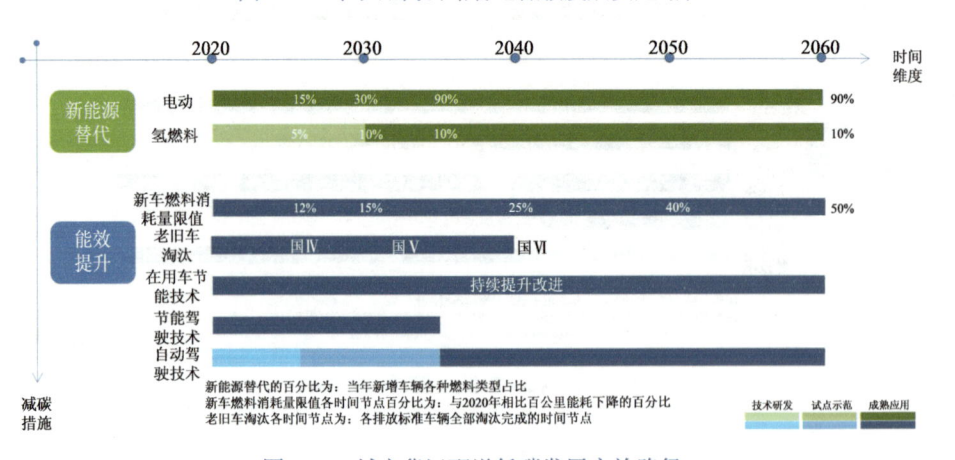

图 15-4　城市货运配送低碳发展实施路径

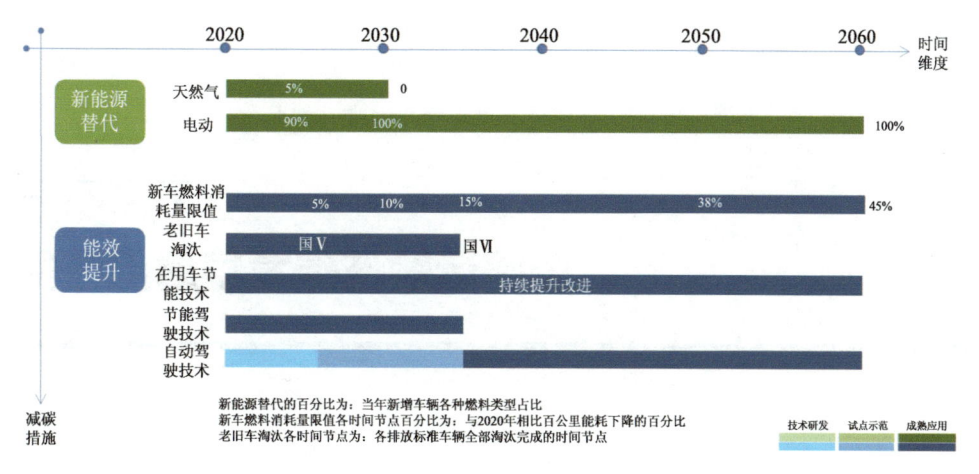

第十五章 公路运输低碳发展战略目标与实施路径

图 15-5 城市公交低碳发展实施路径

第十六章
公路运输低碳发展重点任务

一、加快优化货运结构

（一）提高工矿企业绿色运输比例

着力推进煤炭、钢铁、电解铝、电力、焦化、汽车制造、水泥、建材等大型工矿企业采用铁路、封闭式皮带廊道和新能源汽车等绿色运输方式，大幅提升大型工矿企业绿色运输比例。新建及迁建大型工矿企业，原则上应同步规划建设铁路专用线、专用码头、封闭式皮带廊道等基础设施。在煤炭矿区、物流园区，以及钢铁、火电、煤化工、建材等领域培育一批绿色运输品牌企业，打造一批绿色运输枢纽。

（二）促进重点区域运输结构调整

在运输结构调整重点区域，加强港口资源整合，推动大宗物资"公转铁、公转水"，探索推广大宗固体废物公铁水协同联运模式。鼓励工矿企业、粮食企业等将货物"散改集"，中长距离运输时主要采用铁路、水路运输，短距离运输时优先采用封闭式皮带廊道或新能源车船。推进京津冀及周边地区、晋陕蒙煤炭主产区运输向绿色低碳转型，加快长三角地区、粤港澳大湾区铁水联运、江海联运的发展。到 2025 年，京津冀及周边地区、长三角地区、粤港澳大湾区等沿海主要港口利用疏港铁路、水路、封闭式皮带廊道、新能源汽车运输大宗货物的比例力争达到 80%；晋陕蒙煤炭主产区大型工矿企业中长距离运输（运距 500 公里以上）的煤炭和焦炭中，铁路运输比例力争达到 90%。

二、推广低碳运输车辆

（一）提升车辆能效水平

支持交通工具轻量化设计制造，采用低密度材料代替钢铁材料，应用先进的轻量化制造技术，实现汽车轻量化设计和轻量化材料应用，引导轻量化交通工具成为市场主流产品。完善运输车辆能耗限值标准，建立营运车辆能耗检测体系并加强对检测的监督管理，建立车辆碳排放标准体系。采取经济补偿、严格超标排放监管、强化汽车检测与维护制度等方式，加速淘汰落后技术和高耗低效车辆。将生态驾驶纳入驾照考试体系，倡导推广生态驾驶、节能操作、绿色驾培，开展生态驾驶方法体系、推广方式和跟踪评价等全链条研究；加大物流园区等公路交通枢纽场内作业装备节能操作技术应用。推广智能化、数字化交通装备，逐步普及车辆自动驾驶技术。

（二）大力推广新能源车辆

按照"先公共、后私人，先轻型、后重型，先短途、后长途，先局部、后全国"的思路，加快推动车辆新能源全面替代。推进公务用车 2025 年全面实现电动化，加快城市公交、出租车和城市物流配送车辆电动化进程，2035 年起新增公交车和出租车实现全面电动化，私家车 2050 年实现电动化全面替代。持续支持重型装备低碳化关键技术科研攻关，推进货运领域示范应用氢燃料电池车辆和电气化公路系统，2060 年前中重型货车实现全面电动化（纯电+氢燃料电池）。

三、提高运输组织效率

（一）推广先进技术应用

发展智慧物流，提升货运系统效率，鼓励运输企业、物流园区、货运场站等广泛应用物联网、大数据、自动化等技术，推广应用自动立体仓库、智能输送分拣和装卸设备。充分利用自动驾驶、智慧出行、共享出行技术，重构未来客运出行和货物运输场景，大幅提升客运和货运系统效率。基于智慧交通基础设施网络和城市路网智慧管理基础，充分利用信息技术，进行 MaaS 的系统设计，构建以公共交通为核心的一体化全链条便捷出行服务体系,减少小汽车出行需求的依赖。进行预约出行等智慧出行系统设计,研发新一代云-边-端协同智能交通管控系统，提高公共交通准点到达、高效服务的能力；通过预约出行模式对多模式公共交通的供需进行统筹考虑、统一调度，动态调整智慧出行优化方案。

（二）推广高效运输组织模式

不断发挥龙头企业和物流联盟作用，加强甩挂运输技术的推广与标准化，促进甩挂运输基础设施建设，进一步推进甩挂运输模式应用，探索推广"互联网+"共享挂车池的甩挂运输新模式。积极推进城市配送组织模式创新，建设"集约、高效、绿色、智能"的城市货运配送服务体系。发展城市共同配送、统一配送、集中配送、分时配送等集约化模式，并与干线甩挂运输一体化运作。持续优化城市绿色货运配送相关政策，探索地下物流配送。

四、建设绿色低碳公路

（一）实现公路绿色建管养运

将绿色低碳理念贯穿交通基础设施规划、设计、建设、管理、运营和维护全过程，打造一批以节能低碳为导向的绿色公路样板工程。大力推广应用节能环保材料、装备及工艺方法，积极扩大绿色照明技术、用能设备能效提升技术以及新能源、可再生能源、储能技术的应用。到2030年，基本实现交通基础设施建设全过程、全周期绿色化，交通基础设施绿色化建设比例达到85%。

（二）推进公路网、信息网、能源网融合发展

推动建立满足公路基础设施和行驶车辆用能、充分利用当地风光资源禀赋、与大电网特性（强、弱、无）相匹配的公路能源系统，既能充分满足高比例电动化交通运行需要，又能通过可再生能源分布式电网的供电方式，降低远距离拉电网的巨额成本，真正实现公路能源系统的高效运行和精准匹配。因地制宜地推动公路基础设施建设，利用光伏、风力等可再生能源开发分布式发电与储能项目，推动公路基础设施成为能源生产者；基于公路基础设施沿线的电网和可再生能源资源，建立保障未来公路基础设施和车辆用能的能源供应系统，满足公路运输系统能源需求；充分利用信息手段，支撑公路网能源网深度融合，建设公路能源综合系统的信息支持网，最终建成智慧化的公路能源融合系统。

（三）推进公路运输枢纽场站绿色化改造

在公路运输枢纽场站逐步建设"分布式光伏+储能+微电网"能源系统。支持

综合客货运枢纽加快建设充电桩、换电站等设施,大力推广新能源物流配送车辆的使用。到 2030 年,近零碳综合客货运枢纽的比例达到 60%以上,综合客货运枢纽内部车辆和作业机械基本完成新能源动力更新改造。

(四)大力支持充换电基础设施体系建设

积极配合城乡公共充换电网络布局和城际充电网络建设,为综合供能服务站建设提供条件。省级交通运输主管部门联合相关部门共同研究制定充换电站用地标准,配合相关部门研究制定高速公路和国省干线快充站、换电站布局方案和年度建设计划。积极为各类充换电基础设施提供充足用地和配套保障。长三角、珠三角地区重点聚焦推进集电能、天然气、加氢等多种供给服务于一体的综合供能服务站在公路沿线布局建设。

五、引导社会绿色出行

(一)推进城际客运公转铁

推动干线铁路、城际铁路、市域(郊)铁路融合建设,加强城市交界地区道路和轨道顺畅连通,构建衔接中心城市、周边城市(镇)、新城新区的高效便捷的城市群轨道交通网络。推进城市群轨道交通运营公交化,构建运营管理和服务"一张网"。加强高铁、轨道交通与城市公交网络系统有机整合,推动新建综合客运枢纽各种运输方式集中布局,打造全天候、一体化换乘环境,为公众集约化出行提供便利条件。采取综合措施,引导公众形成合理的消费模式,优先使用绿色出行方式,推进远程办公,减少小汽车出行。优化京津冀、长三角、粤港澳大湾区、成渝地区双城经济圈等重点城市群一体化轨道交通网,全面提高通勤化水平。

(二)推进城市绿色出行

深入实施公交优先发展战略,构建以城市轨道交通为骨干、常规公交为主体的城市公共交通系统。建设中心城区连接卫星城、新城的大容量、快速化轨道交通网络。因地制宜地构建快速公交、微循环等城市公交服务系统。打造绿色出行体系,超大、特大城市加强"轨道+常规公交+慢行"网络融合;大城市加强大、中运量"公交+慢行"网络融合;中小城市和县城构建以城市公共交通为主导、步行和自行车交通统筹发展的绿色出行体系。大力推广灵活公交和定制公交等新模式,探索发展高速直达、智能网联的智慧车列等新型公共交通系统。有序发展共享交通,加强城市步行和自行车等慢行交通系统建设,合理配置停车设施,开展人行道净化行动，因地制宜地建设自行车专用道，鼓励公众绿色出行。

（三）营造绿色出行良好氛围

培育绿色出行文化，开展绿色出行和公交出行等主题宣传活动，完善公众参与机制。充分发挥市场措施的激励作用，在全国实施以个人或家庭为单位的绿色出行碳普惠激励措施，让小微企业、社区家庭和个人通过绿色低碳行为累积碳积分，并获得产生的经济效益。建立以个人或家庭为单位的出行碳账户制度，减少高碳出行。

六、提升公路运输绿色低碳发展能力

（一）推动公路领域低碳技术创新

突破中重型货车长续航里程动力电池技术及整车技术与动态无线充电技术。开展高效多堆大功率燃料电池系统、柴油动力与高效多堆大功率燃料电池系统的复合动力系统（系统构型、综合电子控制、热管理、能量管理）、重载长途运输装备用电驱桥和重型运输装备用储氢系统的研究，研发重型多能源复合动力超级卡车。开展氢燃料内燃机技术（氢燃料喷射、废气再循环及排放控制、电子控制、增压等）研发、氢燃料内燃机测试装备和设施技术攻关、重型运输装备用液氢储氢系统研发、涉氢生产线与维修站安全保障技术攻关，推进氢内燃动力重型运输装备示范运行。2025年前推进公路运输领域碳排放机理、公路基础设施气候变化影响机理、气候变化影响与效益评估等基础研究，提出低碳减排关键技术需求清单，推动公路与能源融合、公路运输组织效率提升、公路能耗排放监测等关键技术和装备研发。

（二）推动公路领域碳排放标准研究

加快构建营运车辆低碳多元化动力适用标准体系，完善适应公路交通基础设施绿色低碳升级改造需求的标准规范体系；制定道路运输、城市客运等相关企业温室气体排放清单编制指南；建立公路基础设施碳排放核算相关技术规范；推动制定车辆碳排放标准；研究制定公路基础设施建设、客货枢纽场站运营的碳排放限定指标；研究制定公路交通用地范围内光伏发电设施铺设标准。

（三）建立公路领域碳排放统计核算体系

健全公路运输领域能源消费统计制度和指标体系；建立公路运输能耗及碳排

放数据共享机制；完善公路能耗和碳排放监测、报告和核查体系；实施公路运输碳排放清单定期报告制度；推动建设公路运输能耗和碳排放监测、核算、预测一体化平台，全面支持公路运输碳减排政策制定和精准管理。

（四）完善公路领域碳减排考核评估与激励政策

建立健全公路运输领域减排降碳成效评价指标体系，明确各级公路运输主管部门职责，强化统计监测和监督考核，建立年度重点工作进展报告制度、中期跟踪评估机制，定期组织开展第三方评估。推动研究制定公路运输领域参与碳排放权交易的相关政策法规和标准配额。加强企业监督管理，推动重点公路运输企业碳排放核查和低碳公路运输企业认证，建立公路运输企业能效领跑者激励机制。

第四篇

水 运 篇

第十七章
水路运输低碳发展现状与形势

一、水路运输能源消耗及二氧化碳排放现状

（一）核算边界

水路运输研究范围包括水上（远洋、沿海、内河）旅客运输、水上（远洋、沿海、内河）货物运输和水上运输辅助活动（包括内河港口和沿海港口）；针对远洋客、货运，本章仅涉及能耗和碳排放核算现状分析，未开展基于不同情景的趋势预测分析。

（二）水路运输能源消耗现状

1. 能源消耗总量

2020年水运能源消耗总量为5681.32万吨标准煤，比2019年增长4.4%，如图17-1所示。

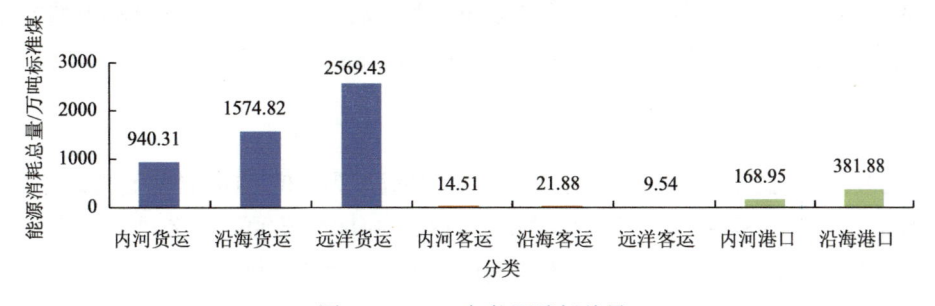

图17-1　2020年能源消耗总量

按照运输类别来看，水路货物运输能源消耗 5084.56 万吨标准煤，占比 89.5%；水路旅客运输能源消耗 45.93 万吨标准煤，占比 0.81%；港口能源消耗 550.83 万吨标准煤（内河港口 168.95 万吨标准煤，沿海港口 381.88 万吨标准煤），占比 9.7%。

按照运输距离来看，内河和沿海能源消耗 2551.52 万吨标准煤，占比 44.9%，远洋运输能源消耗 2578.97 万吨标准煤，占比 45.4%。

2. 能源消耗结构

水运行业的能源消耗品种以柴油、燃料油、电力为主，2020 年分别为 1768.87 万吨标准煤、3565.99 万吨标准煤和 276.00 万吨标准煤，占比达到 98.8%，如图 17-2 所示。

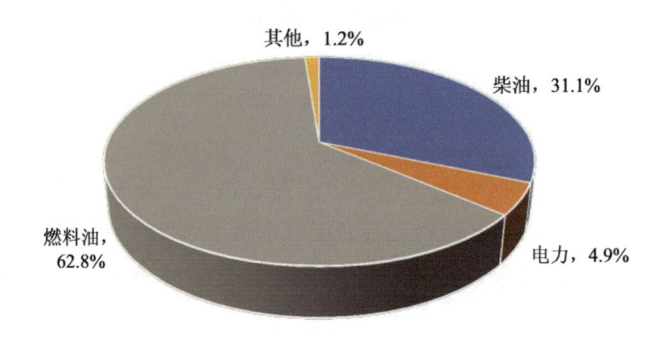

图 17-2　2020 年水运能源消耗结构

具体来看，2020 年不同运输类别的能源消耗结构差异性很大，其中，内河货运主要以柴油为主，柴油消耗占比达到 93.79%；海洋货运主要以燃料油为主，以柴油为辅，能源消耗占比分别为 84.25% 和 15.43%；内河客运主要以柴油为主，能源消耗占比为 86.11%；海洋客运主要以柴油为主，燃料油为辅，能源消耗占比分别为 67.47% 和 31.37%；港口主要以电力和柴油为主，同时也在推动天然气等清洁燃料的消耗，能源消耗占比分别为 50.11%、38.79% 和 2.97%（图 17-3）。

3. 能源消耗强度

2020 年水路货运（内河和沿海）能源消耗强度为 5.02 吨标准煤/百万吨公里，水路客运（内河和沿海）能源消耗强度为 132.9 吨标准煤/百万人公里。2020 年受疫情影响，能源强度有所提升，能源利用效率水平有所下降。

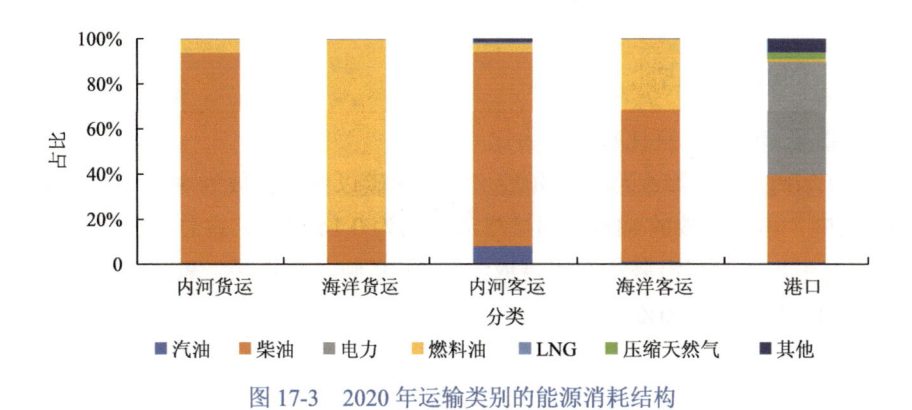

第十七章 水路运输低碳发展现状与形势　175

图 17-3　2020 年运输类别的能源消耗结构

(三) 水路运输二氧化碳排放现状

1. 二氧化碳排放总量

2020 年水运二氧化碳排放总量约为 1.29 亿吨，比 2019 年增加 4.87%，其中直接排放约为 1.15 亿吨，占比 89%，间接排放约为 0.14 亿吨，占比为 11%，如图 17-4 所示。

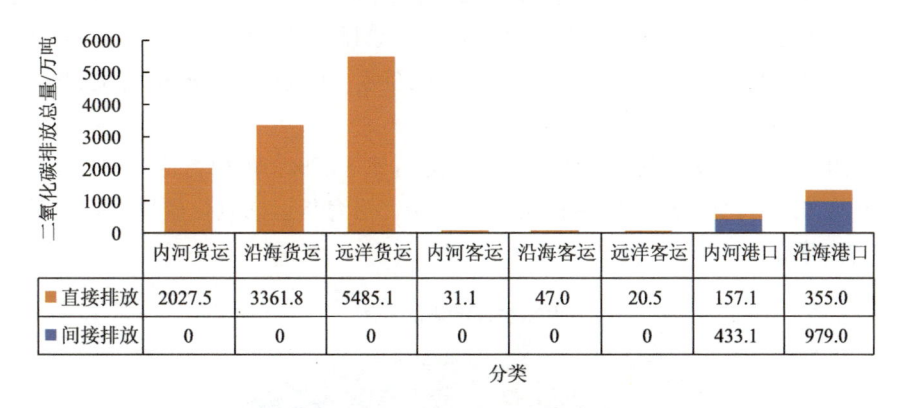

	内河货运	沿海货运	远洋货运	内河客运	沿海客运	远洋客运	内河港口	沿海港口
直接排放	2027.5	3361.8	5485.1	31.1	47.0	20.5	157.1	355.0
间接排放	0	0	0	0	0	0	433.1	979.0

图 17-4　2020 年水运二氧化碳排放总量

按照运输类别来看，水路货物运输二氧化碳排放约 1.1 亿吨，占比 85.3%；水路旅客运输二氧化碳排放约 0.0099 亿吨，占比 0.77%；港口二氧化碳排放约 0.19 亿吨（内河港口约 0.059 亿吨，沿海港口约 0.133 亿吨），占比 14.7%。

按照运输距离来看，远洋运输二氧化碳排放量约 0.55 亿吨，占水运行业碳排放的 42.64%，国内内河和沿海水运行业以及港口的二氧化碳排放约为 0.74 亿吨。

2. 二氧化碳排放占比

1）直接和间接二氧化碳排放占比

2020年内河、沿海水路运输和港口二氧化碳以直接排放为主，直接排放量约为0.6亿吨，占总排放的81%，间接排放量约为0.14亿吨，占总排放的19%（图17-5）。其中，内河和沿海货运碳排放约0.54亿吨，是直接二氧化碳排放的主要来源，占直接排放的90%。

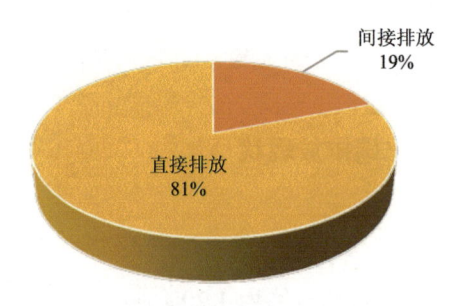

图 17-5　2020年内河、沿海水路运输和港口二氧化碳直接和间接排放占比

2020年内河、沿海水路运输和港口二氧化碳间接排放主要来自港口企业使用的电力和热力，间接排放量约为0.14亿吨，占总排放的19%，其中内河港口间接排放约0.04亿吨，沿海港口间接排放约0.1亿吨，占港口总排放量的73.7%。

2）不同类型二氧化碳排放占比

2020年沿海货运占比56.2%，内河货运占比33.9%，港口占比8.5%，沿海客运和内河客运占比分别为0.8%和0.5%。其中，沿海货运二氧化碳排放占比最高，如图17-6所示。

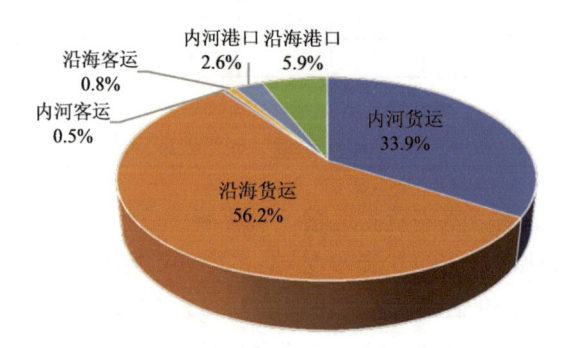

图 17-6　2020年水运各部分二氧化碳排放占比

图中百分比由于四舍五入，合计可能不等于100%

3. 二氧化碳排放强度

1）水路单位客运碳排放

2020年水路客运（内河和沿海）单位碳排放强度为285.2吨二氧化碳/百万人公里。

2）水路单位货运碳排放

2020年水路货运（内河和沿海）单位碳排放强度为10.75吨二氧化碳/百万吨公里。

二、水路运输清洁低碳发展面临的形势和挑战

（一）面临的形势

1. 水运低碳发展符合国际航运减污降碳的紧迫形势

国际海事组织（International Maritime Organization，IMO）一直致力于推动航运业的温室气体减排工作，将降低船舶碳排放列为重点管理措施，也逐渐形成减排倒逼机制，推动国际航运业减污降碳的进程。IMO为推动国际航运业尽快实现减排目标，2011年通过了EEDI，将其作为控制船舶温室气体排放的主要手段，以期监管航运和船舶行业低碳排放的过程；2018年通过了《减少船舶温室气体排放的初步战略》，从愿景目标、减排力度、指导原则、不同阶段的减排措施和影响等方面对航运业应对气候变化的行动作出总体安排。这不仅是全球航运业首次为应对气候变化制定的温室气体减排战略，还是IMO在航运温室气体减排谈判进程中的重要里程碑。

战略确定了温室气体减排的量化目标及阶段性减排措施。①与2008年相比，国际航运每单位运输活动的平均二氧化碳排放量到2030年至少降低40%，并力争到2050年降低70%。②与2008年相比，到2050年国际航运的年度温室气体总排放量至少降低50%。③为尽快消除国际航运产生的温室气体排放，制定了三个阶段的措施：一是短期措施（2018～2023年），改善新船和现有船的技术和运行能效，发起研究开发替代性燃料等新技术的行动；二是中期措施（2024～2030年），引入替代性低碳和零碳燃料实施计划，加强技术合作与能力建设等；三是长期措施（2030年以后），引入零碳燃料，鼓励广泛采用可能的新型减排机制。2023年7月，IMO通过了修订后的《船舶温室气体减排战略》，提出了更加严格的减排目标。修订后的减排战略提出：尽快使国际海运的温室气体排放量达到峰值，

并在考虑到不同国情的情况下,在2050年之前或该年前后达到净零排放。需通过提升新建船舶的能效设计来降低其碳强度。

2. 水运低碳发展是促进我国水运高质量发展的重要动力

我国已转向高质量发展阶段,国内国际新形势给加快建设交通强国、构建现代化高质量国家综合立体交通网提出了新的更高要求。水运行业要围绕碳达峰碳中和目标,充分发挥绿色低碳优势和潜力,强化其在综合运输体系中的作用,推动经济社会发展全面绿色转型。

当前我国已经成为全球船舶保有大国,客货周转量居于世界前列,且多年维持快速增长态势,未来一段时间水运需求仍将保持增长趋势,能源消耗、碳排放和污染物排放也将保持增长态势。因此,必须切实做好水运行业深度脱碳工作,更加注重优化水运行业的能源结构,向更清洁低碳的方向转变;更加注重发展方式转变、注重整体效率提升;更加重视创新驱动、数字赋能,统筹污染治理与应对气候变化,采取更加强有力的措施,不断降低水运行业二氧化碳排放强度、减少主要污染物排放总量,加快形成绿色低碳运输方式。

3. 水运低碳发展满足交通运输行业的低碳转型需求

相比其他运输方式,水路运输具备极强的环保性、经济性和节能性,在当前我国"双碳"目标背景下,其不仅符合社会发展规律,也在推动我国的运输事业更快更好发展方面发挥了重要作用。《国家综合立体交通网规划纲要》在推进绿色低碳发展中提出了"形成以铁路、水运为主的大宗货物和集装箱中长距离运输格局"的任务要求。总结来看,交通运输行业从碳排放强度、能源结构优化、科技创新等方面对水运行业提出了进一步的要求。

一是提出明确的碳排放强度目标。《绿色交通"十四五"发展规划》明确提出了2025年营运船舶单位运输周转量二氧化碳排放较2020年下降3.5%、营运船舶氮氧化物排放总量较2020年下降7%的发展目标。

二是提出要优化水运行业能源结构。《绿色交通"十四五"发展规划》《水运"十四五"发展规划》《内河航运发展纲要》等文件都明确提出了推广LNG节能环保船舶,探索发展纯电力、燃料电池等动力船舶,研究推进太阳能、风能、氢能等在行业的应用,促进岸电设施常态化使用等任务要求。

三是提出要加快水运智能技术研发应用。《智能船舶发展行动计划》《智能航运发展指导意见》等文件提出规划智能航运的未来发展,加强顶层设计和系统谋划,提升港口码头和航运基础设施的信息化、智能化水平,推进智能船舶技术应用,加强智能航运技术创新,加快船舶智能航行保障体系建设,提升港口及其重大装备和智能航运仪器、设备、系统的设计与建（制）造能力。

四是提出要加强科技创新引领。《绿色交通"十四五"发展规划》《关于大力推进海运业高质量发展的指导意见》《关于加快内河船舶绿色智能发展的实施意见》等分别提出"坚持创新驱动，强化绿色交通科技支撑""绿色低碳发展、智慧创新引领""优先发展绿色动力技术""加快推进智能技术研发应用"等任务要求，从创新应用新能源运输装备、智慧航运、智慧船舶等方面提出强化科技创新。

（二）存在的挑战

1. 水运低碳零碳能源技术路径不明朗

大力推动船舶动力技术朝低碳、零碳方向发展，加速水运能源转型是推动水运行业达峰的关键环节。虽然国际、国家、相关行业主管部门对水运行业降低碳排放已设立了明确的目标，但中长期的技术路线仍不明朗。目前，以 LNG、甲醇为代表的低碳燃料发展速度加快，以氢燃料、氨燃料等为代表的零碳燃料也逐渐被关注，但低碳零碳能源路径仍处于探索中。不同的燃料类型也存在不同的制约条件，如船用 LNG 的经济性和可获得性还有待提高，而且甲烷逃逸问题也值得被关注；甲醇的减排效果与 LNG 相差无几，但能量密度低，与目前的液体矿物燃料相比，甲醇燃料的加注频率要高出 2~3 倍；氢燃料或含氢燃料或成主流，但氢燃料生产成本高，尚不具有经济性，无法实现水运业所需的规模化供应，此外，氢燃料的应用还面临储存与运输困难、泄漏后存在爆炸隐患等；氨具有一定毒性，目前氨作为船舶燃料尚缺少相应技术法规。因此，未来船用燃料的格局仍不清晰，需要综合考虑经济性、技术可行性、可获得性等多方面因素选择合适的技术路径。

2. 水运能效技术和标准难以满足目标

船舶的能效管理是通过对船舶运行耗费能源状况、产生的 CO_2 情况进行管理和控制，从而实现能源节约、污染降低和减少排放的目的。国际社会对于气候变化问题日益关注，国际海运"去碳化"的节奏和措施力度也在不断加强，IMO 相关公约规则已经纳入船舶能效要求，对于新造船和现有运营船舶提出了 EEDI、现有船舶技术能效指标（energy efficiency existing ship index，EEXI）和营运碳强度指标（carbon intensity index，CII）的双控机制，现有船舶能效相关要求已纳入 MARPOL（The International Convention for the Prevention of Pollution from Ships，《国际防止船舶造成污染公约》）修正案，并于 2023 年 1 月 1 日起正式实施。我国目前已编制发布《内河船舶能效设计指数（EEDI）计算与验证指南》，但国内针对新造船以及现有船舶的强制性碳强度量化的相关标准和法规体系仍需进一步完善，亟须研究出台相对有效的强制性能效准入标准、船舶营运能效评价及高能耗船舶鼓励退出机制等一揽子的政策和措施工具。

3. 水运科技研发创新力度需要加大

科技创新是提升水运行业深度脱碳的核心，在于技术创新引领，通过新理论、新方法、新技术的科技攻关，形成系统性、高水平技术成果应用，提高水运行业的运行效率，优化能源结构等。从水运节能减排技术推广应用的成效来看，节能减排效益显著，具有经济合理性的技术更易在行业内推广，如集装箱门式起重机"油改电"、大型机械变频和电能回馈等技术。但是，缺乏效益显著、经济合理、适宜推广应用的水运节能减排新技术、新材料、新工艺、新设备等，这已经成为影响水运低碳发展的关键因素之一。

4. 水运绿色低碳发展治理能力有待提升

统计监测能力薄弱，基础数据匮乏，决策与管理缺乏有效的数据支撑。统计和监测是制定各项节能减排政策的基础，交通运输部曾发布《交通运输能耗监测统计报表制度》和《公路水路交通运输企业一套表统计调查制度》等统计报表制度，但重点监测企业较少，统计范围较小，且是手工填报数据，数据可能存在误差，无法满足行业节能减排和应对气候变化的数据需求。标准体系也有待完善，标准执行方面还需加强。由于水运低碳标准体系缺乏顶层设计，现有水运标准体系不健全，所涵盖的内容不全面，满足不了水运低碳发展的标准化需求。另外，治理手段也较为单一，"硬"的行政强制、法治约束手段与"软"的经济激励、市场化、教育引导手段尚未有效配合，缺乏从技术创新、管理提升与行为引导等全方位推动水运低碳发展的综合政策。

第十八章
全球水运低碳发展历程及启示

一、全球水运低碳发展历程

（一）IMO

1998 年 11 月，海洋环境保护委员会（Marine Environment Protection Committee，MEPC）第 42 次会议提出解决船舶温室气体排放问题。2003 年，IMO 第 23 次大会通过《IMO 关于船舶温室气体减排的政策和措施》文件草案。

2008 年 10 月，MEPC 第 58 次会议将 CO_2 设计指数变更为 EEDI，将 CO_2 运营指数变更为船舶能效营运指数。

2011 年 7 月，IMO 召开 MEPC 第 62 次会议，会议通过了包括 EEDI 在内的 MARPOL 附则Ⅵ有关船舶能效规则的修正案。除对 EEDI 值作具体规定外，修正案还要求对所有营运船舶强制实施《船舶能效管理计划》。在技术援助方面，修正案规定向有需要的国家特别是发展中国家提供技术转让。

2016 年 10 月，MEPC 第 70 次会议规定，《船舶燃油消耗的数据收集系统》于 2018 年 3 月 1 日起生效。

2018 年 4 月，MEPC 第 72 次会议在英国伦敦通过了国际海运温室气体减排初步战略。初步战略对全球海运业应对气候变化行动作出总体安排，旨在推动国际海运业尽快减排，在 21 世纪内实现温室气体零排放，与《巴黎协定》规定的温控目标保持一致，为全球应对气候变化做贡献。

2020 年 11 月，MEPC 第 75 次会议通过了 IMO 短期减排措施，引入 EEXI 和 CII，在技术和营运上共同鼓励与航运业相关的各方共同努力，按时完成脱碳目标。

2021年10月，IMO宣布，在制定全生命周期温室气体/碳强度指南方面取得了实质性进展。该指南用于评估新燃料对气候的总体影响。这些新燃料将帮助海运业实现转型，实现IMO在最初温室气体战略中设定的温室气体减排目标。

（二）国际航运企业

1. 马士基航运企业

马士基在2009年12月的哥本哈根气候协议文本草案首次将船运业的减排纳入目标后，开始了低碳航运之路。2017年，马士基携手微软推动数字化进程，旨在完成数字化转型后进一步推动航运减碳。2019年，马士基加入了IMO支持的全球工业联盟，与中国船级社签署三项合作框架协议，旨在携手领先的船舶检验、研究机构，支持和加速推进船舶脱碳进程。2021年，马士基拟订造全球首艘甲醇动力船舶，从燃料方面研究船舶去碳化进程。2022年初，马士基不仅官方正式提出了2040年实现温室气体净零排放的脱碳目标，还同时与国际多方航运公司合作研究绿色燃料，加速绿色燃料的供给。

2. 达飞航运企业

达飞于2011年开始在船舶上实施节能减排的措施，建立船队导航中心，优化船舶航线，以减少燃料消耗，从而减少CO_2排放。2017年，达飞的超大型箱船订单全面采用LNG动力，旨在使用清洁燃料推动船舶减碳。随后，达飞一直提倡使用LNG、生物甲烷和生物燃料等船舶替代燃料，开发以液化天然气为燃料的双燃料燃气动力船舶。2021年，达飞推出首款选用生物甲烷燃料的低碳航运服务，利用生物甲烷这一非化石能源，朝着航运碳中和又迈近一步。

3. 地中海航运企业

地中海先通过采用船体防污漆和球鼻艏改装等技术措施来降低船舶能耗，从而降低碳排放。2019年，地中海订造首艘LNG动力滚装渡船，旨在减少船舶对环境的污染，推动船舶减排进程。2021年，地中海通过合作设计和建造世界上第一艘远洋氢/液化天然气混合动力邮轮，改良船舶燃料和开发燃料电池集成技术来减少CO_2排放，并且着重解决大型船舶使用燃料电池的技术壁垒问题。力争于2050年全面实现邮轮海上作业温室气体净零排放，这表示地中海航运将加速助力相关核心技术和燃料的研发。

4. 航运企业的低碳技术

在技术方面，主要国际航运企业在以下几个方面进行了探索。

（1）碳捕捉技术。2021 年 9 月，马士基旗下风险投资部门 Maersk Growth 投资了 WasteFuel，WasteFuel 是一家专注于将废物转化为可持续航空燃料、绿色生物甲醇和可再生天然气的初创公司。随后，Maersk Growth 又对硅谷能源初创公司 Prometheus Fuels 进行了投资，该公司正在开发一种直接空气捕捉技术，以实现成本效益高、碳中性的电制燃料。

（2）空气润滑技术。马士基为一家计划使用 Silverstream 空气润滑系统来帮助提高船舶效率、降低排放的大型海运公司。瓦锡兰与 Silverstream 合作，在马士基旗下一艘大型集装箱船上安装空气润滑系统并进行相关试验。在试验期间，两家公司合作探讨提高船舶整体效率的可能性，主要关注燃油消耗及相关排放水平的降低。瓦锡兰和 Silverstream 共同开发的集成方案在 2022 年第二季度交付。Silverstream 公司认为空气润滑系统有望成为主流，空气润滑系统已证明可以显著提高运营效率，减少温室气体排放。视船型不同，该系统可以降低能耗 5%~10%。

（3）废热回收技术。马士基的一艘集装箱船已经配备了由瑞典能源技术产品公司 Climeon 提供的一套热能系统。作为全球最大的集装箱物流公司，马士基开始评估这种废热回收技术在提高能源效率和加强实现 2030 年减少 60%CO_2 排放任务的潜在能力。该系统以夹套冷却水和剩余蒸汽的形式回收来自船舶主机的废热，回收的热量可为船舶电网提供电力。这种无碳电源减少了船舶发电机组所需的电力输出，从而节约燃料并减少排放。目前安装的系统能够产生 150 千瓦的无碳电力，提高了船舶的 EEXI。该公司可提供模块化的可扩展系统，可为单艘船提供 150 千瓦至 1 兆瓦的清洁电力输出，每年可减少高达 3500 吨的 CO_2 排放，相当于每年节约燃料 1000 吨。

（4）有机废物发电技术。日本邮船投资了专门从事废物收集生物质发电的日本公司 Sustainable Energy，研究如何将船上的有机废弃物转化为燃料，开发了一个亚临界水有机废物综合发电系统（integrated subcritical-water organic-waste power-generation system，ISOP），使用亚临界水处理技术分解有机物质，并最终生产生物燃料等绿色能源产品。ISOP 是一种创新系统，包括在封闭空间内利用亚临界水处理技术将可燃废物等有机物质分解成低分子量化合物的设备，以产生粉状和干物质形式的能源原料。生成的能源原料可以作为生物煤、沼气（如甲烷和氢气）、生物焦等绿色能源产品进行再利用。与现有的焚化炉不同，ISOP 不会产生二噁英等有害物质。

(三)发达国家或经济体

1. 欧洲

1)欧盟

欧盟在20世纪90年代基本实现碳达峰,但在水路运输行业,其达峰目标还难以实现。在2009年莱茵河航运中央委员会秋季会议上,为承担莱茵河和其他内陆航运可持续发展的责任,欧盟根据其成员国的减排目标,为自己设定了减少莱茵河航行产生的温室气体排放的目标。随后,莱茵河水运排放问题逐渐受到重视,一系列针对性减排措施被提出和应用,见表18-1。

表18-1 欧盟内河水运减排措施

领域	措施	适用性	减少能耗	额外成本/欧元	回报时间/年
技术	父子发动机(father-and-son engine)	新建船和改装船	10%	150 000	7~8
	柴油电力推进	仅新船	10%	200 000	10
	电力推进	仅新船	10%	300 000	15
	液化天然气	新建船和改装船	0	新建:1 000 000 改装:1 400 000	16~20
	特殊物质过滤器	新建船和改装船	0	500 000	—
	选择性催化还原	新建船和改装船	0	500 000	—
	弹性烟道(flexible tunnel)	新建船和改装船	10%	60 000	1.5~3
	优化船型	新建船和改装船	10%	150 000	3~4
	用复合材料减轻重量	仅新船	5%~15%	船体成本增加30%	10~15
操作	减速/智能航行	所有的船只	10%~30%	250欧元的培训课程	0.1~0.2
	船载信息系统/行程规划		10%	低成本	<1
	优化与维护		5%	低成本	<1
运输管理	减少空车次数		高	一般不能被量化	
	改善海港界面		高		
	自动识别系统/内河航运综合服务系统/电子航道图		高		

2018年之后,欧盟相关委员会和部分成员国相继提出了水运业的减排目标。减少水运业排放的措施的重心由单一的船舶设计层次转移到行业整体层次。大力

发展替代燃料成为降低水运业排放的必然措施。

2021 年 6 月，欧盟委员会提出了一项行动计划，侧重于欧盟运输系统向零排放的转变，通过提高货运和物流的数字化水平、发展水运基础设施的适航性、加强内陆港口枢纽多式联运性、替代燃料供应商来实现。2021 年 7 月，欧盟委员会发布了一套立法提案（"Fit for 55"的一揽子方案），以使现有的欧盟规则与气候目标保持一致。其中，对内河航运影响最大的是在替代燃料、可再生能源和税收领域提出的改革。欧盟委员会提议废除并以一项法规取代《替代燃料基础设施指令》，旨在到 2030 年底，在泊位安装陆上电力装置，为内河船舶提供能源，并在内河港口安装替代燃料基础设施。拟议修订的《可再生能源指令》将可再生能源的最低能源比例提高到 40%，并要求到 2030 年，可再生和再循环燃料的温室气体排放量至少降低 13%。2021 年 12 月，欧盟委员会提出了与水运相关的几项变更，即在 TEN-T（trans-European transport networks，全欧交通网络）中包括铁路货运走廊（对内陆港口很重要），扩大与多式联运货运码头相关的部分，并将重点放在良好航行的气候适应性上。据估计，完成水运核心网络将耗资约 270 亿欧元。这些提案将由欧洲议会和理事会进行谈判。

对于航运业纳入欧盟碳排放交易体系（emissions trading system，ETS），欧盟委员会最早计划 2023 年纳入 20%、2024 年纳入 45%、2025 年纳入 70%，一直到 2026 年上报 100%的已核实排放量。2022 年 1 月，在提交的修订草案中，将全面纳入航运业的时间更改为 2023 年 33.3%、2024 年 66.6%、2025 年 100%。此次最新的修订直接取消了分阶段的方案，直接到 2024 年将航运业纳入欧盟碳交易体系。

2）英国

英国是全球首个以国内立法形式确立净零碳排放目标的国家，也是推行航运业温室气体减排最积极的欧洲国家之一。在 2010 年 IMO 的 MEPC 第 60 次会议中，英国提交了构建航运碳交易法律制度的提案，希望通过法律推动航运业碳减排。

2019 年后英国通过不断修订法案，旨在通过法规强力推动航运减排。英国将 2050 年净零排放的目标编入法典，相继发布了《海事 2050 战略》《清洁航运计划》，推动实现 2050 年降低航运碳排放的目标。在 2021 年《联合国气候变化框架公约》第 26 次缔约方大会上，英国呼吁 2050 年全球航运实现净零排放，2025 年推出无污染商业船舶。另外，英国议会环境审计委员会已启动计划，研究将航运部门的温室气体排放减少到最低限度的方案。

2022 年初，英国政府推出《可再生运输燃料义务法》，开始将非生物来源的可再生燃料用于船舶，如氨、甲醇和氢气等。英国政府也计划将扩大 ETS 的范围，以涵盖部分国内航运部门。

2. 北美

1）美国

2007年12月，美国加利福尼亚州实施"加利福尼亚州靠泊规则"，要求停靠港口的船舶减少柴油机的排放。2015年，美国船级社更新其《北美LNG动力船加气指南》，支持交通运输业更快地过渡到应用清洁燃料的阶段。2019年5月，美国船级社发布其第一版《船舶和海上设施智能功能指南》，帮助船舶更方便地监测各种数据，为船舶减排提供技术支撑。2020年9月，美国船级社推出"替代燃料预准备"方案，旨在支持船舶改造使用LNG、甲醇、乙醇、LPG（liquefied petroleum gas，液化石油气）、氢、氨等燃料。2020年10月，美国众议院民主党议员提出了《海洋气候解决方案法》，要求所有使用美国港口的5000总吨及以上的船舶根据每个航次的数据报告排放量。

2）加拿大

2016年12月，加拿大和美国正通过一系列措施逐步禁止北极地区航行船舶使用重油，减少船舶对北极地区的污染。2019年12月，加拿大政府资助Corvus Energy公司，为船舶行业打造下一代能源存储和数字化技术，发展船舶节能减排技术。

3. 韩日

1）韩国

韩国是全球造船产业链非常完善的国家之一。2016年，韩国政府发布了《造船产业竞争力强化方案》和《造船密集区域经济振兴方案》，提出要发展造船业，全面布局绿色低碳船舶产业。2018年，韩国政府出台《造船产业发展战略》《造船产业活力提高方案》，引领韩国造船产业向"绿色化"转型，并大力发展绿色船舶技术，研发氢燃料和电力推进技术，进一步丰富船舶低碳技术的深度和广度，营造船舶低碳发展环境。2021年5月韩国海洋水产部表示将支持研发氨/氢燃料动力船舶。同年9月，韩国发布《造船再腾飞战略》，为LNG加注业和LNG动力船提供有力的政策支撑，进一步促进船舶低碳发展。

2）日本

日本早在2016年开始推动船舶工业创新做强，深化物联网、大数据等技术在船舶领域的应用，为船舶低碳发展起到引领作用。2020年10月，日本造船业宣布联合研发新一代环保船舶，致力于在碳中和时代开发先进的环保性能提升技术，以实现零碳排放目标。2021年8月，日本国土交通省发布《绿色挑战赛》，重点发展船舶领域，打造碳中和港口，推进船舶脱碳。2021年，日本国土交通省宣布，批准"特定船舶引进计划""业务基础强化计划",鼓励航运公司订购新船,以发展低碳、环保的高质量船舶。同时,鼓励船厂研发 LNG 加注船、LPG 动力船和 LPG 运输船,进一步普及扩大航运业低碳、脱碳燃料应用。

(四)港口

1. 鹿特丹港

鹿特丹港早在 2011 年就提出"2030 年港口发展战略愿景",并制订了详细的方案,采取建立岸电设施、减免港务费等措施促进绿色低碳发展。随后,鹿特丹港不断加强数字化技术应用和港口生态建设,并积极开展"转变运输方式"战略,优化港口运输体系。2020 年,鹿特丹港加入氢能理事会,推动港口能源转型。2021 年,Porthos 项目在鹿特丹港实施以捕获 CO_2,促进港口可持续发展,努力在 2030 年实现碳排放减半的目标。

2. 汉堡港

德国汉堡港是仅次于鹿特丹港的欧洲第二大港口。近年来,汉堡港务局制定了将汉堡港发展为"智能港"的目标,建立了智能港物流和能源计划两大基石,还联合各部门启动了智能港能源系统,从而间接减少了港口的碳排放。2020 年,在德国《国家氢能战略》布局下,汉堡港组建汉堡氢能网络,以促进汉堡氢能块区铺设、联动发展、节能减排。

3. 新泽西港

纽约新泽西港于 2009 年发布了第一份清洁空气战略报告,该报告提出的战略减排目标是每年净减少 3%,温室气体每年净减少 5%。2018 年,纽约新泽西港当局推出清洁船舶奖励计划,鼓励抵达港口船舶使用内燃机、燃油和技术来实现高于现行 IMO 排放标准的减排。

4. 圣佩德罗湾港口

美国洛杉矶港和长滩港统称圣佩德罗湾港口,于 2001 年 5 月生效了船舶减速自愿计划,该计划代表了两港为了遏制排放的早期努力。圣佩德罗湾港口于 2006 年 11 月制定了清洁空气行动计划(clean air action plan,CAAP),旨在显著降低航运污染,在一定程度上促进船舶碳减排。随后增加了清洁燃料激励计划,使得两港通行船舶碳减排程度提升。2017 年 11 月,圣佩德罗湾港口更新了 CAAP,制定了零排放基础设施战略。

二、全球水运碳排放特征

(一) 全球水运碳排放现状

根据 IMO 温室气体研究报告，2012~2018 年，全球航运［包括远洋运输、国内航运（内河、沿海）和渔船运输］占全球二氧化碳排放量的比例从 2.8% 上升至 2.9%（以二氧化碳当量计算）。2012~2018 年，基于船舶计算的远洋运输二氧化碳排放强度约降低了 11%，但二氧化碳排放量从 8.48 亿吨增加到 9.19 亿吨[①]，如图 18-1 和表 18-2 所示。

图 18-1 历年航运排放趋势图

表 18-2 历年航运业排放数据

年份	全球 CO_2/百万吨	全球航运/百万吨	占比	国际航运/百万吨	占比
2007	31 409	1 100	3.50%	885	2.82%
2008	32 204	1 135	3.52%	921	2.86%
2009	32 047	978	3.05%	855	2.67%
2010	33 612	915	2.72%	771	2.29%
2011	34 723	1 022	2.94%	850	2.45%
2012	34 793	962	2.76%	701	2.01%
2013	34 959	957	2.74%	684	1.96%
2014	35 225	964	2.74%	681	1.93%

---

① Fourth Greenhouse Gas Study 2020，https://www.imo.org/en/OurWork/Environment/Pages/Fourth-IMO-Greenhouse-Gas-Study-2020.aspx[2022-03-06]。

续表

年份	全球 CO_2/百万吨	全球航运/百万吨	占比	国际航运/百万吨	占比
2015	35 239	991	2.81%	700	1.99%
2016	35 380	1 026	2.90%	727	2.05%
2017	35 810	1 064	2.97%	746	2.08%
2018	36 573	1 056	2.89%	740	2.02%

根据 IMO 的温室气体研究报告，国际航运碳排放强度有下降空间，但整体的温室气体排放量仍然在上涨。随着全球经济的不断增长，国际航运是全球贸易活动的主要依靠，以化石燃料为能源的船舶又占据国际船队的核心，因此国际航运的温室气体排放增长是必然结果。但在国际海事法规的外部压力和航运公司追求突破的内部驱使双重作用下，低排放、高能效船舶逐渐成为大多数船东的选择，国际航运的碳排放强度存在进一步下降空间，CO_2 年排放量仍将持续增长或小幅下降。

（二）发达国家/地区水运碳排放现状及对比

欧盟：2019 年，欧盟交通运输部门的二氧化碳总排放量达到 9.56 亿吨，其中国际航运占 3.6%，内陆航运占 0.4%[①]。

英国：英国气候变化委员会发布的《向议会报告 2022：减排进展》数据显示，英国 2019 年国内水运二氧化碳排放量约 597 万吨，国际航运约 730 万吨；2020 年国内水运二氧化碳排放量约 524 万吨，国际航运约 600 万吨。2021 年，航运业占英国总排放量的 3%左右。其中，超过一半来自国际航运，其余来自国内部门。

美国：2020 年温室气体总排放量为 59.8 亿吨，交通运输占总排放的 27%，水运业排放占交通运输业总排放的 2%（约 3229 万吨）[②]。

日本：2020 年，日本运输部门的二氧化碳排放量约为 1.85 亿吨[③]。2019 年，日本船舶运输二氧化碳排放量约为 1000 万吨。

水运带来的温室气体及污染物排放主要源自船舶大量消耗的燃油，而燃油的消耗和船舶运输的距离、重量有关。在庞大的水路客货运周转需求下，我国水运

---

① Emissions from planes and ships: facts and figures（infographic），https://www.europarl.europa.eu/news/en/headlines/society/20191129STO67756/emissions-from-planes-and-ships-facts-and-figures-infographic[2023-02-07]。

② Fast Facts on Transportation Greenhouse Gas Emissions，https://www.epa.gov/greenvehicles/fast-facts-transportation-greenhouse-gas-emissions[2023-02-07]。

③ Volume of carbon dioxide emissions from the ship transportation sector in Japan from fiscal year 2010 to 2019，https://www.statista.com/statistics/681422/japan-carbon-dioxide-ship-transport-emissions[2023-02-07]。

二氧化碳排放量明显高于发达国家水运。在发达国家中，欧盟水运的二氧化碳排放量最高，其次是美国。图 18-2 为发达国家/地区水运碳排放对比。

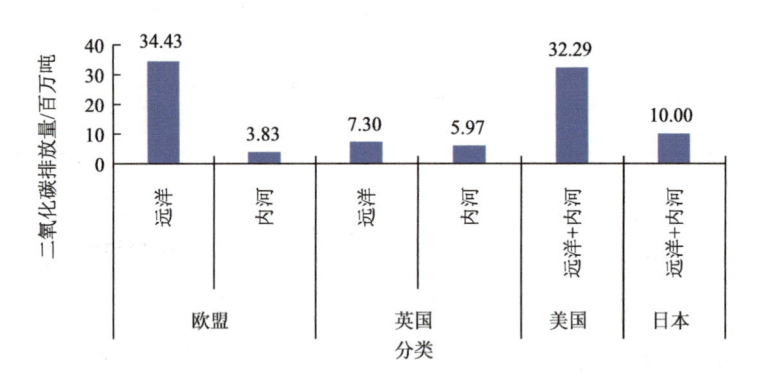

图 18-2　发达国家/地区水运碳排放对比

美国使用的是官方公布的 2020 年的数据，其他国家或地区均使用 2019 年的数据

三、全球水运低碳发展对我国的启示

（一）政策

1. 强化水运领域低碳顶层设计

当前，绿色化转型是海事业发展的重要方向，但其发展也面临着资金、技术、法规等一系列问题的制约，政府的支持与政策引导是当前促进行业绿色化发展的重要推动力，韩国、日本等国家/地区均加大了对船舶行业绿色化发展的政策支持。

我国船队整体船龄结构优于世界平均水平，总体能效水平与欧洲少数国家船队相比仍有小幅差距，船舶行业大而不强，虽然产能较大，但船厂集中度不高，结构性落后产能比例较高。因此，选择更适合我国国情的机制进行推进实施，加快开展新能源、新船型和新材料等的研究，制定绿色船舶低碳评价标准体系，联动水运行业上下游单位，形成覆盖全产业链的船舶能效排放控制联盟，从而提升我国船舶行业的国际竞争力，实现水运业的绿色化、低碳化。

对于船舶企业，要积极争取并用好国家对于船舶行业绿色化转型的政策支持，制定长期的行业绿色转型战略，积极开展绿色转型相关基础技术、标准与法规等方面的研究，促进我国在船舶绿色化竞争中占得先机。强化政府主导，制定国家和行业层面的绿色船舶发展规划；布局技术攻关，加快推进船舶替代燃料的市场化应用进程；实施开放合作，提升核心竞争力的同时引领国际行业发展。

对于港口，需加快研究并出台绿色、低碳、智慧港口评价体系和建设实施指南。选出合适的港口发展示范工程，形成典型案例与创新成果并加以推广和深入发展。港口发展需注重顶层设计，从战略、技术、应用、保障等多方面统筹有序地推进绿色低碳港口建设。

2. 积极调整运输结构促进低碳发展

对水运业需采取一系列措施进行低碳化。提高交通行业智能化水平，加强水陆交通方面的可持续发展。持续优化结构性减排，优化交通运输结构，发挥不同运输方式的比较优势及组合效率，加强管理性减排措施和技术性减排措施的应用。

3. 加快低碳零碳船舶动力技术革新

我国是航运大国，当前低碳零碳船舶动力技术发展程度暂不处于国际领先地位，需要合适的政策引领与支持。支持开发和商业化推广低碳零碳船舶，高度重视与国际能源开发商、燃料技术公司等行业领先企业建立合作关系。为实现船舶碳减排目标，需明确发展零碳排放船舶的需求，开展零碳排放船舶的工业可行性评估，分析向零碳排放船舶发展过程中的推动因素，制定具体的低碳行动计划，推动零碳排放船舶的发展。

（二）技术

1. 推进内河沿海航运与国际标准接轨

为减少海运业的碳排放量，IMO 制定了一系列强制性规则和指导性文件，规划着国际航运的低碳发展，提出各国秉持"共同但有区别"以及"不优惠待遇"的原则并根据各国的国情进行水运业的治理与整顿。我国内河和沿海水运的低碳发展也需要与国际接轨，在 2030 年前提高新造船舶设计能效标准、全面构建营运能效机制、加快推广替代燃料与新能源技术，着力提升营运能效水平，降低海运碳排放强度；在 2030 年后大幅降低温室气体排放总量，最终在 21 世纪内实现零排放的阶段性目标。

2. 加强航运企业低碳化发展

达飞与地中海在前期都是通过采取能效技术来节能减排的，随着技术的进步，两者都开始进行能源转型，也就是使用清洁能源或者改良燃料以减少 CO_2 的排放。通过两者的水运低碳发展形势可以看出，能效技术贯穿始终，能源转型是大势所趋，根本的解决方案则是应用清洁燃料。

不同的航运领域需要制订相应的最佳脱碳方案。着眼于水运业整体，航运企业应发挥带头作用，走以清洁能源为核心，动力技术、能效技术为辅助措施的综合减排路径，以实现航运企业自身的低碳发展，带动航运业上下游产业链。

3. 推进低碳船舶动力和能效技术应用

在碳达峰碳中和目标背景下，低碳能源转换将是航运业减少碳排放的根本性措施。现阶段，95%以上的船舶采用柴油为主动力能源，实现"双碳"目标需要摆脱对柴油动力的依赖。加快推动 LNG、蓄电池、氢燃料电池、甲醇、氨、岸电等低碳零碳能源在内河航运中的应用，提高内河船舶电气化水平，发展动力优化、能效管理、碳捕集、排放监控等绿色低碳智能技术，同时研究碳税、碳交易等管理机制。

能效管理和控制技术研究是实现内河船舶低碳化技术路径中的重要组成部分，尤其是对于大量的现有船舶，能效优化是当前现有船舶实现减碳的关键。考虑内河流速流向、风载荷、浅水等典型通航环境因素的影响，以及不同航段、不同季节通航环境特点，建立能效优化决策模型，得到不同通航环境下的船舶经济航速、最佳纵倾以及能量管理策略等，能够提高船舶营运能效水平。

4. 加快港口低碳示范工程推广

对于港口，需加快研究并制定低碳、智慧港口评价体系和建设实施指南。选出合适的港口发展示范工程，形成典型案例与创新成果并加以推广和深入发展。港口发展需注重顶层设计，从战略、技术、应用、保障等多方面统筹有序地推进绿色低碳港口建设。港口活动产生的污染排放对环境具有重要影响，需要综合的方法来有效地减少排放。

低碳技术方面，加快清洁能源产业布局和技术攻关，突破氢能源的加注、存储等关键技术，推进港口多能源融合发展。借助数字化、智能化创新技术，构建智能能源管控平台。推进港口老旧设备的更新改造，注重岸电设备、船岸接口、油路电路切换等关键技术研发，实现港口智能化发展的同时降低传统能源的使用。

基础设施布局方面，鼓励建设大型岸电系统，加快推进船舶岸基快速充电。联合船舶、铁路、公路、码头、仓储等运营商对运输链和物流网络进行整体优化，完善港口集疏运体系总体结构，以实现节能减排。

第十九章
水运运量预测及二氧化碳排放情景分析

一、预测方法

基于经济社会发展规划、交通运输发展规划等相关文件，预测水路客货运需求。融合水运需求-能源消耗-减排措施-碳排放的全链条建模理念，采用基于周转量预测的核算方法，构建水运碳排放与污染物排放预测模型。从运输结构调整、能效提升、清洁能源替代、出行需求管理等方面对各阶段水运碳减排措施的代表性参数量化赋值，设置不同低碳发展情景。在满足水运需求的前提下，模拟预测基于不同政策组合情景的交通运输领域碳排放变化趋势。模型涉及的基本参数如表19-1所示。

表19-1 水运排放模型基本参数

活动水平	水路客货运周转量
减排措施	新能源船舶推广比例
	燃油船舶能效提升水平
	运输结构调整比例（体现在周转量变化上）

本章采用情景分析法，通过设置三种未来交通低碳发展情景，模拟不同情景下交通领域的碳排放量变化趋势。

基准情景：以2020年交通运输实际发展情况为基础，延续当前实行的低碳政策、减排管理手段，同时推进低碳技术进步，对未来交通发展进行预测，评估和预测在延续现有的政策力度及技术的发展趋势下，交通运输领域的碳排放趋势。结合《绿色交通"十四五"发展规划》，要求2025年营运船舶单位运输周转量CO_2排放较2020年下降3.5%；到2030年，较2020年下降5%。

低碳情景：在基准情景的基础上，通过能效水平提升，进一步推进水运节能减排。参考 CII 要求，船舶营运碳强度 2020～2022 年折减率分别为 1%、2%和 3%，2023～2026 年折减率分别为 5%、7%、9%和 11%，2027 年之后年均降幅为 1%。燃料替代方面，中短期以 LNG 和电力为主。

强化低碳情景：在低碳情景的基础上，随着氨氢船舶取得技术突破，2035 年后氨氢船舶投入规模化应用，通过进一步加快清洁能源替代，继续推进水运节能减排。

二、水路运输活动水平预测

近年来，随着我国经济社会的高速发展，货运需求不断上涨。2021～2035 年，我国经济社会仍将快速发展，工业化和城镇化进程持续推进，旅游、探亲、访友、商业等居民出行活动愈加频繁，导致我国货物和旅客运输需求仍将保持增长趋势。

（一）客运周转量预测分析

参考《交通强国建设纲要》《国家综合立体交通网规划纲要》，以及交通发展相关规划中提出的客运周转量变化趋势预测，通过梳理现有客运交通运输需求预测的相关研究，遴选人口、GDP、服务业发展水平、交通基础设施发展水平等关键指标，构建多因素回归模型预测未来水路客运周转量变化，如图 19-1 所示。

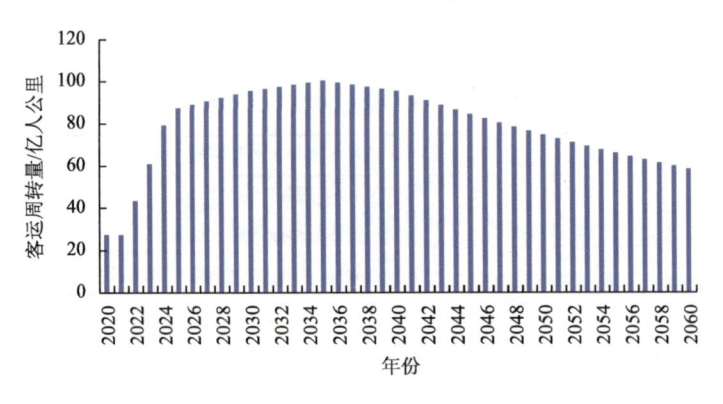

图 19-1　水路客运周转量预测

（二）货运周转量预测分析

参考《交通强国建设纲要》《国家综合立体交通网规划纲要》，以及交通发展相关规划中提出的货运周转量变化趋势预测，深入分析货运需求变化与 GDP、产业结构等影响因素的关系，采用多元回归、增长率法、弹性系数三种数学模型，预测交通货运周转量。预测的未来水路货运周转量变化如图 19-2 所示。

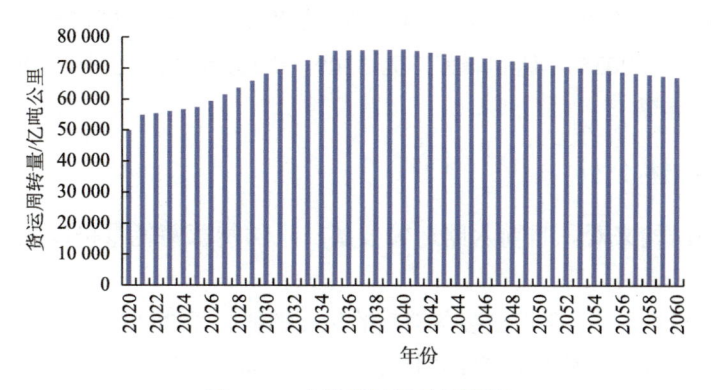

图 19-2　水路货运周转量预测

三、水路运输装备能耗、碳排放与污染物排放预测分析

（一）能耗预测分析

1. 能耗总量分析

不同情景下的水路运输装备能源消耗变化趋势如图 19-3 所示。基准情景下，水运客货运能源消耗在 2040 年前仍将大幅增长，从 2020 年的 2552 万吨标准煤上

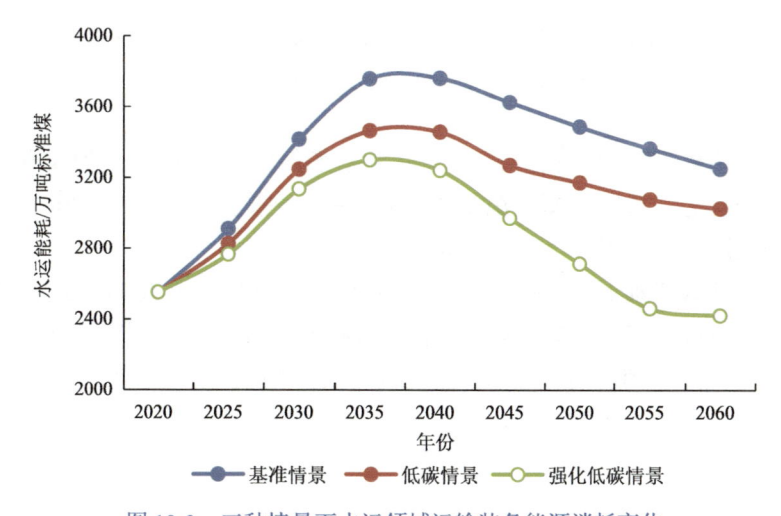

图 19-3　三种情景下水运领域运输装备能源消耗变化

升至 2040 年的 3763 万吨标准煤，之后呈下降趋势，2060 年下降至 3251 万吨标准煤；低碳情景下，水运客货运能源消耗量在 2035 年上升至 3465 万吨标准煤，之后持续下降，到 2060 年下降至 3027 万吨标准煤；强化低碳情景下，水运客货运能源消耗量在 2035 年达到峰值，为 3300 万吨标准煤，之后于 2060 年下降至 2422 万吨标准煤。

2. 能耗结构分析

从能源结构来看，目前水路运输装备产生的能源消耗量仍以柴油、燃料油为主。

在基准情景下，水路运输装备消耗的化石燃料将于 2040 年达到峰值，之后呈现下降趋势，新能源及清洁能源占比不断提升，如图 19-4 所示。

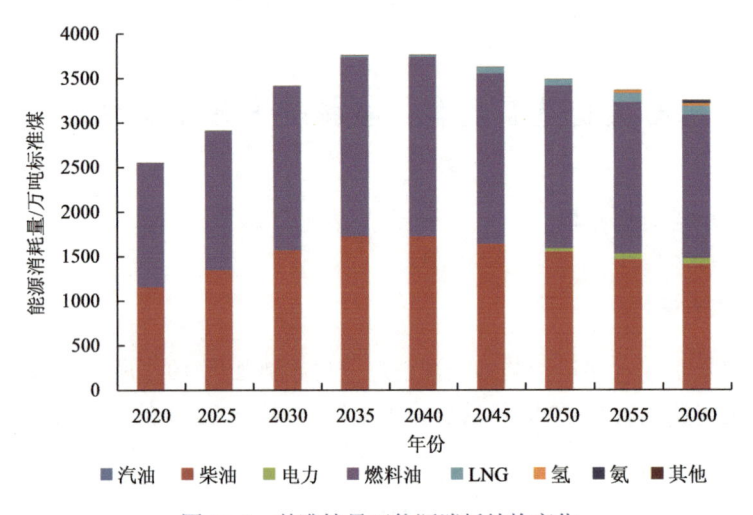

图 19-4 基准情景下能源消耗结构变化

在低碳情景下，水路运输装备消耗的化石燃料将于 2035 年达到峰值，之后呈现快速下降趋势。2035 年新能源及清洁能源占比将提升至 9%，到 2060 年，新能源及清洁能源占比将提升至 17%，如图 19-5 所示。

在强化低碳情景下，水路运输装备消耗的化石燃料将于 2035 年达到峰值，之后呈现快速下降趋势。2035 年新能源及清洁能源占比将进一步提升至 15%，到 2060 年，运输装备消耗的能源品种呈现多元化，新能源及清洁能源占比将进一步提升至 35%，如图 19-6 所示。

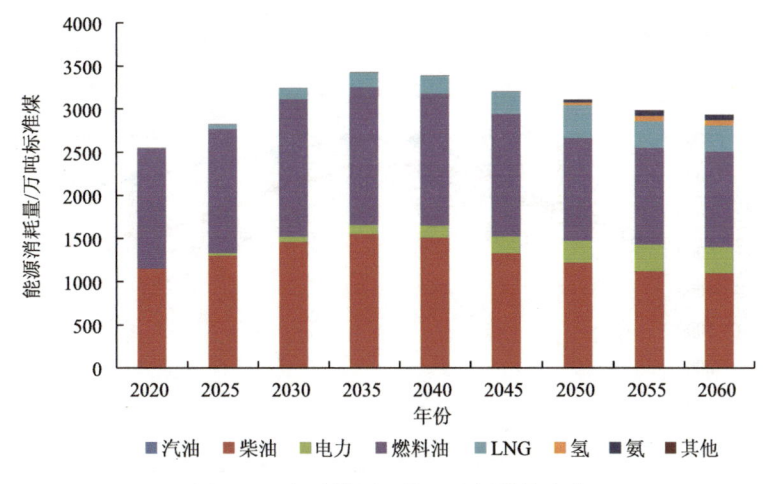

图 19-5　低碳情景下能源消耗结构变化

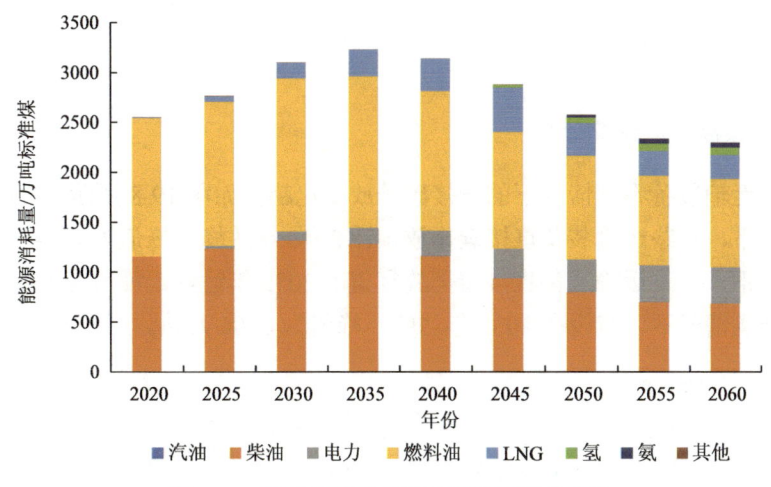

图 19-6　强化低碳情景下能源消耗结构变化

（二）碳排放预测分析

1. 碳排放总量预测分析

经测算，运输装备不同情景下的碳排放总量变化趋势如图 19-7 所示。在基准情景下，水路运输装备碳排放总量预计将于 2040 年达到峰值，约为 7974 万吨，2035~2050 年进入峰值平台期，之后逐步下降；在低碳情景下，水路运输装备碳排放总量有望于 2035 年达峰，峰值为 7315 万吨，2035~2045 年为达峰平台期，之后碳排放进入稳步下降期；在强化低碳情景下，有望在 2035 年达峰，峰值为

6875 万吨，2035 年后碳排放将大幅下降，2060 年下降至 3710 万吨。

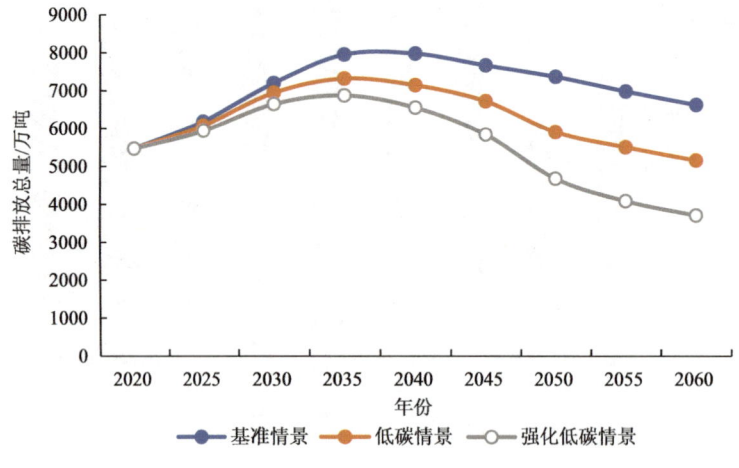

图 19-7 三种情景下水路运输装备碳排放总量变化

2. 直接碳排放预测分析

水路运输装备不同情景下的直接碳排放变化趋势如图 19-8 所示。经测算，在基准情景下，水路运输装备直接碳排放预计 2040 年达峰，峰值为 8054 万吨；在低碳情景下，水路运输装备直接碳排放有望于 2035 年达峰，峰值为 6994 万吨；在强化低碳情景下，有望在 2035 年达峰，峰值为 6364 万吨。

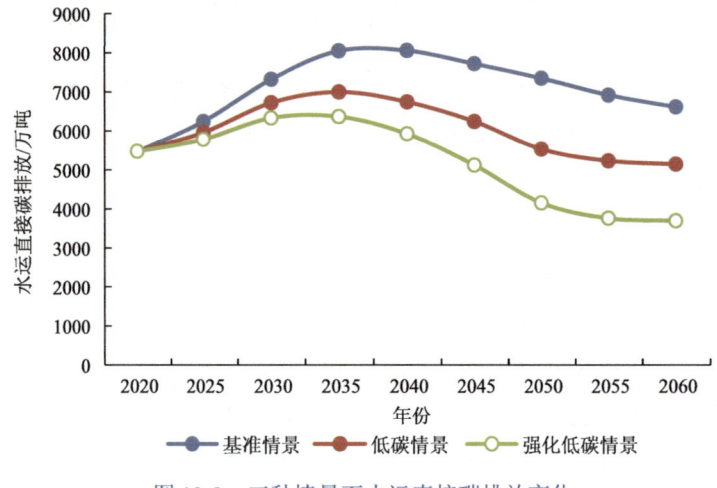

图 19-8 三种情景下水运直接碳排放变化

3. 间接碳排放预测分析

水路运输装备不同情景下的间接碳排放变化趋势如图 19-9 所示。经测算，2025~2045 年，随着电动船舶的推广应用，水运电力消耗占比增加，水路运输装备间接碳排放也不断增长，在低碳情景和强化低碳情景下，预计均在 2045 年达到峰值，分别为 479 万吨和 726 万吨。2045 年之后，电力消耗增速放缓，但随着电力生产技术进步，电力碳排放因子大幅降低，2060 年有望实现电力零排放，因此，水运领域主要采用电力动能的间接碳排放量大幅降低，并逐步接近零排放。

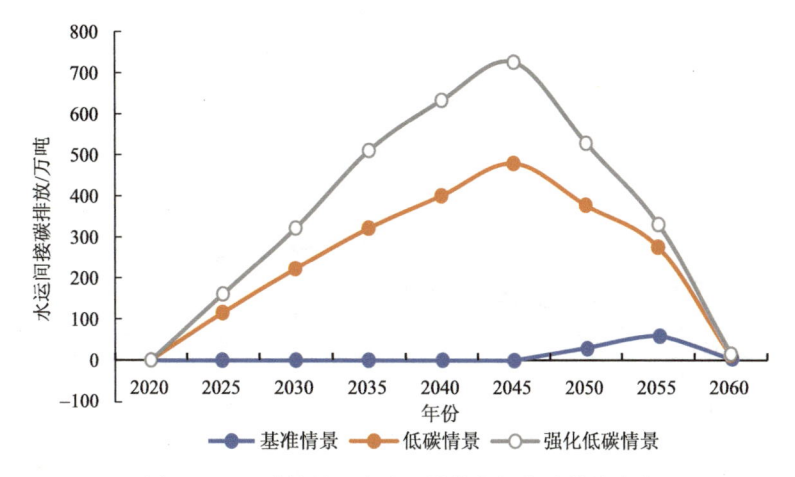

图 19-9　三种情景下水路运输装备间接碳排放变化

（三）污染物排放预测分析

水路运输排放污染物主要包括 NO_x、SO_2、PM 等（图 19-10）。在污染物排放中，排放占比较大的是 NO_x，在基准情景下，水路运输 NO_x 排放在 2040 年达到峰值，排放 242 万吨；在低碳情景下，NO_x 排放在 2035 年达到峰值，排放 201 万吨；强化低碳情景下，NO_x 排放在 2030 年达到峰值，排放 184 万吨（图 19-11）。

（四）碳减排措施分析

1. 新能源船舶推广

在"双碳"目标背景下，零碳船舶已经从未来趋势变成现实需求。目前，船舶工业探索的主要船用燃料有氨、氢、LNG、LPG、甲醇，可在能源转化或者使用过程中实现碳中和，柴油机将不再是船舶动力系统的唯一选择。其中，LNG 被

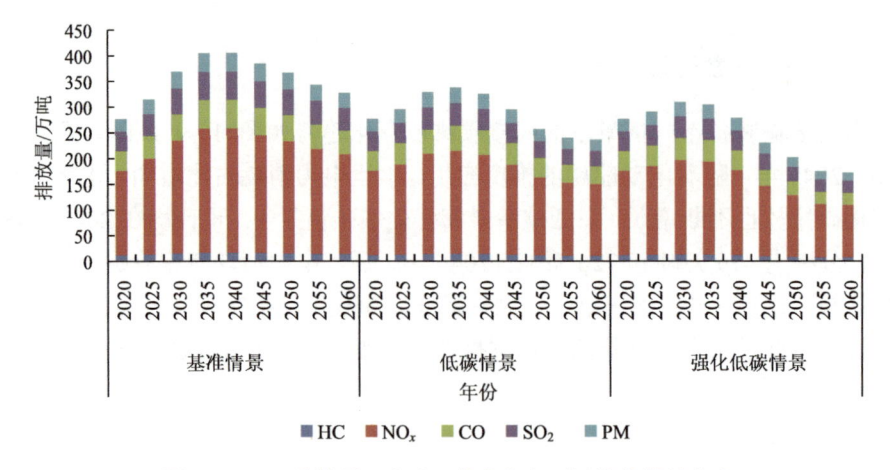

图 19-10　三种情景下水路运输装备主要污染物排放分布

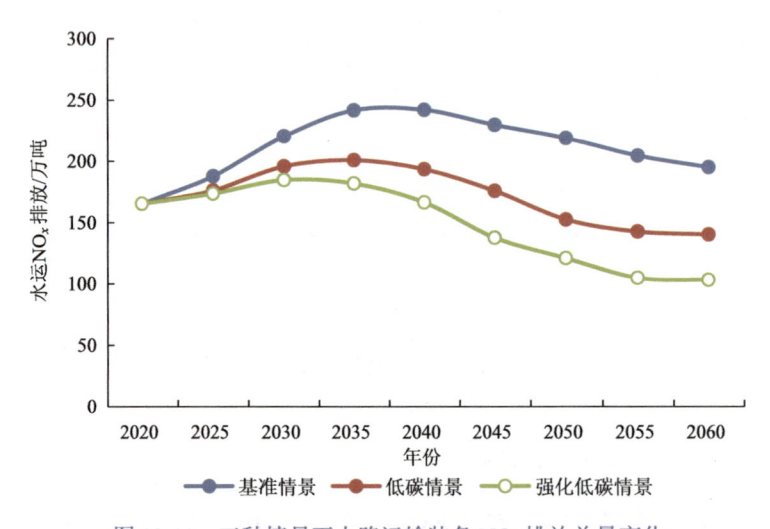

图 19-11　三种情景下水路运输装备 NO_x 排放总量变化

认为是水运领域实现温室气体减排中期目标最现实可行的选择，但长远来看，采用 LNG 尚不能满足水运远期减排目标，制取途径需要转向零碳燃料和可再生电力；作为能量储运方式，液氨在海洋相关产业中的应用前景被普遍看好；甲醇不仅可以直接替代传统船用燃料，还可以作为补充燃料，提高船舶燃料的灵活性；对于氢动力和电动船舶，更适合在内河、拖轮、中小型海工辅助船、客轮中实现规模化应用。

Lloyd's List（海事出版物）和劳氏船级社对航运业利益相关者的调查显示：氨和氢将成为 2050 年最具潜力的燃料之一，船舶的能源形式将向多元化、低碳化发展。2030 年和 2050 年主要船用燃料占比趋势变化如图 19-12 所示。

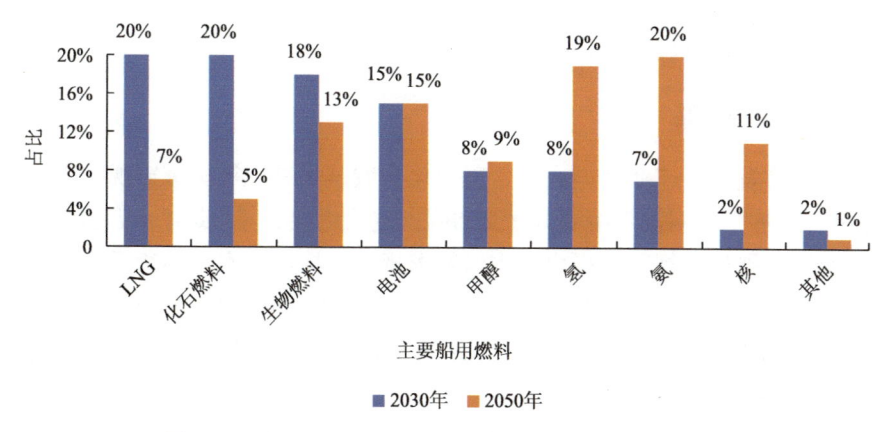

图 19-12 2030 年和 2050 年主要船用燃料占比趋势变化

2. 燃油船舶能效提升

船舶能效提升主要包括技术性能效提升措施和营运性能效提升措施。其中，技术性能效提升措施又包括船体线型优化、气膜减阻、推进装置及螺旋桨优化、发动机效率提升、废热回收等，这些技术性能效提升措施从根本上减少了船舶碳排放，是实现减排的主要手段；营运性能效提升措施，包括船队减速、优化辅机供电体系、气象导航、提高装卸效率、船体维护保养等，通过更高效的管理和运作来提高营运效率，从而实现减排。

根据《老旧运输船舶管理规定》、船舶强制更新淘汰相关规定，以及目前平均船龄，老旧运输船舶 15 年内要全部淘汰更新完成，每年约 1/15 的更新淘汰比例，平均每年淘汰更新营运船舶 7900 艘，五年累计约 3.95 万艘。根据相关文件，到 2025 年，国内主力运输船型新船设计能效在 2020 年基线基础上降低 10%。因此，初步测算，到 2025 年，依靠淘汰更新营运船舶可降低碳排放 3.5%左右。随着锂电池、氢燃料电池、氢燃料、氨燃料、甲醇燃料技术逐渐成熟，清洁能源的替代性将进一步增强，到 2030 年，国内主力运输船型新船设计能效在 2020 年基线基础上降低 20%。因此，初步测算，到 2030 年，依靠淘汰更新营运船舶可降低碳排放 5%左右。

IMO 的 MEPC 关于温室气体减排的短期营运措施，即实施 CII 能够全面充分地反映这些影响船舶能效的实际因素。MEPC 决议通过的《2021 年与参考基线相关的营运碳强度折减系数导则》定义了年度营运碳强度折减率，即给定年份要求的船舶年度营运碳强度指数值低于基准值（2019 年为基准年份）的百分比。最终确定 2020 年、2021 年和 2022 年折减率为 1%、2%和 3%，2023～2026 年折减率分别为 5%、7%、9%和 11%；2027 年之后，导则没有给出折减要求，目前的导则草案给出的年均降幅为1%左右。

3. 运输结构调整

综合经济发展、产业转型升级、工业化和城镇化进程等国家宏观因素，结合《国家综合立体交通网规划纲要》、《交通强国建设纲要》、《水运"十四五"发展规划》及交通发展相关规划中提出的水运需求规划目标，对水运客货运周转量进行预测，结果显示2035年前水路运输需求仍将保持增长的趋势，增速呈现不断放缓态势；2035~2045年，运输需求呈现低速增长趋势，进入峰值平台期；2045年后，运输需求有所减缓。

结合综合运输周转量预测结果，水路运输结构性占比也在2035年前保持增长趋势，2035~2045年水路运输占比进入峰值平台期，2045年后占比有所降低。运输结构调整措施的碳减排效果主要体现在水路运输承接了部分公路货运转移量之后，产生的碳排放增加量。

1）低碳情景

基于上述分析，低碳情景下运输结构调整、能效提升、能源替代产生的碳减排量如图19-13所示。结果显示，2045年以前，能效提升是实现碳减排的主要措施，长远来看，能源替代成为减排的最大贡献者。

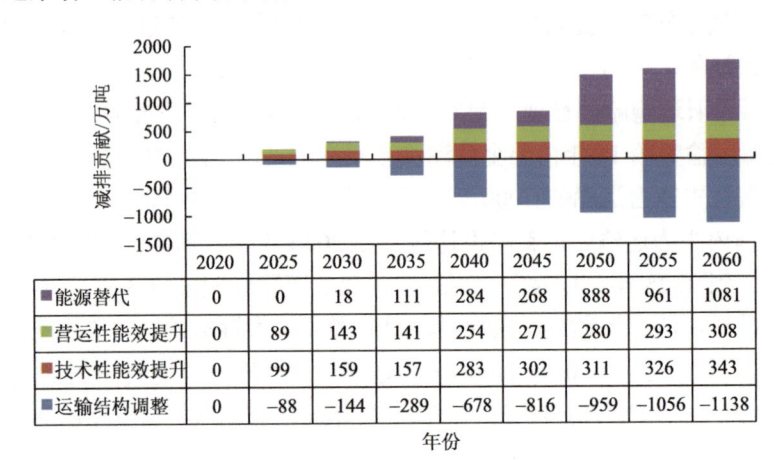

年份	2020	2025	2030	2035	2040	2045	2050	2055	2060
能源替代	0	0	18	111	284	268	888	961	1081
营运性能效提升	0	89	143	141	254	271	280	293	308
技术性能效提升	0	99	159	157	283	302	311	326	343
运输结构调整	0	−88	−144	−289	−678	−816	−959	−1056	−1138

图19-13 低碳情景下不同措施的减排潜力

A. 能效提升

在近期和中期（2020~2045年），能效提升带来更多的减排量，是实现二氧化碳大规模减排的最主要途径。与基准情景相比，低碳情景下，2025年能效提升预计实现减排188万吨，其中通过技术性能效提升实现减排99万吨，通过营运性能效提升实现减排 89 万吨；2030 年预计实现减排 302 万吨，2050 年预计实现减排 591 万吨。

B. 运输结构调整

通过"公转水"运输结构调整，水路运输周转量增加，进而带来更多的碳排放。与基准情景相比，低碳情景下，2025 年公转水产生的增排量预计为 88 万吨，2030 年预计增加排放 144 万吨。

C. 能源替代

随着清洁能源和新能源船舶的推广应用，尤其是在远期新能源技术实现突破后，能源替代成为航运业节能减排最主要的方式，如图 19-14 所示。

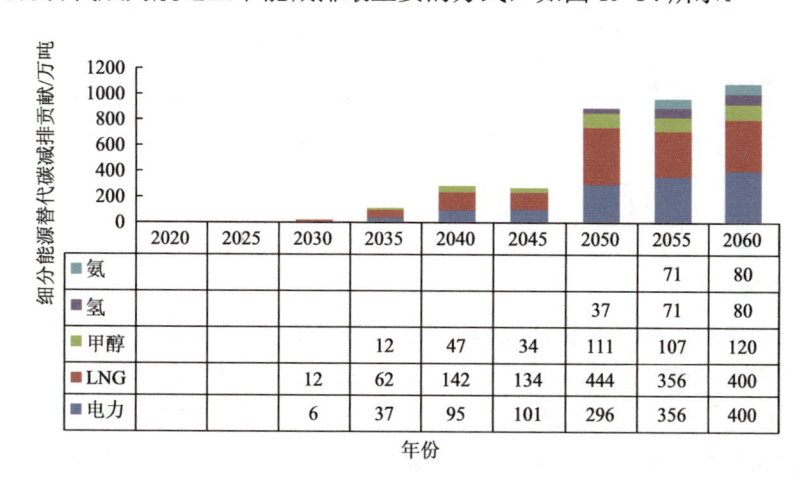

年份	2020	2025	2030	2035	2040	2045	2050	2055	2060
氨								71	80
氢							37	71	80
甲醇				12	47	34	111	107	120
LNG			12	62	142	134	444	356	400
电力			6	37	95	101	296	356	400

图 19-14　低碳情景下水运领域能源替代措施的减排潜力

低碳情景下，水路运输通过能源替代产生的减排效果中短期主要依赖于 LNG、电力等清洁能源和零碳能源的应用，2050 年后，氨和氢能源逐渐开始应用到水路运输领域。2035 年，通过能源替代措施，较基准情景，低碳情景下实现减排总量为 111 万吨。其中，通过 LNG 燃料替代，实现减排 62 万吨，通过电力能源替代，实现减排 37 万吨。

2）强化低碳情景

强化低碳情景下运输结构调整、技术性能效提升、营运性能效提升、能源替代产生的碳减排量如图 19-15 所示。结果显示，在强化低碳情景下，2045 年以前，能效提升是实现碳减排的主要措施，长远来看，能源替代成为减排的最大贡献者。

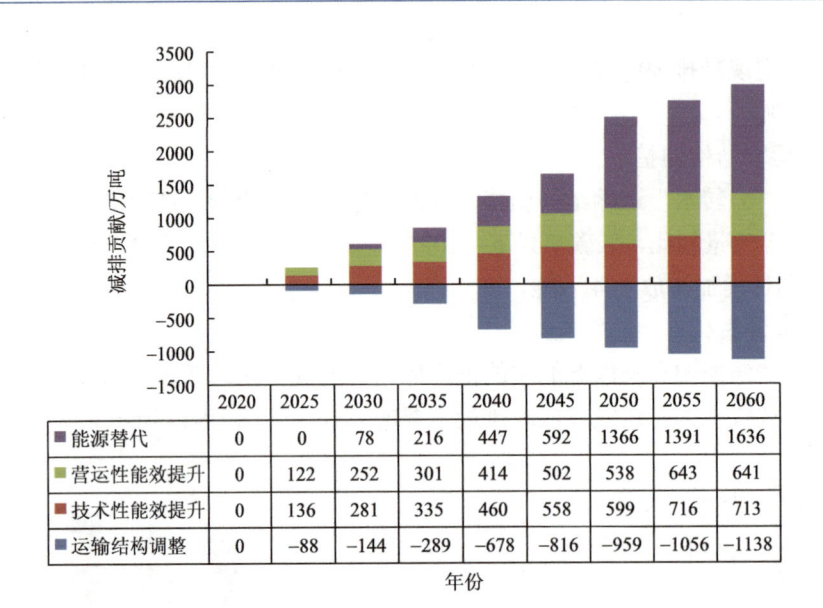

年份	2020	2025	2030	2035	2040	2045	2050	2055	2060
能源替代	0	0	78	216	447	592	1366	1391	1636
营运性能效提升	0	122	252	301	414	502	538	643	641
技术性能效提升	0	136	281	335	460	558	599	716	713
运输结构调整	0	−88	−144	−289	−678	−816	−959	−1056	−1138

图 19-15　强化低碳情景下不同措施的减排潜力

A. 能效提升

深入实施技术性减排措施及营运性减排措施；在近期和中期（2020~2045年），能效提升带来更多的减排量，是实现二氧化碳大规模减排的最主要途径。与基准情景相比，在强化低碳情景下，2025 年能效提升预计实现减排 258 万吨，其中通过技术性能效提升实现减排 136 万吨，通过营运性能效提升实现减排 122 万吨；2030 年预计实现减排 533 万吨，2050 年预计实现减排 1137 万吨。

B. 运输结构调整

通过"公转水"运输结构调整，水路运输周转量增加，进而带来更多的碳排放。与基准情景相比，强化低碳情景下，2025 年公转水产生的增排量预计为 88 万吨，2030 年预计增加排放 144 万吨。

C. 能源替代

强化低碳情景下，水路运输通过能源替代产生的减排效果中短期主要依赖于 LNG、电力等清洁能源和零碳能源的应用，2050 年后，氨和氢能源逐渐开始应用到水路运输领域。2035 年，通过能源替代措施，强化低碳情景下实现减排总量为 216 万吨。其中，通过 LNG 燃料替代实现减排 115 万吨，通过电力能源替代实现减排 72 万吨，如图 19-16 所示。

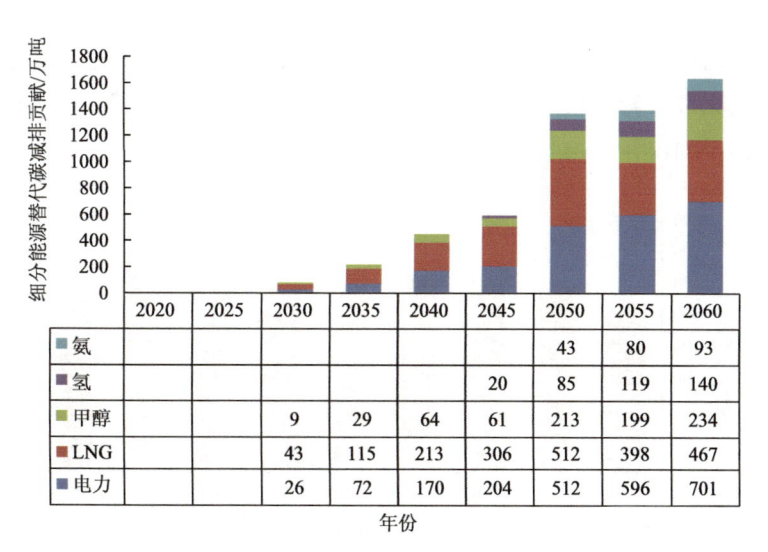

第十九章 水运运量预测及二氧化碳排放情景分析

年份	2020	2025	2030	2035	2040	2045	2050	2055	2060
氨							43	80	93
氢						20	85	119	140
甲醇			9	29	64	61	213	199	234
LNG			43	115	213	306	512	398	467
电力			26	72	170	204	512	596	701

图 19-16　强化低碳情景下水运领域能源替代措施的减排潜力

四、水路运输基础设施能耗与碳排放预测分析

（一）能耗预测分析

根据水运港口吞吐量与水运货运运输量及周转量之间的关系，预测未来港口吞吐量，预测结果如图 19-17 所示。

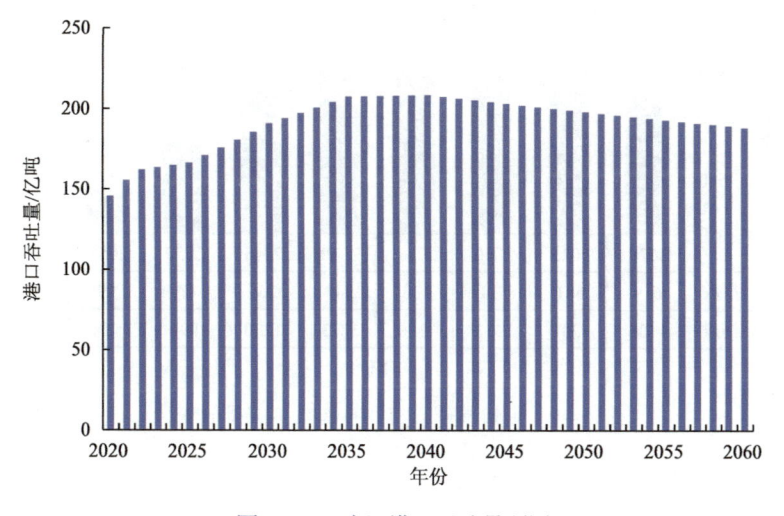

图 19-17　水运港口吞吐量预测

当前港口电力消耗占比已达 50%，预计 2060 年港口设施实现 100%电气化，综合考虑未来港口吞吐量及能源结构变化，2020~2060 年水运港口基础设施能源消耗量如图 19-18 所示。

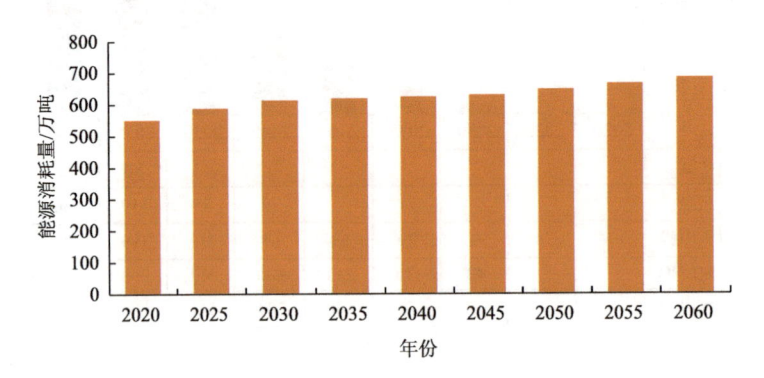

图 19-18　水运港口基础设施能源消耗量

（二）碳排放预测分析

随着港口电气化深入实施，直接碳排放量逐渐减少；未来随着发电技术进步，电力排放因子逐渐减小，直至实现净零排放。港口基础设施间接和直接碳排放变化如图 19-19 所示。

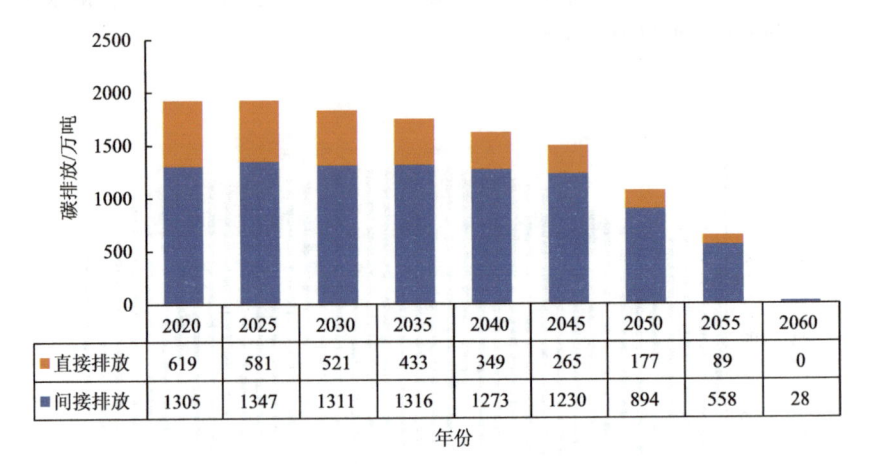

年份	2020	2025	2030	2035	2040	2045	2050	2055	2060
直接排放	619	581	521	433	349	265	177	89	0
间接排放	1305	1347	1311	1316	1273	1230	894	558	28

图 19-19　港口基础设施间接和直接碳排放变化

第二十章
水路运输低碳发展战略目标与实施路径

一、水路运输低碳发展总体思路

（一）总体思路

我国交通运输低碳发展应以贯彻交通强国建设纲要、满足碳达峰碳中和战略要求、落实生态文明建设责任、支撑国民经济可持续发展为战略定位。紧紧围绕统筹推进"五位一体"总体布局和协调推进"四个全面"战略布局，全面落实《交通强国建设纲要》《国家综合立体交通网规划纲要》《推进多式联运发展优化调整运输结构工作方案（2021—2025年）》《内河航运发展纲要》等战略部署，围绕"一条主线、两大变革、三个着力"，即以"技术创新驱动"为主线，持续推动"能源结构变革和运输结构变革"，着力"提升运输装备能效、发展智慧交通体系、强化低碳治理能力"，实施控碳、减碳、脱碳"三步走"，加快形成"低污染、低排放、低能耗"的现代化绿色水运低碳发展体系。

（二）基本原则

1. 坚持创新驱动，推动水运低碳进程

坚持把低碳能源革命和科技创新作为推动水运低碳发展的根本动力，着力提升节能与新能源装备、设备的自主研发和创新制造水平，加强智能化、低碳化、高效化的水路交通运载装备运用，推动水运低碳进程。

2. 坚持统筹协调，突出水运低碳优势

对标低碳高质量发展要求，统筹协调水运与经济、产业、城市发展，着力提

升水运发展的系统性、协调性，发挥港口、码头等交通枢纽的转运作用，提高统筹协调能力，充分发挥水运在综合交通中的减碳优势。

3. 坚持科学有序，保障水运低碳安全

坚持集约高效利用内河航道、天然港口、沿海水域等资源，加强生态环保。统筹经济、低碳发展和安全，加强水路运输安全与应急保障能力建设，有序推进新技术和新能源的推广应用，稳步推进水运低碳发展。

4. 坚持梯次推进，规划水运低碳发展

紧紧围绕国家"双碳"目标和交通强国建设目标，分阶段梯次推进水运低碳发展重点任务，合理规划水运近期、远期的主要发展目标，布局关键技术领域攻关。

（三）战略目标

1. 2030 年目标

到 2030 年，努力实现水运碳排放增速逐渐放缓，碳排放强度较 2020 年下降 8%，清洁能源及新能源船舶占比达到 6%，能耗强度较 2020 年下降 6%。新能源和清洁能源船舶的替代应用明显加快，港口风、光电应用加强；基本建成世界一流港口。

2. 2060 年目标

到 2060 年，努力实现水运脱碳发展，碳排放强度较 2020 年下降 40%，清洁能源及新能源船舶占比达到 27%，能耗强度较 2020 年下降 25%。新能源和清洁能源船舶的替代应用已经成为主导，港口风、光电应用成熟；全面建成世界一流港口。

二、水路运输低碳发展时间表及路线图

（一）低碳发展时间表

1. 控碳阶段（2030 年前）

运输结构调整对碳减排的贡献率近中期大于远期。在控碳阶段，能效提升是该阶段最主要的措施。依靠公路的转运需求和综合立体交通网络构建，缓慢调整

水运的运输占比。提高动力系统效率，降低油耗，减少 CO_2 排放，实现碳踪迹跟踪管理；发展低碳能源作为传统燃油的替代燃料，一定程度上提高清洁能源在船舶能源型式中的占比；优化动力装置，发展艉管排放处理技术，降低 NO_x、PM 等大气污染物排放；建立和健全协同监测系统，监测能耗、污染物和碳排放。实现船载设备智能集成和智能辅助运维管理，岸基系统实现对船舶动力系统运行工况、船舶浮态载况、远程状态监控和故障诊断、设备视情维护、船员管理等的安全运营监管。

2. 减碳阶段（2030~2035年）

运输结构调整基本实现。能效提升的减排潜力边际效益递减，在30%左右，但仍是减排的关键性措施。能源替代逐渐发挥减排作用，减排贡献率逐步上升。统筹江海直达和江海联运发展，积极推进干散货、集装箱江海直达运输，提高多式联运不同环节之间的衔接效率。清洁能源占船舶能源使用的主导地位，低污染物和 CO_2 的排放大幅降低；进一步提高动力系统效率，发展废热回收技术、碳捕捉封存利用技术，实现船舶能效提升与 CO_2 回收、储存和再利用。

3. 脱碳阶段（2036~2060年）

大规模应用零碳能源，跨越式降低 CO_2 排放，能源替代是脱碳阶段最重要的减排措施。智慧和管理体系的构建辅助水运业进行脱碳。

（二）低碳发展路线图

1. 科技创新

坚持以科技创新为水运低碳发展的第一驱动力。推动水运领域的科技创新，瞄准全球新一轮科技革命具有前瞻性、颠覆性的前沿科技领域，加强各科研机构、高校在水运低碳运输装备及相关先进技术方面的成果转化。

2. 能源替代

推广使用清洁低碳的船舶和港作机械，鼓励港航企业进行氢能、氨能等试点应用。加强港区供电、加气或加氢等配套基础设施建设，因地制宜地启动分布式风力发电、光伏发电基础设施建设。短期内，鼓励LNG、电能在内河船舶上的应用。在中长期，加大氢、氨等零碳能源的应用。

3. 结构调整

合理调整水运在多种交通运输方式下的分工。改进港口集疏运组织方式，发展干支直达、江海直达、船队运输等运输组织方式。推进老旧船舶提前报废，提升内河船舶谱系化、系列化水平。

4. 能效提升

加大节能减碳改造力度，控制船港装备能耗水平，全面推进节能型通用设备在港口、码头的应用。加快船舶技术能效和船舶营运能效技术创新研发。加大减阻技术、新型动力推进技术、余热利用等高新技术研发。

5. 智慧赋能

推动内河航运信息化、智能化技术研发，建立智慧信息服务平台。广泛链接航运行业资源，高效整合水运物流产业链。推进数字航道、智能船舶、智慧港口、智能航保、智能监管等技术及系统试验、试点和示范。

6. 管理体系

建立水运碳排放和污染物协同监测制度，构建水运低碳管理机制。探索水运碳排放交易机制，强化水运部门和港航企业的减碳责任。图 20-1 为我国水路运输低碳发展实施路径。

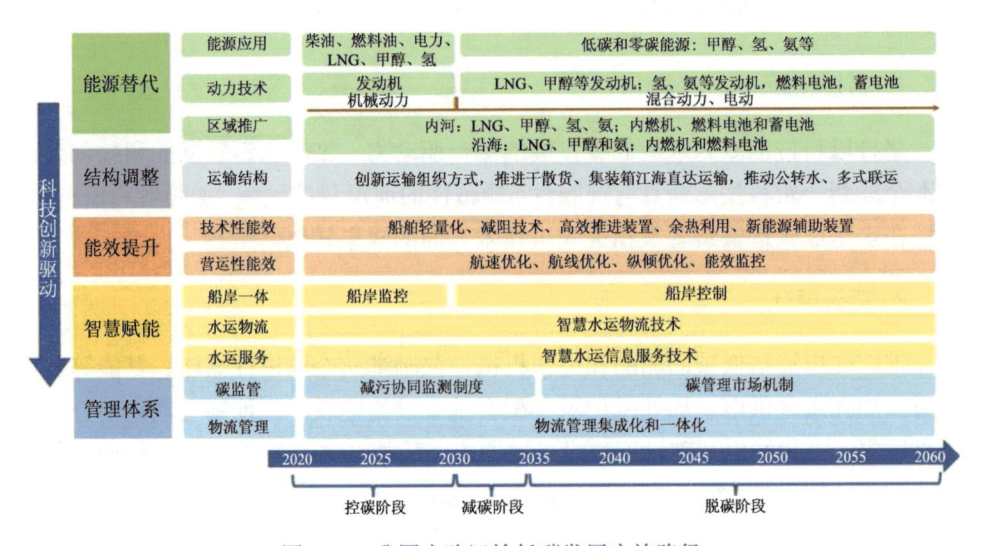

图 20-1 我国水路运输低碳发展实施路径

2020~2030年，创新运输组织方式；持续强化LNG等低碳能源应用；以提升技术能效和营运能效为辅助手段；建立减污降碳协同制度。

2031~2060年，强化LNG、甲醇、氢、氨等低碳能源应用（区分内河、沿海），发展船岸控制，提升智能化在水运物流和信息服务中的应用程度；建立碳管理市场机制，加强水运物流管理集成化和一体化。

第二十一章
水路运输低碳发展重点任务

一、船舶低碳发展重点任务

强化航运低碳技术创新、推进清洁能源动力船舶发展是落实国务院交通运输低碳行动的重要举措，也是国内外航运公认的船舶减污降碳根本性解决方案。目前以 LNG 和电池动力为代表的清洁能源动力船舶仍处于起步阶段，存在发展路径不够清晰、关键技术待攻关、规范标准不完善等问题。为深入贯彻落实国家碳达峰碳中和要求，立足新发展阶段，以加强能效技术评估验证为突破，以有序推动 LNG、电力、甲醇、氢、氨等多种低碳零碳清洁能源船舶应用为重点，统筹发展与安全，实现科技创新领先，促进航运清洁低碳、集约高效发展。

（一）近期重点任务（2023～2030 年）

重点任务一：LNG 燃料动力船示范项目。

开展 LNG 燃料储供系统模块化、LNG 燃料舱多元化类型、高压供气系统国产化应用、船用 LNG 加注技术、船舶 LNG 加注安全管控技术、国产大功率发动机应用（沿海）等研究。在内河水域和沿海水域开展 LNG 燃料动力船推广应用；在沿海水域开展 LNG 加注船示范应用。

重点任务二：纯电池动力船示范项目。

开展换电式纯电池集装箱船示范。开展电池动力船舶安全性研究和电力推进配电系统安全性研究，主要包括航行与系泊试验标准研究（区分内河、沿海）、电池热失控诱发机理、锂电池船上应用热失控后果仿真分析、大规模锂电池火灾机理和灭火措施、直流组网短路电流计算和保护电器协调性分析通用方法研究等。在内河水域开展小型特色纯电动游览船型设计和示范应用以及大容量电池船和换电式电池船示范应用。

重点任务三：甲醇、氨燃料动力船示范项目。

突破甲醇/氨燃料储存、船用甲醇/氨燃料发动机、船用甲醇/氨燃料供应、甲醇/氨燃料船舶安全管控、甲醇水体泄漏应急防护技术（内河）以及氨燃料发动机废气后处理等关键技术，开展中小功率船用甲醇/氨发动机样机开发工作，设计与开发典型船用甲醇/氨燃料供应系统，在沿海散货船、油船、集装箱船等船型上开展甲醇、氨燃料动力船示范应用。

重点任务四：氢燃料船示范项目。

突破船用大功率燃料电池、氢燃料发动机、船舶液氢储存与运输、氢燃料船舶安全管控等关键技术，开发船用兆瓦级大功率燃料电池样机（沿海）、氢燃料发动机以及大容量船用独立液氢储存样罐（沿海），在内河客船、内河货船以及沿海客船等船型上开展样机/样罐的示范运行。

重点任务五：能效技术示范项目。

联合海事局、中国船级社、高校、设计院及船东，开展 EEDI 数字化预报方法、EEDI 数字水池验证技术方法、船舶自航因子快速预报方法、EEDI 验证体系等一系列研究。在长江、珠江等水域对不同船型开展不同设计能效技术研究，如在不同吨位的系列船型上应用数字模拟和水池实验，以及集成应用效果最大化、经济性等不同集成应用方案进行研究分析，并将研究成果在内河主力船型上开展示范应用。

（二）中远期重点任务（2031~2060 年）

重点任务一：甲醇、氨燃料加注船示范与推广应用。

突破甲醇、氨燃料船加注关键技术，主要包括连接设备、加压设备、控制设备等的船舶应用以及加注过程的风险管控，进行沿海水域甲醇/氨燃料加注需求分析和加注船货舱舱容分析，在典型沿海水域开展甲醇/氨燃料加注船试点示范。开展沿海水域甲醇/氨燃料加注船规划布局研究，基于研究结果推广应用甲醇/氨燃料加注船。

重点任务二：甲醇、氨燃料动力船推广应用。

在沿海和远洋水域重点开展甲醇和氨燃料的应用研究工作，针对甲醇燃料和氨燃料，持续开展动力装置和供气系统等关键技术的研究工作，提升装置和系统运行的安全性和可靠性，开展大功率船用发动机关键技术研究及样机开发工作，拓宽船用燃料供应系统的适用范围，开展燃料储供系统模块化、燃料舱多元化类型等方面的研究，并针对不同船舶吨位、不同船型开展实船示范运行。基于示范运行基础，在沿海和远洋船舶上大规模推广应用甲醇和氨燃料。

重点任务三：氢燃料船推广应用。

突破燃料电池系统在线检测监测、船载储氢瓶在线检测监测、燃料电池系统数字化远程检验验证等关键技术，提升氢燃料船舶应用的安全管控水平。在内河和沿海水域重点开展氢燃料动力船和氢燃料电池船的应用研究工作，针对不同船舶吨位、不同船型开展动力装置、供应系统及在线监测系统的实船示范运行，基于示范运行基础，在内河和沿海船舶上大规模推广氢燃料电池船舶和氢燃料动力船。

二、港口低碳发展重点任务

港口是重要的交通基础设施，是实现外向型经济的窗口，为国家经济建设和对外贸易的发展提供基础性支撑。我国外贸进出口货运量的90%以上是通过海运完成的，港口是航运业中重要的环节。港口能源消耗在交通运输行业消耗中占有重要位置，同时靠港船舶与港口作业装备产生的温室气体与大气污染物排放总量不容忽视。2019年11月，交通运输部等9部门联合印发《关于建设世界一流港口的指导意见》，旨在贯彻落实《交通强国建设纲要》，加快世界一流港口建设。特别在"双碳"目标背景下，绿色化、低碳化是我国乃至全球港口发展的必然趋势。

（一）近期重点任务（2023~2030年）

重点任务一：加快港口碳达峰碳中和目标及路径设计。

在"双碳"目标背景下，我国石油、化工、煤炭、钢铁、电力、汽车等行业都宣布了各自的碳达峰和碳中和计划与路线图，而我国港口企业在这方面的认识和行动有待进一步加强。同时，国际上部分港口企业已实现碳中和，设定碳中和目标正在成为国际港口行业可持续发展的趋势。我国港口行业作为高碳排放行业，应积极响应国家政策号召，设置港口行业阶段性碳减排目标，制定碳达峰碳中和目标及实现路径，以应对气候变化，实现可持续低碳发展，打造国内典型绿色港口标杆，引领我国港口低碳高质量发展。

重点任务二：加快港口与能源融合的核心装备和基础设施布局研究。

利用基础设施的自然禀赋，在考虑经济成本和运行模式的前提下，逐步淘汰以柴油机为代表的高能耗、高排放、低效率的老旧设备，形成以太阳能、风能、波浪能和潮汐能等一次能源为主的能源融合系统。以氨和氢为代表的零碳燃料将逐步取代传统燃料，开展零碳燃料技术的可行性和经济性研究，重点攻克多项核心技术，如氨的引燃、氮氧化物减排、高密度储氢等。开展充电、加注基础设施的优化布局研究，进一步提升能量密度和降低成本，鼓励新增和更换的港口作业机械、港内车辆和拖轮等优先使用新能源和清洁能源，加快提升港口作业机械和车辆清洁化比例，积极研发港口大容量储能装置和绿色能源管控系统，提升供配电系统可靠性和对新能源的适应性。

重点任务三：加快智慧港口建设。

提升港口建设运营发展的自动化、数字化、智慧化水平，为建成行业领先、世界一流的智慧港口奠定基础。整合港口、航运、贸易等相关数据，在重点区域实现 5G、北斗、物联网等示范应用，打造港口"智慧大脑"。推广岸桥、场桥远程自动化操控技术，建设绿色港口信息化管理平台，实现港区能源消耗、生产流程和碳排放监测动态管理。到 2025 年，部分沿海集装箱枢纽港初步形成全面感知、泛在互联、港车协同的智能化系统。

重点任务四：加快相关行业技术标准与法规体系的制定。

贯彻落实党中央、国务院关于"双碳"行动方案的部署和要求，由中央财政设置专项资金，对新能源动力港口作业装备进行补贴试点，并不断提高技术门槛。通过新能源行业技术标准，引导港口与能源融合，形成完整的技术标准体系；制定港口新能源作业装备补贴标准，完善《港口和船舶岸电管理办法》，促使靠港船舶使用岸电；实行碳税政策，推行激励措施。

（二）中远期重点任务（2031～2060 年）

重点任务一：智能化港口系统大规模应用。

加强自主创新、集成创新，加大港作机械等装备关键技术、自动化集装箱码头操作系统、远程作业操控技术研发与推广应用，积极推进新一代自动化码头、堆场建设改造。建设基于 5G、北斗、物联网等技术的信息基础设施，推动港区内部集卡和特殊场景集疏运通道集卡自动驾驶示范，深化港区联动。到 2035 年，集装箱枢纽港基本建成智能化系统；到 2060 年，智能化系统在不同类型的港口进一步推广应用。

重点任务二：加快建设港口低碳/零碳用能体系。

完善港口氢/氨/甲醇等低碳/零碳燃料加注、岸电标准规范和供应服务体系。完善船舶大气污染物排放控制区，大力提升船舶靠港岸电使用率，加强岸电使用绩效考核。鼓励新增和更换的港口作业机械、港内车辆和拖轮等优先使用低碳/零碳能源以及其他清洁能源，全面提升港口作业机械和车辆电动化、清洁化比例，增加新能源接入比例，优化港口用能结构，助力实现我国水运行业碳中和愿景。

重点任务三：全面建成世界一流港口。

重点围绕"绿色、智慧、安全"进行世界一流港口建设，到 2035 年，全国港口发展水平整体跃升，主要港口总体达到世界一流水平，若干个枢纽港口建成世界一流港口，引领全球港口绿色发展、智慧发展；到2050年，全面建成世界一流港口，形成若干个世界级港口群，发展水平位居世界前列。

三、运营管理重点任务

水运各要素协同与智能化是实现水运低碳发展的重要方面。应针对船、港、基础设施等要素的运营管理，坚持《交通强国建设纲要》《国家综合立体交通网规划纲要》《内河航运发展纲要》等政策引领，以提高运输组织效率、协同管理碳和污染物排放、构建水运智慧体系和发展多网融合技术为主要任务，稳步推进水运运营管理的低碳化。

（一）近期重点任务（2023~2030年）

重点任务一：水运系统低碳化运营。

促进内河航运要素互联互通发展，实现监测信息及运营决策集成一体化是水运低碳化进程中高效运营的必要条件。围绕高效经济物流运输需求，以内河智能船舶为核心，推动船型标准化与航线适应性以及"船、港、航道、船闸、物流"的高效融合发展，集成航速优化、纵倾优化、货物管理、人员调度、状态监控等信息系统，建立船岸一体内河航运信息平台，实现与航道、港口、物流的信息协同，提高水运与其他运输方式的协调效率，发挥多式联运的优化作用，有助于提升内河航运系统运营的低碳化水平。

重点任务二：水运减污降碳协同管理。

协同管理船舶、港口在运营中的碳和污染物排放，建立健全水运中的碳和污染物协同管理制度。细化水运减污降碳各项要求，针对不同类型的船舶、不同吞吐量的港口，制定不同的减污降碳协同增效措施，明确水运不同管理部门的责任分工，落实减污降碳实施方案。制定水运减污降碳指标体系，明确碳排放和污染物监测的各项指标，形成完整的水运减污降碳协同监测管理指标体系。积极发展协同监测技术和装备，研究碳、污协同监测技术，研发适合监测水运设施的碳和污染物排放装备。建立船舶、港口等的碳和污染物排放超标处罚机制，促进水运各部分减污降碳协同管理。

（二）中远期重点任务（2031~2060年）

重点任务一：水运智能化运营管理。

加快水运通道特别是内河高等级航道等基础设施的建设，基于先进通信导航技术，构建水运各要素泛在感知的"物联网"体系，建设天地一体综合交通通信网络，发展智慧水上应急搜救系统、智慧航道服务系统、防污染智慧监管系统、基础业务数据共享系统，不断提升水运管理现代化水平。

重点任务二：水运四网融合建设。

以水运设施网为基础，以信息网为纽带，以服务网为构架，以能源网为支撑，研究实现设施网、服务网与能源网、信息网的融合途径，开展四网融合的关键技术攻关和典型示范应用，优先推动新能源船舶监管平台、岸基能源保障平台与内河航运信息平台建设与对接，逐步实现交通基础设施网、运输服务网、能源传输网和信息通信网由条块分割向四网融合发展。

四、绿色转型新动能重点任务

围绕管理体系和管理能力现代化的总目标，优化完善管理体制、运行机制、法律法规和标准体系，推动有效市场和有为政府更好结合，建设高水平人才队伍，推进治理能力现代化，提升行业管理能力，持续增强行业发展动力和活力，增强水运低碳转型新动能。

（一）近期重点任务（2023~2030年）

重点任务一：健全绿色交通标准规范体系。

加强建设养护、智慧港口、智能航道、节能环保、安全应急等绿色水运标准体系建设，保障水运新技术、新设备、新材料、新工艺等方面标准的有效供给。制定锂电池、氢燃料等新能源或清洁能源船舶技术法规；完善港口航道绿色发展标准体系；制定或修订营运船舶和港口机械装备能耗限值准入、污水废气排放限值等标准；完善集装箱等货类多式联运单证标准；加强多式联运装载单元、转运设施等标准，以及集装箱等运输作业和服务标准的制定；加快建立智慧水运评价体系和标准体系，制定智慧水运通用和关键技术标准。

重点任务二：完善绿色水运统计监测体系。

推进水运能耗、碳排放及污染物排放数据采集，明确核算范围、核算方法、数据来源，完善统计指标及口径，建立碳排放统计监测核算指标体系。提升能耗和碳排放的智慧管控能力，利用在线监测系统及大数据技术，推进能耗在线监测机制及数据库平台建设，加强重点水域行业环境影响监测预警能力建设与监管。

重点任务三：创新绿色低碳发展体制机制。

完善水运低碳发展战略规划政策体系，建立健全适应新阶段交通运输高质量发展的体制机制。加强政府在碳达峰碳中和相关法规、标准、制度等方面的主导作用，形成政府和市场两手发力的新局面。创新投融资体制机制，优化完善支持水运发展的资金政策。支持符合条件的项目实施主体通过发行企业债券等途径开展市场化融资，稳妥推进基础设施领域不动产投资信托基金试点，规范发展政府和社会资本合作模式，支持开发性金融、政策性金融、社会资本依法依规参与水运基础设施建设，鼓励社会资本设立多式联运等产业投资基金。

（二）中远期重点任务（2031~2060年）

重点任务一：建立与完善碳金融交易体系。

探索碳积分、合同能源管理、碳排放核查等市场机制在行业的应用。建立与完善水运碳交易体系，围绕水运碳交易体系的管控范围、核算方法、配额分配、抵消机制、核查报告等关键环节开展研究，统筹推进启动港口、船舶纳入碳交易工作。加强水运领域碳交易能力建设，推动建立水运温室气体排放清单数据库，建设碳交易专业人才队伍，加强碳交易信息交流共享机制。

重点任务二：强化科技创新能力建设。

围绕智慧水运关键共性技术、前沿引领技术、颠覆性技术等，统筹开展前瞻性研究和科技项目攻关。构建产学研用协同创新平台，研究推动智慧港口、数字航道、智能航运、水上安全和防污染等重点科研平台建设。开展长三角世界级港口群一体化治理体系、国际航运中心软实力建设、集装箱铁水联运高质量发展、跨水系运河连通工程、智慧港口、智能航运等重大战略性问题研究。鼓励支持科研机构、高等学校和企事业单位开展低碳技术和装备研发，培育行业相关领域重点实验室，加强交通运输领域节能低碳技术宣传、交流、培训以及创新成果转化应用。加强国际交流合作，积极参与国际航运组织，推动标准国际互认，提升中国标准的国际化水平。

第五篇

航 空 篇

第二十二章
航空运输低碳发展现状与形势

一、航空运输能源消耗及二氧化碳排放现状

（一）全球航空运输二氧化碳排放现状

根据国际清洁交通委员会（International Council on Clean Transportation，ICCT）的统计，2019 年，全球二氧化碳排放总量达到 380 亿吨，航空运输业碳排放量约占全部排放的 2.4%，约占交通领域碳排放的 11%。

2019 年全球航空碳排放量最大的三个航空通道是：①亚太地区内部（1.99 亿吨，约占全球的 22%）；②北美地区内部（1.27 亿吨，约占全球的 14%）；③欧洲内部（1.07 亿吨，约占全球的 12%）。亚太地区内部以及亚太-中东通道是两个碳排放增长最为迅猛的通道。其中，从美国、中国和英国出发的航班航空二氧化碳排放量分别为 1.79 亿吨、1.03 亿吨和 0.32 亿吨，占全球航空碳排放总量的 34%。从全球航空运输二氧化碳排放历史来看（图 22-1），新冠疫情后，航空碳排放将随着航空运输业的复苏，短期内恢复增长。

从航空市场来看，三大市场客机运营产生的二氧化碳排放占全球民航一半以上，其中美国占 23%、欧盟占 19%、中国占 13%。根据 ICCT2019 年的报告，按照不同飞行属性来分，客运航班占航空运输碳排放量的比重最大，总计为 85%（其中窄体机经济舱贡献 37%，宽体机经济舱贡献 24%，除经济舱以外的高端舱位贡献 19%，支线航空贡献 5%），两舱单位旅客排放是经济舱的 2.6~4.3 倍，货运航班仅占 15%，如图 22-2 所示。可以预见，后疫情时代，由于全球范围内普遍是国内航线恢复优先于国际航线，窄体机的使用率会比宽体机更高，这将会导致占比最多的窄体机经济舱的碳排放以更快的速度增加，其总体占比还将会进一步上升。

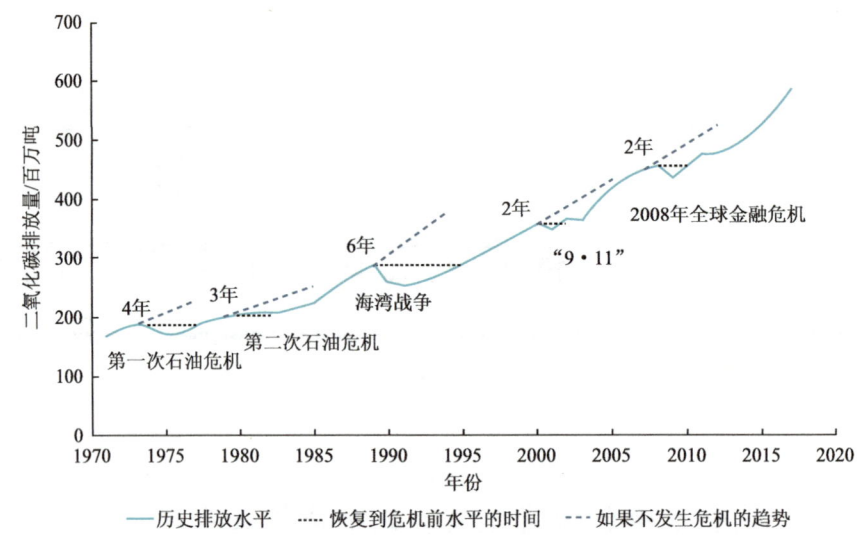

图 22-1　全球航空运输二氧化碳排放历史

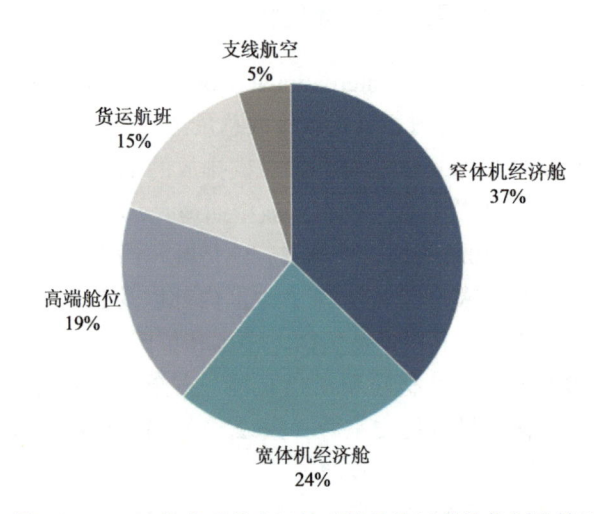

图 22-2　2019 年全球航空运输碳排放按运营舱位划分情况

根据波音、空客和中国商飞的预测，未来 20 年全球飞机将新交付 40 000 多架，其中机队更新和净增量各约占一半。中国未来净增飞机预测数量为全球最高，到 2039 年可以达到全球飞机机队规模的 21.7%，年增长率约为 4.68%。根据国际航空运输协会（International Air Transport Association，IATA）的预测，全球航空业运输需求预计在 2024 年恢复至 2019 年的水平，之后航空运输总量和新增飞机数量仍会持续增加，航空业减碳工作压力巨大。

根据法国航空航天协会的调研,航空碳排放主要来源有:①飞机航空燃油燃烧,约占79%;②与飞机相关的地面排放约占20%,包括飞机燃油的运输、飞机维修与回收,以及飞机服务配套地面交通;③航空相关的用电量产生的碳排放最小,间接产生的碳排放小于1%。由此可见,减少航空运输业碳排放的最主要切入点在于如何减少航空燃油相关的碳排放。

从全球民航碳排放强度看,中国民航的排放水平比世界平均水平低(图22-3),表明我国民航在全球航空低碳发展中处于领先水平,这主要是因为我国民航运营的飞机机龄较短。

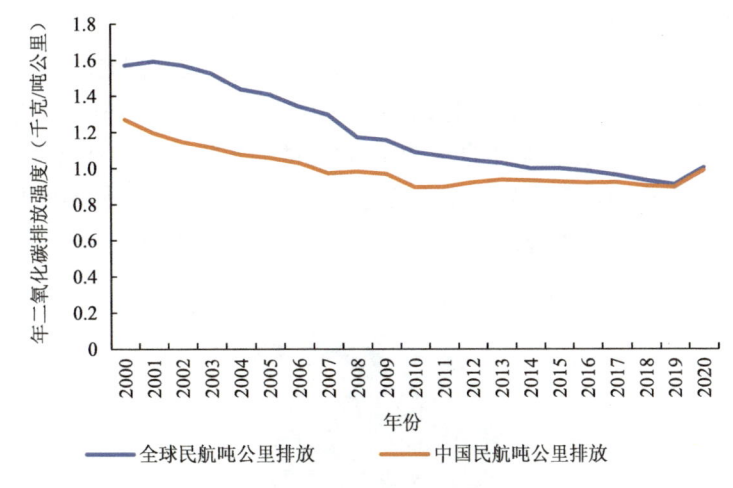

图 22-3 全球民航吨公里排放和中国民航吨公里排放的比较

(二)我国民航运输能源消耗与二氧化碳排放现状

我国民航运输的研究范围包括国内、国际航线的旅客运输、货物运输,以及国内机场运行产生的能源消耗及二氧化碳排放。

1. 能源消耗现状

1)能源消耗总量

2020年民航能源消耗总量为3821万吨标准煤。其中,航空公司以飞机运营为主的能源消耗约为3694万吨标准煤,机场能源消耗约为127万吨标准煤(图22-4)。

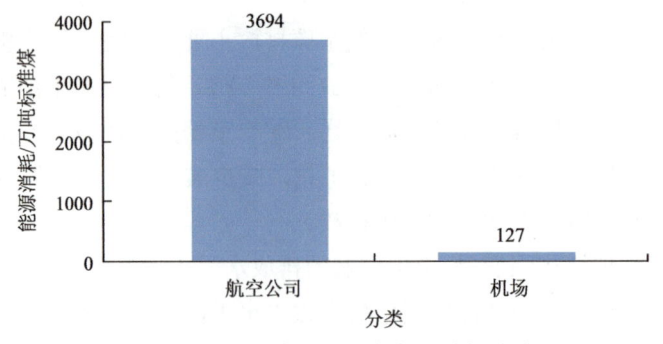

图 22-4　2020 年我国民航能源消耗总量

2）能源消耗结构

航空运输方式能耗品类分别为航空煤油、电力、燃油（汽柴油）、煤炭等，不同能耗类型所占比例差别较大，主要能耗类型为航空煤油，2020 年航空煤油消耗量为 2511 万吨，约占行业能耗的 96.7%。机场能源消耗约 127 万吨标准煤，其中主要能源类型为电力，其次为柴油、煤炭和汽油等，由于未对机场外购热力和天然气使用量进行统计，本统计不包括这两部分内容（图 22-5）。

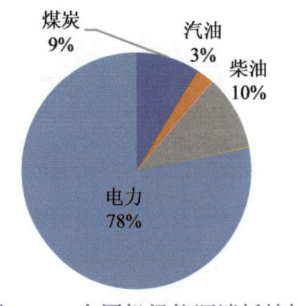

图 22-5　全国机场能源消耗结构

3）能源消耗强度

2020 年民航能源消耗强度为 407 吨标准煤/百万换算吨公里。

2. 二氧化碳排放现状

1）二氧化碳排放总量

过去的 40 年我国民航快速发展，从 1980 年的航空运输周转量 4.29 亿吨公里和旅客运输量 343 万人次增长至 2019 年的航空运输周转量 1293 亿吨公里、旅客运输量 6.6 亿人次。与此同时，中国民航碳排放也从 1980 年的 107 万吨增至 2019 年的 11 610 万吨，约增长 108 倍。2019 年民航二氧化碳排放总量约为 11 938 万吨，2020 年民航二氧化碳排放总量约为 8220 万吨。

由于我国民航仍处于快速发展阶段且碳排放基数大，现有举措远远不足以实现碳达峰目标。通过对比我国民航总运输周转量与总碳排放量增速情况发现，碳排放与行业发展呈较强的正相关性，尤其是 2013 年之后，民航单位吨公里碳排放量进入了平台期，民航发展增速与碳排放增速越来越趋于一致，这说明民航减排潜力越来越小，所需付出的代价也将越来越高。

2）二氧化碳排放占比

（1）直接和间接二氧化碳排放占比。2020 年，我国民航二氧化碳排放量为 8220 万吨，其中直接排放量为 7958 万吨，占比 97%；间接排放量为 262 万吨，占比 3%，见图 22-6。

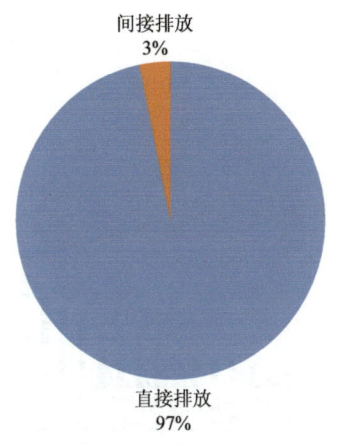

图 22-6　2020 年我国民航二氧化碳直接和间接排放占比

（2）不同类型的飞机二氧化碳排放占比。2020 年，不同航空器排放占比存在较大差异，其中 B737-800 排放占比约 29%，A320 排放占比约 21%，A321 排放占比约 9%，见图 22-7。

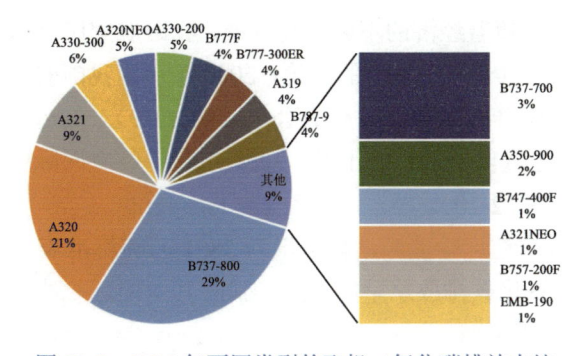

图 22-7　2020 年不同类型的飞机二氧化碳排放占比

3）二氧化碳排放强度

我国民航运输企业吨公里碳排放呈现稳步下降的趋势，由 1980 年的 2.493 千克/吨公里下降至 2019 年的 0.898 千克/吨公里，降幅达 64%（图 22-8）。由于新冠疫情的影响，2020 年中国民航运输总周转量相比 2019 年水平下跌 39%，但机队仍然在增长（2020 年末达到 3903 架）。2020 年，虽然中国民航二氧化碳的总排放量随着总周转量的下挫有显著回调，2020 年民航吨公里排放油耗上升至 0.995 千克，比 2019 年约高 11%，主要是因为 2020 年国际航班量下降、飞机平均航段缩短。

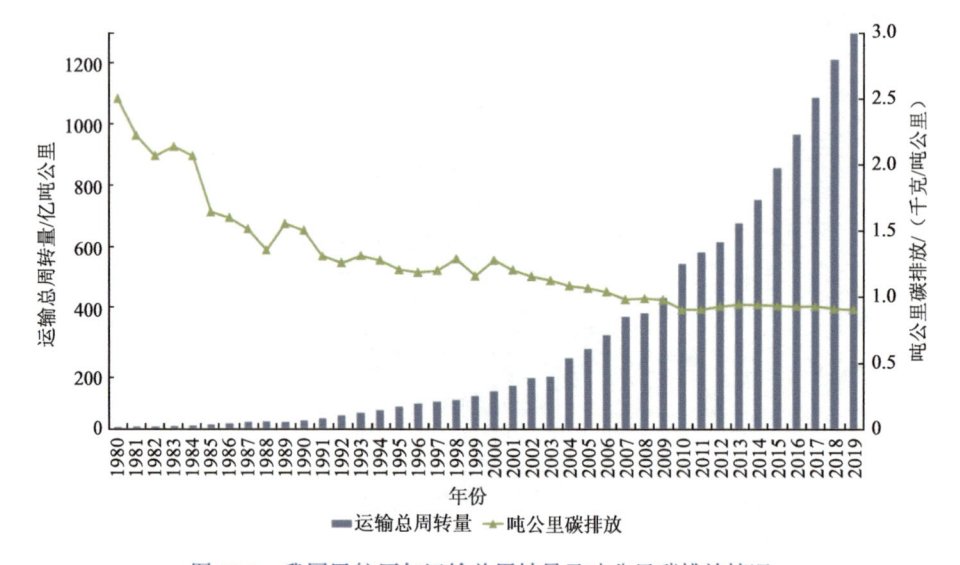

图 22-8　我国民航历年运输总周转量及吨公里碳排放情况

（三）民航国际航线碳排放情况

2016~2019 年，随着经济的不断向前发展，我国航空国际航线客运周转量呈现出上升趋势，但是由于突发疫情的影响，2020 年后，我国航空国际航线客运周转量明显下降，2021 年仅为 90.56 亿人公里（图 22-9）。货运方面，由于受疫情影响较小，整体货运量仍呈现小幅上升，2021 年我国航空国际航线货运周转量为 207.57 亿吨公里（图 22-10）。

2020 年，我国航空运输能源消耗总量为 3821 万吨标准煤（图 22-11）。2020 年我国航空运输二氧化碳排放总量约 8220 万吨，其中国际航线约占碳排放总量的 22.8%，如图 22-12 所示。

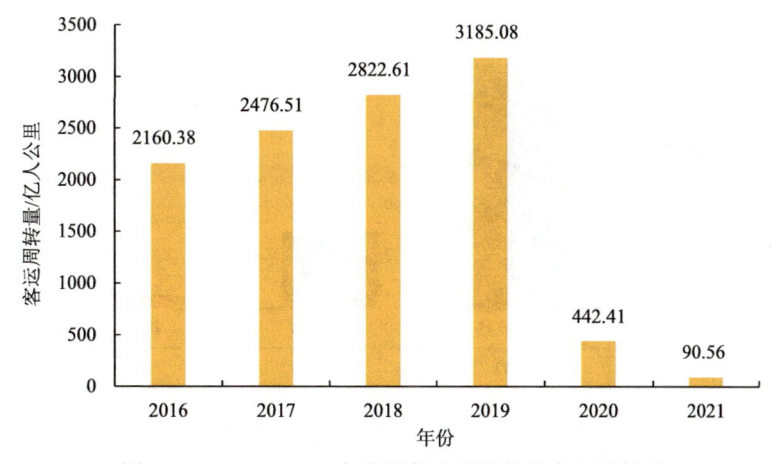

第二十二章　航空运输低碳发展现状与形势

图 22-9　2016～2021 年我国航空国际航线客运周转量

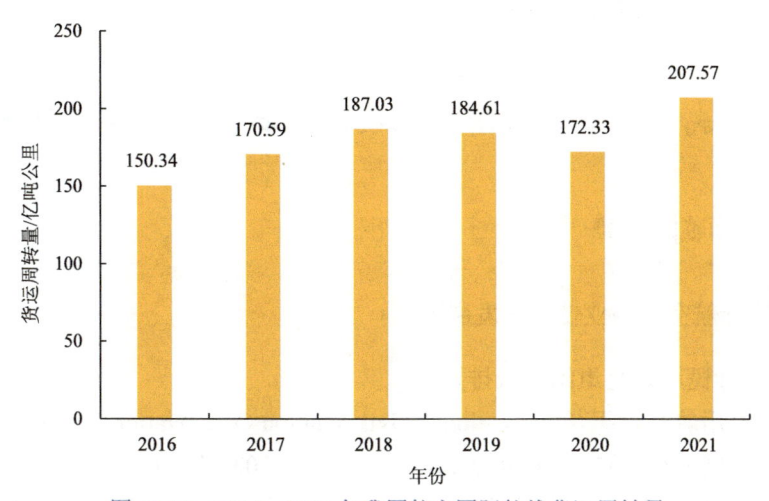

图 22-10　2016～2021 年我国航空国际航线货运周转量

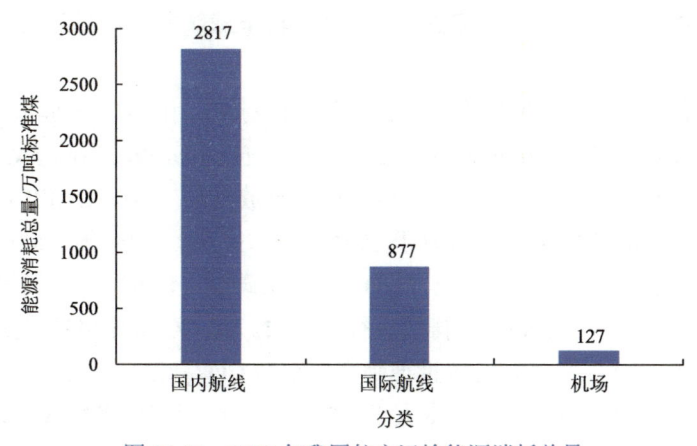

图 22-11　2020 年我国航空运输能源消耗总量

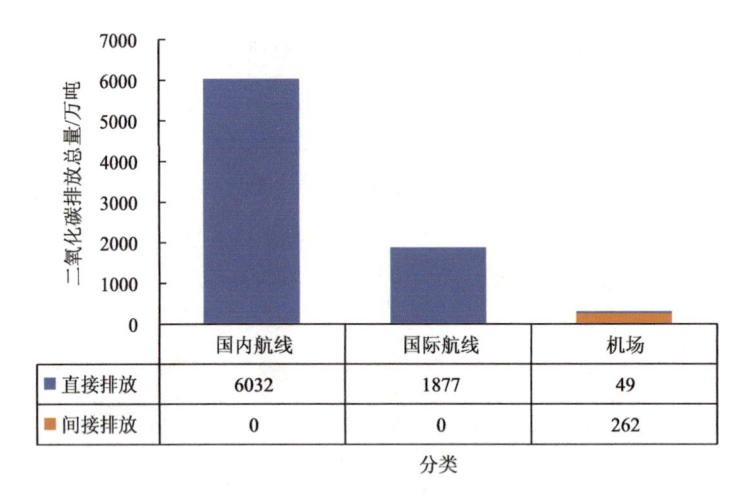

分类	国内航线	国际航线	机场
直接排放	6032	1877	49
间接排放	0	0	262

图 22-12 2020 年我国航空运输二氧化碳排放总量

二、我国民航运输清洁低碳发展面临的形势和挑战

（一）面临的形势

1. 国际航空运输业低碳化发展要求

1）国际民用航空组织碳减排要求

国际民用航空组织（International Civil Aviation Organization，ICAO）提出，全球航空业需要在 2050 年逐步达到以下目标：①2035 年的二氧化碳排放量不超过 2020 年的排放水平，即碳达峰；②2050 年的二氧化碳排放量应达到 2005 年排放水平的 50%及以下，最终实现碳中性增长，将全球航空碳净排放量稳定在 2019 年的水平。

ICAO 高级别会议批准制定航空器二氧化碳标准，由 ICAO 理事会下属的航空环境保护委员会（Committee on Aviation Environmental Protection，CAEP）牵头落实。CAEP 曾制定一系列航空发动机污染物排放标准（包括 CAEP/1、CAEP/2、CAEP/4、CAEP/6 和 CAEP/8，分别于 1986 年、1996 年、2004 年、2008 年和 2014 年生效），主要对气态的氮氧化物（NO_x）、未燃碳氢（UHC）、一氧化碳（CO）和固态颗粒状的烟（Smoke）的排放进行了要求。其 CO_2 的标准制定过程如下：2009 年 12 月，ICAO 高级别会议批准制定航空器 CO_2 标准；2010 年 11 月，CAEP 明确标准适用范围为最大起飞重量大于 5700 千克的亚声速喷气式飞机和最大起飞重量大于 8618 千克的螺旋桨飞机；2012 年 7 月，CAEP 通过航空器 CO_2 标准度量值，修正参数为最大起飞重量；2013年2月，CAEP批准附件16第Ⅲ卷建议稿，含度量体系、标准化航程（specific air range，SAR）的确定方法、试验和测量条件、试验后修正、结果有效性、数据报告要求等；2013年11月，CAEP批准CO_2标准的10个严格度选项；2014年9月，CAEP要求在数据分析结果未出来之前不对严格度进行选择，并对在产飞机实行强制性适航审定要求；2016年2月，CAEP通过附件16第Ⅲ卷《航空器二氧化碳排放》；2017年1月，欧洲航空安全局（European Union Aviation Safety Agency，EASA）颁布$CS-CO_2$的修正提案。

2017年，ICAO通过了全球首个关于飞机CO_2排放的强制性国际标准——附件16第Ⅲ卷《飞机二氧化碳排放》。新的飞机二氧化碳排放标准要求以整架飞机作为适航审定对象。该标准从2020年起适用于新的航空器型号设计，从2023年起适用于已在产的飞机型号设计。已经投产的航空器，如果到2028年仍未达标，将不能再生产，除非对其设计进行充分的修改。目前，中国、美国、欧洲、加拿大、巴西等已将该标准纳入各地航空法规体系。

2018年6月，ICAO第214届理事会正式批准《国际航空减排计划的强制性标准和规则》，要求使用经认证的最大起飞重量超过5700千克飞机，年度二氧化碳排放量超过一万吨的航空公司和其他航空器运营商自2019年1月1日起对温室气体排放量进行检测、报告和核查。

2019年8月，EASA正式颁布了$CS-CO_2$规章，意味着CO_2排放标准正式进入EASA适航审定体系，成为适航取证的必要条件。中国民用航空局（Civil Aviation Administration of China，CAAC）于2020年11月发布了修订后的发动机排放CCAR-34部征求意见稿，拟落实ICAO碳排放标准，该法规主要对应于ICAO附件16《环境保护》第Ⅱ卷，CAAC于2023年发布的CCAR-34-R1对应于第Ⅲ卷的航空二氧化碳排放专门规章。

2021年5月26日，A330-900获得EASA首个飞机二氧化碳排放认证，空中客车成为首家获得该认证的主制造商。EASA表示二氧化碳排放认证是实现2022年航空业"环境标签"战略的重要里程碑。美国联邦航空管理局在2021年度颁布FAR-38部来落实ICAO碳排放标准。

2）国际航空碳抵消与减排机制

2016年，ICAO确定了第一个"国际航空碳抵消及减排机制"（carbon offsetting and reduction scheme for international aviation，CORSIA）的实施框架（图22-13），飞机运营人将从全球碳市场中买卖排放单位，从而抵消二氧化碳排放。

图 22-13　CORSIA 分三个阶段实施

CORSIA 拟分三阶段实施：试点阶段（2021～2023 年）和第一阶段（2024～2026 年），各国可自愿参与，发达国家应当率先参与；第二阶段（2027～2035 年）为强制性参与，单项国际航空活动的收入吨公里数（revenue tonne-kilometers，RTKs）超过 RTKs 总数 0.5% 的成员方，或 RTKs 累计数达到 RTKs 总数 90% 的成员方必须参与，最不发达国家、小岛屿发展中国家和内陆发展中国家可自愿参与。

实施 CORSIA，全球航空业要逐步达到以下目标：①2035 年碳排放水平要不超过 2020 年的碳排放水平，即行业在 2035 年实现碳达峰；②2050 年的二氧化碳排放量应不超过 2005 年排放量的 50%，最终实现碳中和增长，将全球净碳排放量控制在 58 亿吨。IATA 估计，如果没有 CORSIA，国际航空的 CO_2 足迹将从 2020 年的 6 亿吨增加到 2035 年的近 9 亿吨。为此，ICAO 主张：①每年持续提升 25% 的燃料利用效率；②使用生物燃料；③在以上两种措施不理想的情况下，进行适当的市场干预，以达到碳减排目标。

自 2018 年通过了与 CORSIA 相关的标准和建议措施以来，ICAO 已经制定了实施该计划所需的其他要素，其中包括 CORSIA 二氧化碳估算和报告工具，用于以标准化的方法记录 SAF（sustainable aviation fuel，可持续航空燃料）生命周期内 CO_2 的减排量，以及 CORSIA 中央登记簿，方便各国向 ICAO 报告 CO_2 排放。中国在 2020 年 3 月的 ICAO 第 219 届理事会审议上认可了中国温室气体自愿减排（China certified emission reduction，CCER）项目，CORSIA 允许使用 CCER 项目进行抵消。

2020 年 11 月 26 日，ICAO 理事会第 221 届会议通过了关于合格排放单位和可持续性认证计划的新决定，旨在支持 CORSIA，这意味着 CORSIA 的所有实施要素现已完成，并且 2021 年试行阶段的启动已准备就绪。目前，CORSIA 被认为是实现国际航空碳排放零增长的核心手段，成为世界各地区和各个国家设定航空器碳减排标准的重要参考。截至2020年底,承诺自2021年1月1日起实施CORSIA的国家已达到88个。

2021年11月12日,ICAO理事会第224届会议批准了CORSIA之下SAF的可持续性标准,同时还批准了符合性评价指导材料。从事国际飞行的航空器运营人,通过使用达到新的可持续性指标的航空燃料,符合可持续航空燃料寿命周期二氧化碳减排效益和其他环境和社会经济主题,则可在其CORSIA二氧化碳抵消要求中申请相关的减排量。除了批准该标准外,理事会还讨论了疫情对2022年CORSIA定期审查的影响、对CORSIA合格排放单位的更新以及2022年ICAO在有关国际航空的长期理想目标可行性等方面的内容。

3)IATA净零排放目标

2009年6月,IATA通过具有里程碑意义的目标宏大的一系列决议,提出2009~2020年以平均每年1.5%的速度全面提高燃油效率。2009年9月在联合国气候变化大会上,IATA提交了航空业的气候变化建议书,向各国首脑呼吁,应在ICAO的领导下,在减少航空业碳排放方面达成一个具有全球性的行业解决方案。2021年10月,IATA在第77届年会上通过了一项决议,IATA成员航空公司承诺到2050年实现净零碳排放,以实现《巴黎协定》中将全球升温幅度控制在1.5℃以内的目标。

即使新冠疫情给航空业带来了5000亿美元的收入损失,行业组织、航空公司、飞机制造商、零部件供应商仍在通过各种方式寻求实现碳中和。2020年9月,世界航空运输行动小组(Air Transport Action Group,ATAG)发布了全球航空业应对气候变化的2050路线图报告"Waypoint 2050",详细制定了一套短期、中期和长期的环境目标(图22-14),包括:2009~2020年,航空燃油效率平均每年提高1.5%;从2020年起稳定全行业碳排放,并实现碳中性增长场景;到2050年,与2005年的基准水平相比,航空净碳排放量争取减少50%。

2. 我国航空运输业低碳化发展要求

1)国家"双碳"目标顶层要求

国家碳达峰碳中和战略愿景将促使各行业加快减排步伐。未来,国家及地方的碳达峰碳中和方案、碳排放交易市场、能源消耗总量和强度双控制度、用能权等多维度减排要求将越来越高,将给民航减排提出更高的要求。

2021年9月22日,《中共中央 国务院关于完整准确全面贯彻新发展理念做好碳达峰碳中和工作的意见》提出,优化交通运输结构、推广节能低碳型交通工具、积极引导低碳出行。

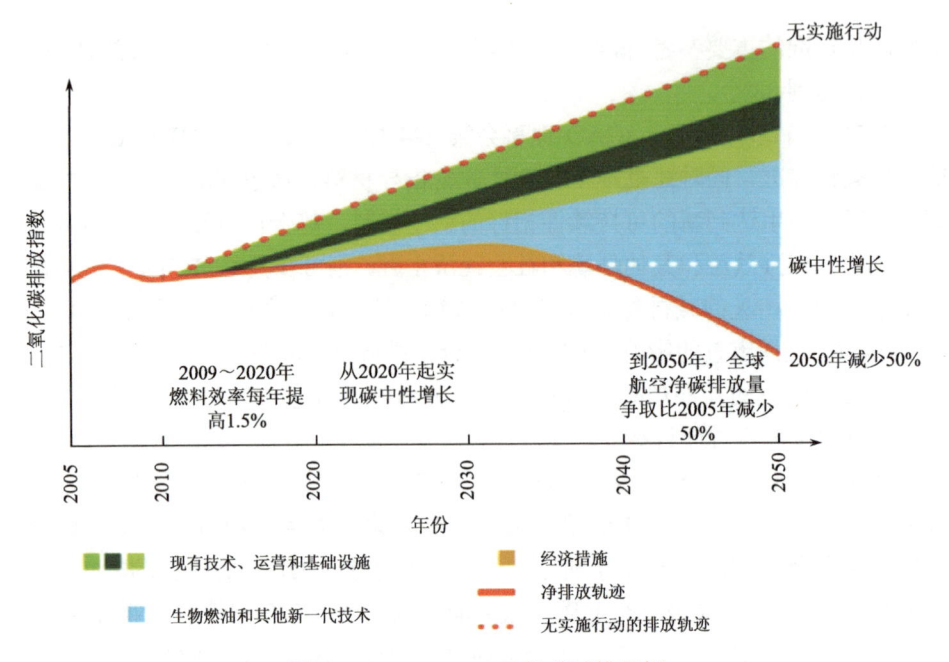

图 22-14　IATA 2050 飞机碳减排目标

2）CAAC"十四五"绿色发展专项规划要求

2022 年 1 月，CAAC 印发《"十四五"民航绿色发展专项规划》（以下简称《规划》）。这是中国民航历史上编制的第一部绿色发展规划，明确了"十四五"时期民航绿色发展的指导思想、基本原则、目标要求和主要任务，内容涉及从"节能减排"到"绿色发展"，将有力指导民航行业绿色、低碳、循环发展。

《规划》明确，到 2035 年，中国民航绿色低碳循环发展体系趋于完善，运输航空实现碳中性增长，机场二氧化碳排放逐步进入峰值平台期，我国成为全球民航可持续发展重要引领者；到 2025 年，中国民航碳排放强度持续下降，低碳能源消耗占比不断提升，民航资源利用效率稳步提高，《规划》基于此还提出了涉及航空公司、机场的 8 个定量预期性指标，如表 22-1 所示。

表 22-1　"十四五"时期民航绿色发展主要指标

类别	指标	2020 年	2025 年
航空公司	运输航空机队吨公里油耗/千克	（0.295）	（0.293）
	运输航空吨公里二氧化碳排放/千克	（0.928）	（0.886）
	可持续航空燃料消费量/万吨	—	（5）
机场	单位旅客吞吐量能耗/千克标准煤	（0.948）	（0.853）
	单位旅客吞吐量二氧化碳排放/千克	（0.503）	（0.43）

续表

类别	指标	2020年	2025年
机场	单位旅客吞吐量综合水耗/升	（70）	（60）
	场内纯电动车辆占比	16%	25%
	可再生能源消费占比	1%	5%

注：（）内为5年累计数；运输航空吨公里二氧化碳排放是指运输航空吨公里净碳排放；可持续航空燃料是指符合航空适航标准和航空燃料可持续性评价标准的航空燃料；机场单位旅客吞吐量是指单位折算旅客吞吐量，即旅客吞吐量与货邮吞吐量按每旅客90千克折算后相加；机场可再生能源包括机场自给的清洁能源（太阳能、地热能等）以及通过交易购买的"绿电"等。

以上述目标为驱动，《规划》还从四个方面提出了重点任务。

（1）加快完善绿色民航治理体系。调动各方积极性、主动性和创造性，增强绿色民航治理能力，构建完善党委领导、政府主导、企业主体、社会组织和公众共同参与的绿色民航治理体系，包括健全政策监管体系、标准体系、企业主体责任体系、绿色民航供给体系，提升参与全球民航环境治理的能力。

（2）深入实施低碳发展战略。大力推动行业脱碳，加强先进适用技术应用，注重市场手段与非市场手段统筹，不断降低碳排放强度，包括加快推广绿色低碳技术、提升运营管理效能、强化空管支撑保障、建立基于市场的民航减排机制。

（3）深入开展民航污染防治。以提升机场区域环境质量为重点，推动各机场完善机场牵头、驻场单位积极参与的污染防治联合工作机制，构建民航大气、噪声、污水、固废等污染协同防治格局。

（4）全面提升绿色民航科技创新能力。深入推进绿色民航科技创新体系建设，强化民航关键脱碳技术攻关，完善民航绿色低碳循环发展技术支撑平台建设，着力推动人才引进培养，为民航绿色发展注入强劲动力。

《规划》文件为建立健全民航绿色低碳循环发展体系、构建民航运输与生态环境和谐共生格局提出了"十四五"期间的总体思路和任务，但对于中国航空业减碳的定量指标，以及对国产民机的要求尚未给出具体的指导。

3）CAAC发布民航绿色生态圈建设路线图

2022年1月，CAAC印发《智慧民航建设路线图》（以下简称《路线图》）。这份《路线图》将智慧民航建设分解为五大主要任务、四个核心抓手、三类产业协同（打造"民航+数字产业"共同体、"民航+先进制造"产业链、"民航+绿色低碳"生态圈），推动低排放、低噪声的新一代航空器和航空发动机研制，推进电驱动、氢燃料等新能源飞行器研发。在"民航+绿色低碳"生态圈关于推进绿色技术产品研发的阶段目标中，专门提到2030年"新能源飞行器投入试点运行"，2035年"新能源动力飞机的研制、生产、运营产业链基本成熟，并在特定场景实现常态化运行",即按照这一路线图,新能源飞行器的试点运行在 2030 年就能实现,2035 年能在特定场景实现常态化运行。

《路线图》提出"民航+绿色低碳"生态圈理念。攻关绿色核心技术,探索绿色运行方式,壮大民航绿色产业,引导产业向高效、环保、节能的方向演进,拓展民航绿色发展上线。其中专门提到"制定可持续燃料适航标准,推进常态化应用试点示范;推动低排放、低噪声的新一代航空器和航空发动机研制,推进电驱动、氢燃料等新能源飞行器研发"。2025 年"制定可持续燃料适航标准,实现小规模量产和试点应用;鼓励开展电驱动、氢燃料等新能源飞机的论证设计和技术研究工作",2030 年"可持续燃料生产、使用、服务全产业链成熟,形成相对完善的适航标准;新能源飞行器投入试验运行",2035 年"可持续燃料使用比例大幅提高,相关技术指标纳入国际标准;新能源动力飞机的研制、生产、运营产业链基本成熟,并在特定场景实现常态化运行",如图 22-15 所示。

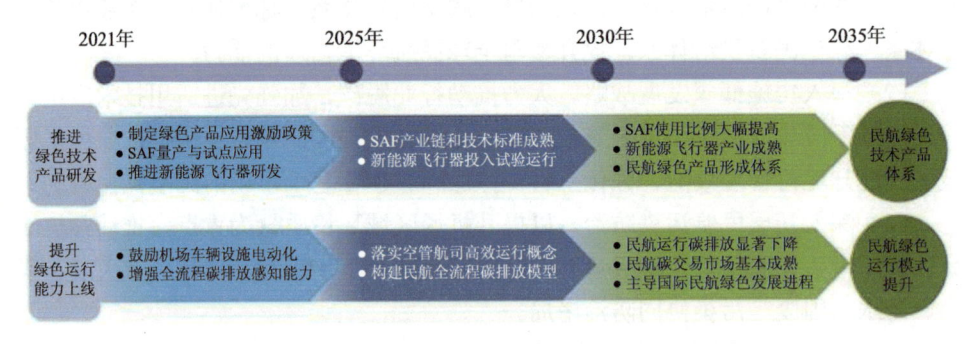

图 22-15 "民航+绿色低碳"生态圈发展路线图

4) CCAR-34-R1 适航条款新修订

2017 年 3 月 3 日,ICAO 第 210 届理事会第 7 次会议审议通过了关于飞机二氧化碳排放的新国际标准——附件 16《环境保护》第Ⅲ卷《飞机二氧化碳排放》(以下简称"ICAO 碳排放标准")。ICAO 的 191 个缔约方均同意签署,CAAC 代表中国政府签署该协议。

为对标国际先进环保标准,进一步提升航空产品设计制造水平,同时满足 ICAO 普遍安全监督审计要求、落实《国际民用航空公约》附件 16 第Ⅱ卷《航空器发动机的排放物》和第Ⅲ卷《飞机二氧化碳排放》中的标准和建议措施,局方 2023 年对《涡轮发动机飞机燃油排泄和排气排出物规定》(CCAR-34)进行了修订。CAAC 于 2022 年 3 月发布了修订后的 CCAR-34 征求意见稿,落实 ICAO 碳排放标准。新修订的 CCAR-34-R1 于 2023 年 1 月 1 日起正式实施。

CCAR-34-R1 针对 2020 年 1 月 1 日以前和以后申请航空器型号合格证(type

certificate，TC）的飞机规定了不同的排放限制值，具体如图 22-16 所示。其中，蓝色折线代表 2020 年 1 月 1 日前申请 TC 的机型要满足的排放限制，黄色折线代表 2020 年 1 月 1 日（含）后申请 TC 的机型要满足的排放限制，黄色折线代表的标准高于蓝色折线代表的标准。

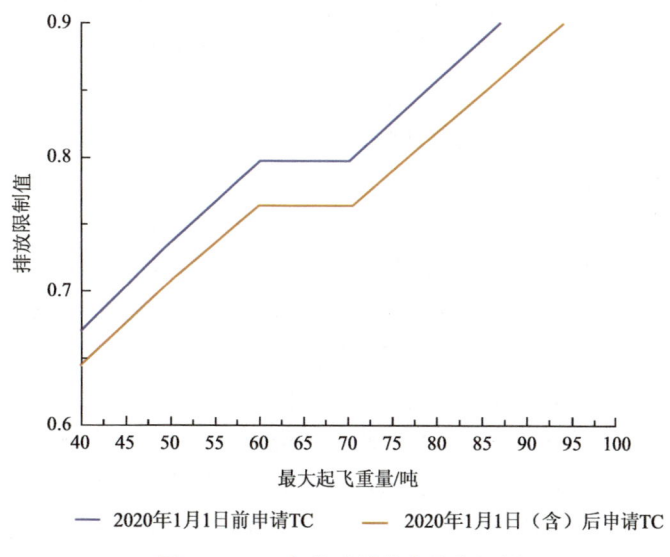

图 22-16　二氧化碳排放度量值限制

综合判断新修订的碳排放标准对审查对象的要求，可总结为以下两点。

一是对于 2020 年 1 月 1 日之前提交 TC 申请的飞机，2028 年之前的生产交付不受碳排放标准限制。但是，如果 2023 年 1 月 1 日（含）以后进行设计更改，必须满足图 22-16 中蓝线所示的标准；如果 2028 年 1 月 1 日（含）以后想要继续生产交付，也必须满足图 22-16 中蓝线所示的标准。

二是对于 2020 年 1 月 1 日（含）之后提交 TC 申请的飞机，必须满足图 22-16 中黄线所示的标准。

根据 CAAC 发布的 CCAR-34-R1，将采用与 ICAO 相同的碳排放要求及适用对象，这对国产民机未来发展产生较大影响。

（二）存在的挑战

1. 行业快速发展与减排要求严苛之间的矛盾

目前，我国民航业正处于快速增长期，按照业内的普遍预测，尽管民航产业短期受疫情影响较大，但中长期来看，全球民航业仍将保持年均 4% 以上的增长速度。2021年，中国经济在全球率先实现复苏，成为全球唯一实现正增长的主要经济体，中国民航也率先触底反弹，成为全球恢复最快的航空市场。"十四五"时期，以国内大循环为主体、国内国际双循环相互促进的新发展格局的建立以及《区域全面经济伙伴关系协定》等国际合作的广泛开展，都将进一步拓展我国民航的国际发展空间，增强中国民航在全球的作用，提升国际影响力。根据《"十四五"民用航空发展规划》，预计2025年我国民航旅客运输量达9.3亿人次，旅客运输量复合增长率为5.9%，届时我国人均乘机率从0.47提升到0.67，民航机场保障航班起降1700万架次，民航面临的减排压力日益增大。我国航空公司机队平均机龄为7年，其中客机平均机龄为6年，相比于欧美国家，飞机燃油效率较高，但同时，碳减排水平基线也较高，碳排放强度下降空间越来越小，进一步提升异常困难。当前已有的碳减排措施，如新型节油飞机/发动机、提高飞机利用率和载运率、采用高效清洁的地面设备、航空运输系统优化等措施一方面成本高昂，另一方面减排收益不大，难以起到决定性作用。

随着中国民航从单一领域民航向多领域民航迈进，未来运力将快速增长，机队规模和机场数量都将翻番，民航面临的各类资源环境瓶颈问题也将更加突出，民航可用空域资源供给增加幅度有限，航路航线结构不尽合理，燃料供应对外依存度较高。因此，以绿色低碳为导向的高质量发展将是行业持续健康发展的内在要求。在建设新时代民航强国的征程中，绿色低碳作为发展的增量，将不断拓展我国民航发展空间，提升全球竞争能力。国家碳达峰碳中和战略目标的提出将使中国民航绿色低碳发展提升到新的高度，也将使中国民航面临严峻的挑战与压力，需要平衡好发展与绿色的关系。

2. 现有产业基础不强与减排进度紧迫之间的矛盾

面对激烈的市场竞争，民航业盈利能力相对较弱，ICAO推出的CORSIA市场机制、欧盟的"Fit for 55"政策和目前可持续航空燃料价格较高等情况都给民航业的盈利增加了困难，额外的碳减排成本给民航行业薄利现状带来了很大挑战。

从碳达峰到碳中和的整体过渡时间来看，美国约为43年，欧洲约为71年，相比已具有成熟航空产业链的欧美发达经济体，我国民航碳减排的周期短、压力大。同时，由于我国民航产业相较欧美工业强国仍处于发展初期，自主创新能力较弱，飞机、空管设施设备、航材等均来自国外供应商，不利于航空运输业各主体开展节能技术改造。在运营效率方面，行业整体运行效能也亟待提升，空中绕飞、地面滑行时间长等问题仍然存在，解决制约民航发展的各种资源瓶颈问题等任务十分艰巨。

3. 飞行器高效脱碳技术和可持续能源产业尚不成熟

实现民航减碳发展，最有效的方式是实现航空器设计，尤其是飞机动力和能源形式的变革性技术突破，最终实现净零排放，然而，航空产品系统复杂、安全性可靠性要求高、验证周期长、技术门槛高，且民机主制造商在研发"革命性"机型方面较为谨慎。当前来看，我国民航低碳、零碳、负碳技术的发展尚不成熟，各类技术系统集成难，环节构成复杂，技术种类多，成本昂贵。根据飞机主制造商的发展规划，电动技术和氢能源仍有诸多需要克服的技术障碍，氢能源飞机、全电飞机等新能源动力飞机将在 2045 年甚至 2050 年才能投入商用。

目前，全球主要航空公司零碳战略中最直接快速的可持续航空燃料措施，也受到成本和原材料供应能力的制约。国内尚未形成完整的航空低碳能源产业链，尽管已有国产可持续航空燃料获得了批准，也有国内航空公司开展了试飞，但从原材料生产、炼化、储运、商业飞行等方面，都没有形成完整的技术链和产业链。如果仅延续当前政策、投资和碳减排目标等，现有低碳、零碳技术很难支撑民航行业实现碳达峰、碳中和。因此，当前亟须加强政策引导和制度建设，充分发挥各利益相关方的积极性，加大对可持续航空燃料研发和试点应用的政策支持与战略部署，协调推进全产业链合作。同时，应超前谋划氢能、电动等绿色能源航空器，推动国产飞机制造商和航材供应商在新动力航空器方面的研发突破，力争实现绿色能源航空器的换道超车。

第二十三章
典型国家/地区航空低碳发展规划及启示

一、典型国家/地区航空低碳发展规划

（一）IATA 未来技术路线图

IATA 从行业需求角度出发，在德国宇航中心等支持下，面向 2050 年航空业气候行动目标，分别于 2009 年、2013 年、2020 年发布《未来民用航空技术发展路线图》（以下简称《IATA 路线图》）。2020 年版的《IATA 路线图》旨在显示未来技术创新的时间表，以及它们在减少全球机队二氧化碳排放量中的作用及其实施的可能性，从而推动技术创新与行业合作。《IATA 路线图》指出对减少航空排放贡献最大的是飞机、发动机技术和 SAF，重点是绿色航空技术。为了实现这些目标，航空利益攸关方采取了一项多措并举的战略，其基础是：技术（包括更节能的飞机和 SAF）、高效的飞行运营、改进的空域和机场基础设施以及积极的经济措施。这四个方面共同构成了该路线图的四大支柱，具体如图 23-1 所示。

对于未来飞机的技术和设计，在中短期，即 2035 年前，新的商用飞机仍将是渐进式发展，采用传统的管翼结构和涡轮风扇发动机，由传统喷气燃料（或替代的可持续燃料）提供动力。从 2035 年起，人们可以期待"革命性"的新飞机方案和推进系统的实施，前提是经济框架条件有利于它们的实施。这些全新的飞机设计包括但不限于翼身融合、支撑机翼、混合动力和电动飞机等，如图 23-2 所示。

2035 年左右，新型商用飞机仍将采用"进化式"发展方式，主要技术包括：①配装更高效率发动机（齿轮传动涡扇、高压比核心机、超大涵道比）的常规机身-机翼构型飞机；②复合材料机翼和机身结构；③翼梢小翼，小肋结构减阻和带新型控制面的变弯度机翼；④主动载荷减缓和结构健康状况监测；⑤提供机载电

第二十三章　典型国家/地区航空低碳发展规划及启示　239

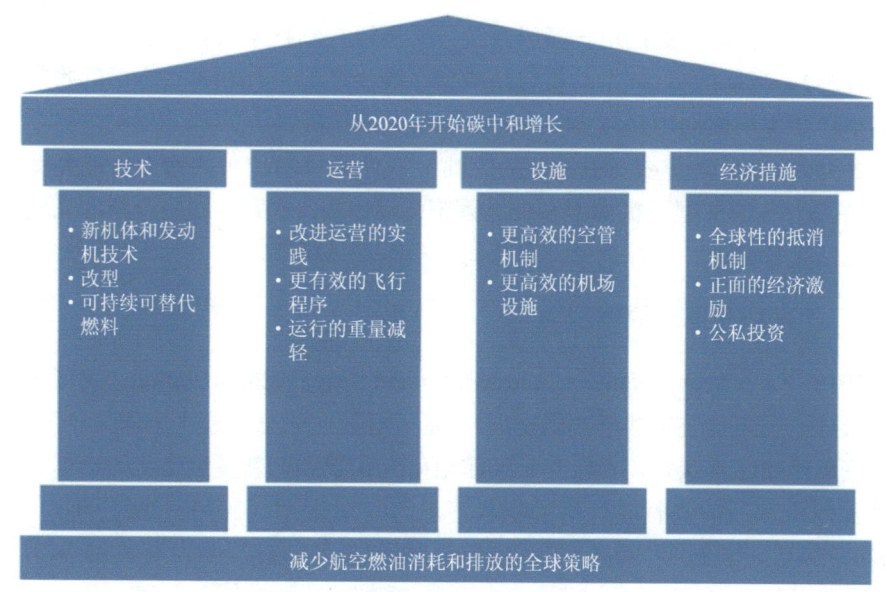

图 23-1　《IATA 路线图》的四大支柱

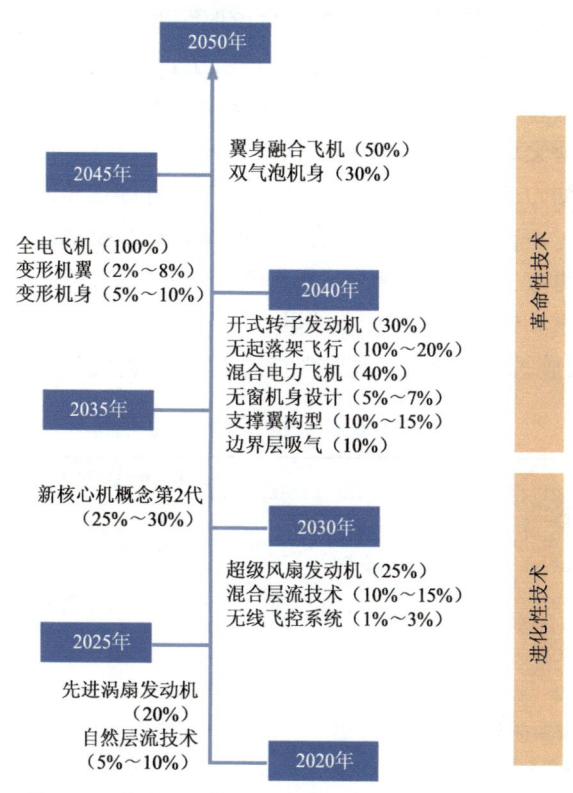

从2020年开始碳中和增长

技术	运营	设施	经济措施
• 新机体和发动机技术 • 改型 • 可持续可替代燃料	• 改进营运的实践 • 更有效的飞行程序 • 运行的重量减轻	• 更高效的空管机制 • 更高效的机场设施	• 全球性的抵消机制 • 正面的经济激励 • 公私投资

减少航空燃油消耗和排放的全球策略

图 23-2　未来飞机燃油效率改进的技术发展进程预测
括号中的数据为对应的技术预期可以带来的燃油效率消耗减少量的潜力百分比

2050年
翼身融合飞机（50%）
双气泡机身（30%）

2045年
全电飞机（100%）
变形机翼（2%~8%）
变形机身（5%~10%）

2040年
开式转子发动机（30%）
无起落架飞行（10%~20%）
混合电力飞机（40%）
无窗机身设计（5%~7%）
支撑翼构型（10%~15%）
边界层吸气（10%）

2035年
新核心机概念第2代（25%~30%）

2030年
超级风扇发动机（25%）
混合层流技术（10%~15%）
无线飞控系统（1%~3%）

2025年
先进涡扇发动机（20%）
自然层流技术（5%~10%）

2020年

（革命性技术 / 进化性技术）

力的燃料电池；⑥先进的电传操纵系统；⑦层流控制技术（自然层流控制和混合层流控制）。当前的机体-发动机传统构型在减少燃料消耗和排放方面的收益会越来越小，要实现燃油消耗减少 30%～35%将充满挑战。

2035 年之后，传统飞机构型的燃油经济性进一步改善的潜力可能会受到限制，"革命性"的新型飞机构型和推进系统将逐步投入使用。这些全新的飞机设计方案包括翼身融合、支撑机翼、混合动力和电动飞机等。

（二）NASA 航空战略规划

2019 年，NASA（National Aeronautics and Space Administration，美国国家航空航天局）发布《航空战略实施规划》，基于对航空未来发展"全球化、可持续、不断变革"的愿景认知，对自身长期航空研究积累和创新发展文化的自信，以及对"美国引领新的飞行时代"的积极憧憬等，对近期（2015～2025 年）、中期（2026～2035 年）、远期（2035 年后）的航空发展进行了描绘，并为未来 25 年 NASA 研究提供了指导。

NASA《航空战略实施规划》总结了全球航空业发展面临的三大趋势，并称其为"超级驱动力"，它们决定了未来几年内航空研究的需求。

（1）超级驱动力 1——全球高速交通运输需求增长：传统衡量指标反映了对全球交通运输和新交通运输方式的需求快速增长。

（2）超级驱动力 2——经济可承受性、环境可持续性和能源使用：在实现环境可持续性的同时，在维持经济可承受性方面面临严峻挑战。

（3）超级驱动力 3——技术融合：指将改变航空能力和航空运输方式的材料、制造、能源、信息和通信技术等行业的融合。

《航空战略实施规划》提出了高效亚声速飞机环境性能发展指标，见表 23-1。

表 23-1 高效亚声速飞机环境性能发展指标

技术效益	技术成熟度水平=5～6		
	近期 2015～2025 年	中期 2026～2035 年	远期 2035 年后
噪声 （相比 STAGE4 降低）	22～32 分贝	32～42 分贝	42～52 分贝
起降阶段氮氧化物排放 （低于 CAPE6）	70%～75%	80%	>80%
巡航阶段氮氧化物排放 （相比 2005 年最佳水平）	65%～70%	80%	>80%
飞机耗油率 （相比 2005 年最佳水平）	40%～50%	50%～60%	60%～80%

（三）欧盟航空减排规划

欧盟建立 ETS 来处理温室气体排放；在全球解决方案上，欧洲认可 ICAO 的领导角色，并积极参与 ICAO 的环保标准和市场机制的制定工作；此外，欧洲通过单一欧洲天空下的"清洁天空"以及欧洲单一天空空中交通管理研究（single European sky ATM research，SESAR）等项目资助空管领域的创新。在 ICAO 的 CORSIA 发布后，欧盟还积极援助其他国家进行能力建设，并鼓励自愿行动，如国际机场理事会（Airports Council International，ACI）的碳认证。

（四）英国 ATI 零碳技术战略

在英国航空航天技术研究院（Aerospace Technology Institute，ATI）未来市场设想中，发展和采用可持续的飞机技术与改进运营将使全球碳排放到 2050 年减少近 25 亿吨。英国 ATI 发布的《2022 技术战略》提出未来航空发展的四大驱动因素，包括：承担风险将巩固航空清洁技术的增长；飞机的效率将继续推动可持续发展；可持续航空燃料的使用将迅速扩大；颠覆性技术将使零碳商用飞行成为可能。

为了推动碳减排，ATI 计划重点关注三个技术领域，包括零碳排放飞机技术、超高效飞机技术、使能技术和基础设施，并将投资向这些领域倾斜。面向未来开展零碳排放飞机技术的研究和保持超高效飞机技术的进步，两者需并行推进。ATI 认为 SAF 和氢燃料的使用成为到 2050 年实现净零排放的重要组成部分。无论是 SAF 还是氢燃料，都需要大量投资来增加产能，并被航空大量投资后才能被大规模采用，其中 SAF 将比液氢更早投入市场。针对三大技术领域，ATI 规划了各领域的重点技术。

1. 零碳排放飞机技术

ATI 提出了采用氢能源的零碳排放飞机的三款概念方案，包括氢能支线飞机、窄体飞机和中型飞机。技术重点包括：一是对氢燃气轮机及氢燃料电池的工作温度、减轻重量以及热管理进行更多研究；二是液氢储存技术，为燃料电池和燃气轮机所应用，开发测试低温氢罐以及飞机上的相关分配和安全系统；三是氢燃料电池飞机，电动垂直起降航空器和支线应用需要的电池功率和能量密度需要持续进行技术开发。

2. 超高效飞机技术

开发新的空气动力学技术，以及复合材料机翼的高速制造和组装技术。技术重点包括：一是超高涵道比涡轮风扇发动机，采用复合材料齿轮驱动风扇系统，具有高空气动力学效率与低噪声性能，包含超高效率高压高温核心机与智能控制和监控系统。ATI 的目标是到 2030 年实现 10%以上的效率和二氧化碳排放改善，并从 2030 年起进一步受益于电动混合和变螺距风扇技术的进步。二是轻型、高展弦比、高产量复合材料机翼-高展弦比机翼，优化气动效率和快速组装，完全自动化的高产量复合材料机翼结构组件制造和机翼组装。ATI 的目标是在下一代飞机上实现至少 10%的效率提升、超过 15%的减重以及超过 10%的空气动力学改善。三是节能、轻量化、更电动的飞机系统，包括电力系统、着陆系统、防冰防雨系统、燃油系统、热管理、飞行控制系统、通信系统、飞行甲板显示。

3. 使能技术和基础设施

技术重点包括：一是高价值设计和验证，应用数字设计和建模，准确预测飞机在整个生命周期中的性能；二是实现可负担的、适应性强的智能自动化制造系统；三是终身支持，强化全生命周期工程所需的技术，包括检查和维修流程、结构和系统的健康监测、预测性维护和增强现实数字飞机支持。

（五）荷兰 NLR "气候中和航空" 计划

荷兰宇航中心（Netherlands Aerospace Centre，NLR）开展面向可持续航空的研究，致力于在技术和社会层面激发创新。在技术方面，新型推进技术、飞机设计和替代燃料是 NLR 重点关注的关键领域，现有的基础设施也需要进行调整。在社会方面，必须考虑对气候更友好的航线、监管、经济条件和后果以及社会接受度进行研究。NLR 专门制订了 "气候中和航空" 计划，推动 2050 年实现气候中和航空目标。

通过 "气候中和航空" 计划，NLR 开展更清洁、更安静的航空技术研究，以减少航空业对气候和环境的影响。NLR 主要研究电池、氢能和 SAF 驱动的飞机的开发，以及对运营的影响，并考虑飞机的生产、使用和回收全生命周期的循环经济发展。为实现计划目标，NLR 专注的主题包括：（混合）电推进、氢动力、SAF、运营、地面基础设施、循环经济和影响评估。其计划见表 23-2。

表 23-2　NLR 绿色航空发展计划

研究主题	2025 年	2030 年	2035 年
（混合）电推进	开展 9 座全电飞机研究	开展 70 座混合电推进涡轮螺旋桨飞机研究	
氢动力	使用 NLR Pipistrel 飞机实现液氢动力载人飞行	开展液氢商用飞机组件研发	为空客零排放飞机进入市场作出贡献

续表

研究主题	2025 年	2030 年	2035 年
SAF	100%SAF 飞行	100%SAF 商用航班	
运营	实现全生态影响最优航班		
地面基础设施	支线机场充电基础设施	干线机场液氢基础设施	国际机场液氢基础设施
循环经济	循环经济发展框架	循环认证主要内容	设计循环飞机
影响评估	全生命周期循环评估、经济与政策	综合设计环境影响、气候中性设计	从飞机集成传感器和航班路径调整中进行实时反馈

（六）日本 JAXA 环保型飞机技术计划

日本宇宙航空研究开发机构（Japan Aerospace Exploration Agency，JAXA）的环保型飞机技术计划旨在通过与行业合作伙伴的合作，开发可以减少航空对环境影响的先进技术。环保型飞机技术计划项目的主要研发包括以下四个方面。

（1）En-Core（环保核心发动机技术研究）项目，主要目标是开发"超低 NO_x 稀薄预混燃烧器"和"高温、高效涡轮"技术。

（2）下一代喷气发动机技术的设计与分析项目，研究主要涉及发动机系统性能、高压压气机、降噪和复合结构。结合新技术的新发动机概念将改善基本的发动机性能，包括燃料消耗和推力。精确预测高压压气机的行为将提高发动机性能。气动声学设计技术将解决与更高涵道比发动机相关的噪声问题。评估复合结构的耐久性将有助于延长部件的使用寿命。

（3）机身降噪项目，主要研究高升力装置（襟翼和缝翼）和起落架的降噪技术，实现客机应用的高升力装置和起落架的最佳优化设计。

（4）创新的绿色飞机技术项目（iGreen），主要开发一系列空气动力学、气动声学和结构方面的先进创新技术，使机身设计具有更高的环保性能，目前正在研究的技术包括肋条涂层技术、自然层流翼设计等蒙皮摩擦减阻技术，以及实现轻量化的优化设计和制造技术复合结构。进行地面测试和飞行测试，以评估所开发技术的环境性能。

此外，日本是全球最热衷发展氢能源的国家之一。全球氢燃料电池技术专利有 83%来自日本。日本政府制定的 2050 年实现碳中和的发展目标，认为氢能源等新技术将成为构建绿色环保社会的支柱；预测到 2035 年左右实现氢能源飞机的商业运营，当前重点开展氢能源飞机技术研发、示范和部署。日本 JAXA 下一代航空创新中心飞机系统研究团队推出了 150 座级混合电推进飞机的概念，通过应用电推进系统、液态氢等低碳燃料和生物燃料来提高环境适应性。该方案使用应用液态氢和高效推进器的混合动力推进系统,以及将燃料电池/燃气轮机联合循环作为动力源的高效发电机。对该方案的验证测试将在验证其技术可行性之后进行。

(七)典型国家/地区 SAF 发展规划

根据 ICAO 的统计,截至 2021 年 10 月,全球已有 9 条 SAF 生产路线获得美国材料与试验协会(American Society for Testing and Materials,ASTM)认证,45 家机场开展可持续航空燃料供油服务,216 亿升可持续航空燃料承购协议被签订,接近 40 万架次的商业飞行加注了可持续航空燃料(表 23-3、表 23-4)。

表 23-3　经 ASTM D7566 和 ASTM D1655 批准的 SAF 路线及信息

技术路线	原材料	掺混比例	商业计划/项目
FT	煤、天然气、生物质	最高 50%	Fulcrum Bioenergy、Red Rock Biofuels、SG Preston、Kaidi、Sasol、Shell、Syntroleum
HEFA	生物油、动物油、回收油	最高 50%	World Energy、Honeywell UOP、Neste Oil、Dynamic Fuels、EERC
SIP	微生物将糖类转化为碳氢化合物	最高 10%	Amyris、Total
FT-SKA	煤、天然气、生物质	最高 50%	Sasol
ATJ-SPK	生物质(乙醇或异丁醇产品)	最高 50%	Gevo、Cobalt、Honeywell UOP、LanzaTech、Swedish Biofuels、Byogy
CHJ	甘油三酯原料,如废油、藻类、大豆、麻风树、亚麻荠、桐树等	最高 50%	Applied Research Associates
HC-HEFA-SPK	生物来源的碳氢化合物,如藻类	最高 10%	IHI Corporation
FOG Co-processing	来自石油精炼的脂肪、油、润滑脂	最高 5%	
FT Co-processing	基于石油 Co-processing 的费托生物质原油	最高 5%	Fulcrum

表 23-4　全球排名前五的 SAF 承购协议

签约年份	生产商	采购商/使用方	总承购量/百万升	协议期限/年
2021	Alder Fuels	United Airlines	5678.1	20
2015	Fulcrum	United Airlines	3406.9	10
2021	SG Preston	Jet Blue	2536.2	10
2016	Fulcrum	AirBP	1892.7	10
2014	Fulcrum	Cathay Pacific	1419.3	10

美国联合航空公司与霍尼韦尔决定参与关于 Alder Fuels 的数百万美元投资计划，成为全球范围最大的可持续航空燃料购买协议，采购量高达 5678.1 百万升，协议为期 20 年（表 23-5、表 23-6）。

表 23-5　全球排名前六的 SAF 承购协议生产商

排名	生产商	总承购量/百万升	签订协议数/份
1	Fulcrum	6719.10	3
2	Alder Fuels	5678.12	1
3	SG Preston	2536.22	1
4	Aemetis	1476.31	3
5	Velocys	1105.34	2
6	ECB Group	1050.08	2

表 23-6　全球排名前六的 SAF 承购协议采购商

排名	采购商	总承购量/百万升	签订协议数/份
1	United Airlines	9179.62	4
2	Jet Blue	2911.83	3
3	AirBP	2192.71	2
4	Cathay Pacific	1419.53	1
5	Delta	985.34	6
6	KLM	937.04	4

壳牌是领先的可持续燃料技术公司和可持续燃料生产商，可持续燃料开发相关的创始投资公司主要包括 LanzaTech、森科能源、三井物产、英国航空公司和全日空航空公司等。

美国航空宣布上亿美元投资比尔·盖茨"突破能源催化剂"基金以推动并支持 SAF 发展。加拿大航空 2021 年宣布在可持续航空燃料领域投资 5000 万美元。

纵观全球，航空公司鲜有直接参与投资可持续航空燃料生产企业，多以提前签订承购协议的形式开展相关商业布局。航空公司通过与相关机场签订合作协议，实现可持续航空燃料的商业化使用。表 23-7 列出了全球使用 SAF 的主要航空公司。

2021 年 10 月 IATA 第 77 届年会批准全球航空运输业于 2050 年实现净零碳排放的决议。该行业承诺符合《巴黎协定》的目标，即全球气温升幅不超过 1.5℃。IATA 提出 2050 年实现航空净零碳排放在全球 SAF 领域需要关注如下焦点：①2025 年，在适当的政府政策支持下，SAF 产量预计将达到 9 亿升（占总燃料需

表 23-7 全球使用 SAF 的主要航空公司

航空公司	进/离场	机场	国家	生产商	输配公司
所有航司	离场	卑尔根机场	挪威	World Energy	AirBP
金色航空	离场	哈尔姆斯塔德机场	瑞典	World Energy	AirBP
金色航空	离场	卡尔马机场	瑞典	World Energy	—
联合航空 荷兰皇家航空 （阿姆斯特丹航线）	离场	洛杉矶国际机场	美国	World Energy	—
汉莎航空 北欧航空 荷兰皇家航空/荷兰皇家城市短途航空	离场	奥斯陆加勒穆恩机场	挪威	World Energy	—
荷兰皇家航空 北欧航空 芬兰航空	离场	旧金山国际机场	美国	World Energy	Shell
北欧航空 金色航空 荷兰皇家航空	离场	斯德哥尔摩-阿兰达机场	瑞典	World Energy	—
金色航空	离场	斯德哥尔摩-布鲁玛机场	瑞典	World Energy	AirBP
荷兰皇家航空	进场 离场	韦克舍斯莫兰机场	瑞典	World Energy	—

求的 2%）；②2030 年，SAF 产量为 230 亿升（占总燃料需求的 5.2%）；③2035 年，SAF 产量为 910 亿升（占总燃料需求的 17%）；④2040 年，SAF 产量为 2290 亿升（占总燃料需求的 39%）；⑤2045 年，SAF 产量为 3460 亿升（占总燃料需求的 54%）；⑥2050 年，SAF 产量达到 4490 亿升（占总燃料需求的 65%）。

虽然在 ICAO 和 IATA 的推动下，SAF 的发展在近年来取得了令人瞩目的成果，但因 SAF 的生产应用成本高、产量严重不足、掺混技术的飞行安全性存疑等问题，SAF 实际产量仍难以满足全球航空市场碳减排的需要。在 ICAO 于 2021 年 11 月发布的《创新驱动可持续航空》报告中，ICAO 计划将减排燃料范围从 SAF 扩大到低碳航空燃料，即通过低碳排放寿命周期生产的改进石油产品（例如，减少火炬、排放和逃逸；使用可再生能源；碳捕捉）以及非注入燃料。

（八）典型国家/地区空管减排规划

为实现航空领域碳中和的目标，欧洲航空业积极推动的 SESAR 项目、美国开发的"新一代航空运输系统"(Next Gen)，助力空管技术升级。20世纪八九十年代，欧洲航空导航规划组织相继提出欧洲地区主干航路网络规划计划，2004年设计覆盖欧洲的航路主干网络。1998~2004年逐步实施空域灵活使用、区域导航（regional area navigation，RNAV）、缩小垂直间隔（reduced vertical separation minimum，RVSM）等措施。2006年启动欧洲空域网络动态管理的框架计划，优化高空航路网络、协同空域流量运行、灵活使用空域等。据统计，欧洲航空业在进行RVSM改革后，航空油耗和CO_2排放量在原有基础上减少了1.6%~2.3%。1998年，美国联邦航空局制定了"自由飞行"和国家空域系统的发展战略。2001年，美国在国家空域系统运行概念框架下，启动了国家空域重组计划，包括高空空域重组和终端区空域优化设计两部分。2005年，在美国全境实施RVSM，2006年美国西部划设RNAV高空航路。在美国，帮助航空公司节油是空管部门节能减排工作的重点内容。美国联邦航空局规定对每加仑航油收取4.3美分用于支持"新一代"航空运输系统的基础设施建设（表23-8、表23-9）。

表23-8 欧盟SESAR项目中主要节能减排技术和减排效果

项目编号	项目名称	节能减排效果
项目 4.07.03	使用基于性能的导航减少航路中航空器间隔	到2020年每个航班减少10%的碳排放，节省10%的航油
项目 05.07.04	空管部门全面实施精准区域导航	
项目 9.1	航空初始4D运行轨迹管理	
项目 9.10	垂直引导进近	
项目 9.39	持续攀升巡航	

表23-9 美国Next Gen项目的主要节能减排技术和减排效果

技术名称	技术描述	节能减排效果	节能减排效果（整体）
广播式自动相关监视	取代传统雷达定位，以卫星全球定位系统进行飞行数据和相关数据搜集与共享	2017~2035年，预计节省燃油4.1亿加仑（相当于123万吨），减少碳排放400万吨	环境效益：到2020年，"新一代"自启用共帮助航空公司节省燃油14.6亿加仑（438万吨），减排量达到1600万吨
航路中自动现代化系统	使用卫星技术为空管部门提供更精确途径，运用4D（含时间）轨迹运行描述，指挥飞机全程飞行及起降	至2010年底，已经在美国20家空管单位完成航路中自动现代化系统的安装与使用，具体效果待验证	经济效益：2011~2030年，仅减少航班延误方面就将为航空业节省770亿美元，通过安全性提升、截弯取直、航班取消率降低及减排所产生的收益达290亿美元
基于性能的导航	使用卫星和机上导航设备，飞机直飞	预计每年节省燃油410万加仑（约1.23万吨），减少碳排放4.1万吨	

此外，通过通信、导航和监视技术的应用升级，全球空中交通管理更加和谐，从而提高飞机运行效率。美国 Next Gen 计划通过对飞机空中运行及地面操作更加精确以及更高效率地追踪，帮助航空器显著地降低油耗，降低飞机排放和噪声。目前美国空管部门主要采用基于性能的导航、广播式自动相关监视、连续下降进近、Next Gen 的网络气象服务四种主要技术为突破口，提高空域利用率和空管系统的运行效率。

（九）典型国家/地区航空市场减排计划

IATA 于 2020 年推出航空碳交换系统（aviation carbon exchange，ACE），旨在帮助航空公司履行气候承诺。ACE 是首个与国际航协清算所整合的集中式实时市场，用于结算碳抵消交易资金。ACE 允许航空公司和其他航空利益相关方通过购买经认证减排项目的信用额，来抵消碳足迹。ACE 的碳抵消计划包括林业项目、清洁风能、生态系统保护以及基于社区的远程减排项目。捷蓝航空在 ACE 平台上完成了历史性首笔交易。通过多米尼加共和国拉利玛风电场一期项目购买了信用额，整个项目竣工后，每年可减少 20 万吨以上的二氧化碳排放量。国内外航空公司正在关注可持续航空发展议题，纷纷策划并实施了多种碳抵消计划，总体可概括为乘客或企业客户通过购票、现金、积分购买碳抵消指标、SAF 及捐助减碳项目等途径直接或间接支持低碳/零碳客货运飞行，详见表 23-10。

表 23-10　国内外航空公司碳抵消计划

序号	航空公司	项目名称	内容
1	Jetstar	Fly Carbon Neutral	使用澳大利亚航空积分抵消碳排放
2	美国联合航空	Eco-Skies	乘客和企业客户购买碳指标抵消碳排放
3	日本航空	JAL 碳排放减量计划	每笔购票交易支付 0.35 欧元费用用于抵消碳排放
4	海南航空	绿途	使用现金购买或积分抵消碳排放
5	汉莎航空	Mindfulflyer	使用里程抵消碳排放或促进 SAF 使用或造林项目
6	中华航空	环保旅程-碳抵换计划	购买黄金标准减排额度抵消碳排放
7	国泰/港龙航空	飞向更蓝天	额外购买碳指标用于抵消碳排放
8	阿提哈德航空	绿色梦幻客机计划	可持续航班机票收入用于红树认养
9	北欧航空	—	购买生物燃料，每 20 分钟飞行时段价格为 10 美元
10	新西兰航空	碳排放抵消计划	额外购买碳指标用于抵消碳排放
11	奥地利航空	Compensaid	额外购买 SAF 减少碳排放

二、未来航空燃料/能源变革分析

2021 年 IEA 碳净零排放（net zero emmision，NZE）规划中，对未来航空燃料情况有如下预测：2050 年航空碳排放占化石燃料和工业生产二氧化碳排放量的 10%以上。全球航空煤油的使用量从 2020 年的 9 艾焦下降到 2050 年的约 3 艾焦（在新冠疫情之前的 2019 年约为 14.5 艾焦），其在总航空能源使用的份额从几乎 100%下降到刚刚超过 20%。SAF 的使用在 2020 年后期开始显著增加。到 2030 年，航空总燃料消耗的 15%左右是 SAF，其中大部分是生物质 SAF。据估计，中程航班（1200 公里）的票价每名乘客将因此增加约 3 美元。到 2050 年，生物质 SAF 将满足航空总燃料消耗的 45%，人工合成 SAF 将达到约 30%。据估计，这将使 2050 年中程航班的票价每名乘客增加约 10 美元。NZE 规划还预计从 2035 年商用电池电动和氢燃料飞机开始普及，但它们在 2050 年的燃料消耗量中占比不到 2%。运营改进，连同机身和发动机的燃油效率技术，也有助于通过抑制航空燃料需求增长速度来减少二氧化碳排放。这些改进是渐进式的，但开放式旋翼、混合翼体机身和混合动力等革命性技术可以带来进一步的收益，并使该行业能够实现 ICAO 的 2050 年效率目标。

为支持实现航空净零排放目标，SAF、电能、氢能是航空领域应对气候变化、实现碳减排的最可行途径，也是全球航空业主要的趋势选择。这三种主流新能源技术各有特点和应用约束。

SAF 是未来实现航空净零排放的核心途径，在其寿命周期内可降低碳排放达 80%，有望在未来达到 100%，且无须对当前的飞机/发动机结构进行根本性重新设计，是可持续远程飞行最可行的选择。国内上下游产业链尚未形成，传统燃料生产商生产积极性不高（仅 10 万吨/年），航空公司因疫情多年亏损，无力顾及。

氢能是航空能源变革且实现净零排放的重要方向，氢能能量密度大、热值高，特别适合碳排放高、能量供给需求大的中远距离商用航线，与电池和 SAF 相比综合优势更加显著。氢能使用关键技术成熟度低，尚需聚焦突破氢燃料储存、气动结构一体化、飞机热管理、氢涡轮推进、氢燃料电池等关键技术。

不同的航空能源形式可适用的飞机产品有所不同：对于支线以下量级的小型飞机，动力架构上采用纯电动、电-电混合比较可行，储能方式可采用锂动力电池、高压存储氢燃料系统、液氢燃料系统等；对于支线以上量级的民机，未来碳减排除依赖既有传统动力改进及应用 SAF 外，主要依赖混合电推进技术和氢能源技术，重点是氢燃料电池、氢涡轮、涡轮电+超导技术等，见表 23-11。

表 23-11　航空新能源发展对比分析

能源	核心价值	核心问题	未来趋势
SAF	・现有硬件改动小 ・减碳效果较为明显，尤其是人工合成 SAF	・国际发展火热，国内仅第一代生物质航煤（地沟油）取证 ・国际成本分摊方式已解决，国内未解决 ・国内成熟产能 10 万吨，成本高	・需要国家制定相关扶植政策 ・需要国家明确航空减碳任务和路径、成本分摊方式 ・100% SAF 应用预计 2030 年取证
氢能	・零碳（绿电制备） ・能源可以来自自然界或者煤，摆脱石油、天然气能源进口问题，实现国家能源自给	・供应链投资巨大 ・能源链需完全变革，技术难度大，技术成熟度低 ・航空方面大规模应用周期长	・随绿电产量增加，绿电制备比例逐渐提高 ・欧洲各国发展积极性高
电能	・技术相对成熟、技术路线可执行性强 ・零碳（绿电）	・能量密度低、飞机产品航程受限	・将成为最早投入运行的新能源航空形式 ・各国发展积极性高

对于民航运营的商用飞机，应用不同航空新能源，其收益各有侧重（图 23-3）：SAF 应用方面，主要根据其应用比例，二氧化碳减排潜力可达到 80%，飞机和发动机无须改动；油电混动方面，应用串联混动和并联混动等不同形式的动力，二氧化碳可减排 20%～70%，如结合气动布局的优化，可能带来的燃油消耗降低为 10%～60%，但需配套快充或者换电设施；氢能应用方面，降低碳排放的潜力较大，碳减排可达 100%，污染物可降低 40%～90%，但基础设施调整较大，对单机和运营成本也有一定影响。

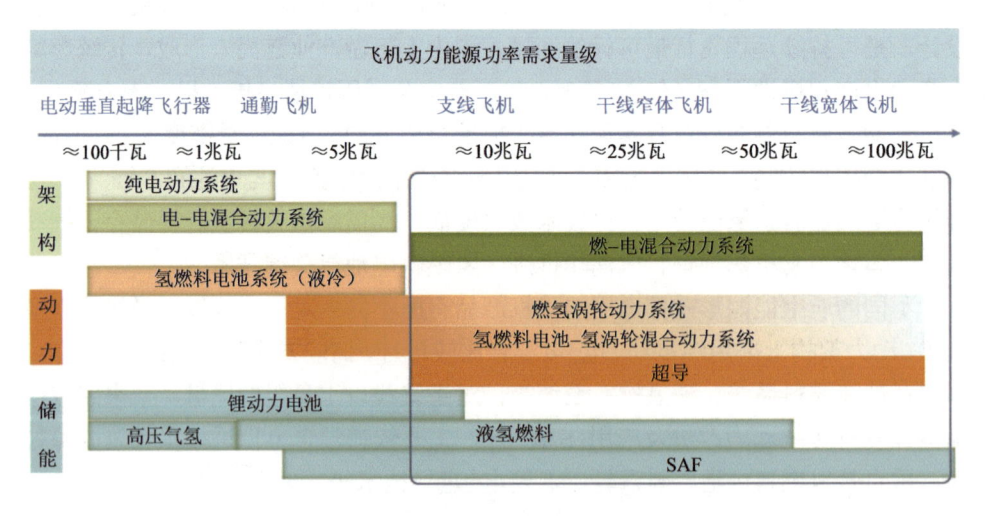

图 23-3　航空新能源技术的产品适用范围

与此同时，在航空"碳减排"面临技术和经济等方面的巨大挑战的情况下，应用核能动力的航空技术逐渐受到关注，核能作为已知能量密度最大的燃料，有利于大幅增加飞行器航程。目前，核能航空发动机主要有两种类型，一种是依靠核裂变产生动力的核能航空发动机，于20世纪五六十年代开始研究，但由于核防护、重量及冷却等技术问题和政治因素，止步于研制阶段；另一种是依靠量子核反应堆产生动力的核能航空发动机，美俄等国正在开展相关技术研究。

根据核能航空推进的国外研究调研，核能航空发动机与航空燃气涡轮发动机相比，除核辐射安全性外，技术实现上最突出的关键问题有以下三点：①自重量问题；②热交换器换热效率与速率问题；③热力系统及新型结构问题。虽然核动力航空的技术研发极具挑战性，关键技术成熟度较低，但其是实现航空低碳减排的一个有利途径，同时，我国已有核能和平应用于海、陆、天三维立体空间的成功经验和相关基础技术，应投入核能航空的研究并开展全面的可行性分析。

三、典型国家/地区航空低碳发展对我国的启示

（一）细化系统安全的航空低碳顶层政策

在航空低碳发展方面，加强顶层设计，细化国家航空低碳发展整体规划，完善航空运输需求预测与管理体系，并配套提出支持政策，加强上下游协同，统筹行业上下游企业，包括飞机能源产业链相关企业，制定新能源形式的航空低碳发展实施方案，为SAF、氢能等新型能源应用提供全产业链支持。

（二）加大低碳航空科研投入和技术应用

航空运输低碳化发展是未来航空技术发展和"走出去"的必然选择，是适应科技趋势、引领航空产业变革升级的时代要求。目前，全球航空业正在从基于通过提高燃油效率减少碳排放的渐进式改革，向开发新的低碳推进技术与新燃料的革命性变革方向转变，主要变革目标是从根本上解决低碳排放问题。航空低碳化发展产业模式将是未来航空产业的主导模式，体现了社会对航空业界的期许，反映了航空业界对社会责任的担当，同时也决定了航空企业的产业竞争力和可持续发展能力。航空低碳化发展产业的核心问题是能源技术和减排技术创新、产业结构和制度创新，以及发展观念的根本性转变。

（三）促进航空低碳行业共识，夯实技术攻关基石

航空低碳化发展是充分考虑生态环境保护和资源合理开发利用的航空产业的

发展模式，是一个集绿色产品、绿色运营、绿色创新和绿色消费为一体的产业生态。航空低碳化发展的核心理念是在充分保障飞行安全和服务质量的前提下，积极推进航空产业的绿色发展。将绿色航空分解到最底层对应的是各项传统专业技术，核心是"节能、减排、降噪"。落实绿色发展任务需要民机全产业链、产品全生命周期的协同配合，需要行业共同意识、共同研究、共同设计、共同实施。

（四）强化航空减排经济政策推动作用

通过美日英等发达国家的碳税政策和欧盟等的碳交易体系可看出财政税收政策在航空低碳发展规划中的影响。我国应统筹强化面向全产业链的航空减排经济政策的推动作用，制定类似财政补贴、基础设施的财政补贴和税费减免政策。例如，对于 SAF 的生产和应用，可在其生产设施建设期给予贷款优惠，在使用运营期给予财政补贴。通过财政税收政策，引导低碳航空的合理发展。

（五）开展航空低碳项目试点示范专项行动

加快建设航空低碳示范机场等低碳工程，有序开展低碳项目试点示范专项行动。将绿色生态理念融入项目设计中，从源头控制碳排放的产生，对新建机场公共建筑按照绿色建筑相关标准进行设计和建设。着力推广节能材料、工艺、技术和装备，推广应用绿色环保材料、工艺、技术和装备。推进国产飞机型号的 SAF 装机应用和示范航线运行，开展 100%SAF 的可行性与安全性评估以及型号搭载飞行评估试验，推动国内 SAF 的商业应用。

第二十四章
民航运量预测及二氧化碳排放情景分析

一、预测方法

基于经济社会发展规划、交通运输发展规划等相关文件，预测客货运交通运输需求总量和结构。融合运输需求-能源消耗-减排措施-碳排放的全链条建模理念，构建交通运输碳排放预测模型。从运输结构调整、能效提升、清洁能源替代、出行需求管理等方面对各阶段交通领域碳减排措施的代表性参数量化赋值，设置不同的低碳发展情景。在满足交通运输需求的前提下，模拟预测基于不同政策组合情景的交通运输领域碳排放变化趋势。交通领域碳达峰预测模型基本核算方法与碳排放现状核算方法相同，对于民航领域采用基于周转量预测的核算方法。

本章采用情景分析法，通过设置三种未来低碳发展情景，模拟不同情景下民航碳排放量变化趋势。

基准情景：以民航实际发展情况为基础，延续当前实行的低碳政策、减排管理手段，同时推进低碳进步技术，对未来民航发展进行预测，评估和预测在延续现有的政策力度及技术的发展趋势下，民航领域的碳排放趋势。

低碳情景：在基准情景的基础上，进一步推进各项节能减排措施，模拟各类措施的节能减排效果，并预测此情景中不同减排措施实施下，民航碳排放的发展趋势。

强化低碳情景：在低碳情景的基础上，进一步加大节能减排措施的推进力度。与低碳情景类似，模拟各类措施的节能减排效果，预测此情景下民航领域碳排放的发展趋势。

二、民航运输活动水平预测

周转量预测的整体逻辑框架是在不同的情景分析下对不同时间长度的目标量作出判断，进而分情景对周转量作出预测。中长期预测着重研究影响因素的长期发展趋势，为确定长期发展方向提供决策依据。预测往往要基于多种方法综合判断，任何一种方法都具有局限性，因此最后需要通过定量方法和定性方法相结合，综合得到预测结果。

长期以来，中国民航一直保持快速增长，截至 2022 年，旅客运输量已经连续 18 年稳居全球前二。尽管新冠疫情使全球民航运输量明显降低，但中国民航在全球率先触底反弹，成为全球恢复最快的航空市场。未来，我国经济社会仍将快速发展，居民生活水平仍将持续提升，以国内大循环为主体、国内国际双循环相互促进的新发展格局的建立以及《区域全面经济伙伴关系协定》等国际合作的开展，都将进一步拓展我国民航的发展空间，旅客出行和航空货运需求仍将保持增长趋势。

（一）客运周转量趋势预测

参考《交通强国建设纲要》《国家综合立体交通网规划纲要》，以及交通发展相关规划中提出的客运周转量变化趋势预测，通过梳理现有航空客运需求预测的相关研究，遴选人口、GDP、人均收入、旅游、交通基础设施发展水平等关键指标，构建多因素回归模型、时间序列分析预测模型等预测民航客运周转量（图24-1）。

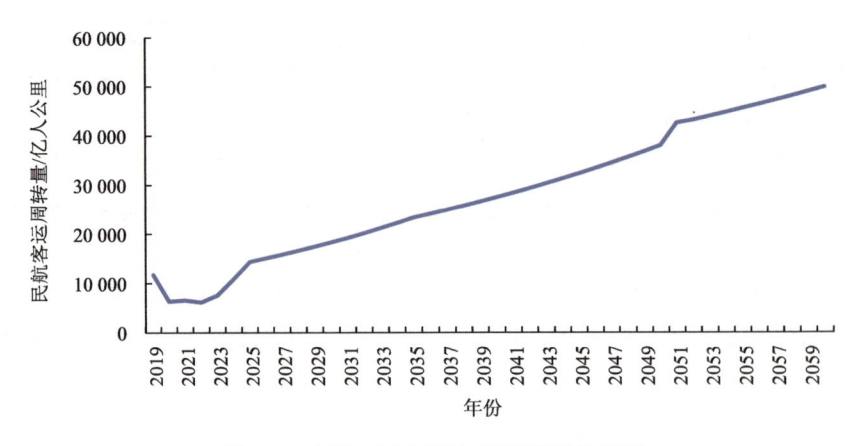

图 24-1　民航（含国际）客运周转量预测

(二)货运周转量趋势预测

与客运需求一样,经济增长是航空货运需求的驱动因素。参考《交通强国建设纲要》《国家综合立体交通网规划纲要》,以及交通发展相关规划中提出的货运周转量变化趋势预测,深入分析货运需求变化与 GDP、产业结构、进出口贸易、跨境物流等影响因素的关系,采用多元回归、增长率法、弹性系数等模型,预测航空货运周转量,具体如图 24-2 所示。

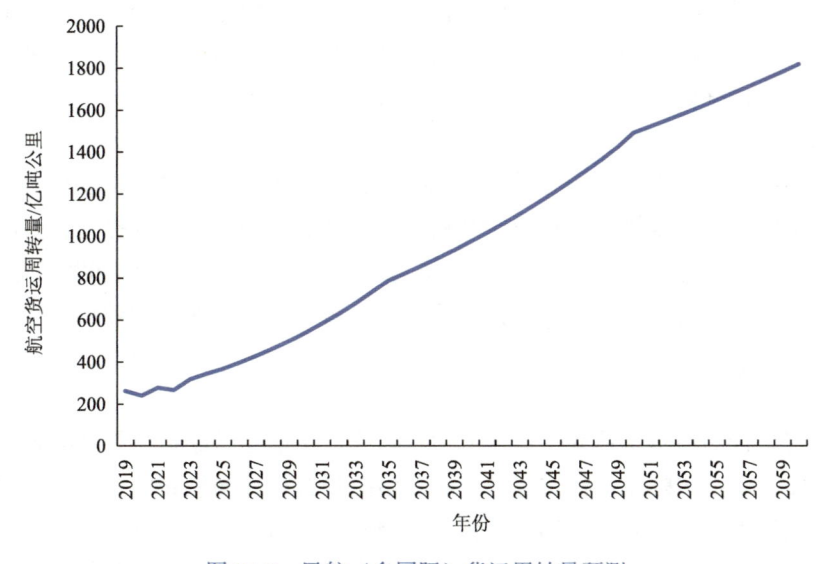

图 24-2 民航(含国际)货运周转量预测

三、民航运输碳排放预测分析

(一)碳减排主要措施

1. 清洁能源替代

民航领域清洁能源替代主要包括 SAF 以及电动、氢能等新能源飞机。从目前已经获得 ASTM 批准的技术路线看,可持续航空燃料的最大掺混比例为 50%,未来有望逐渐实现 100%。SAF 的应用需要综合考虑原材料供应、土地可持续性和粮食安全等问题,当前技术条件下 SAF 价格是传统航煤价格的 3 倍以上,大规模应用存在很多瓶颈问题,急需配套产业和政策支撑。从飞机动力变革趋势看,电动和氢能飞机预计在 2050 年之后才会进入规模化商用阶段,且主要应用于通用航空市场,因此不会对民航整体机队和能源结构产生较大影响。

2. 能效提升

1)飞机能效提升

结合飞机技术发展情况,通过不断更新和优化机队结构,持续实施飞机发动机改造、发动机清洗、飞机减重减阻、飞机 APU 替代、单发或电动滑行等措施,机队能效水平将进一步提升,飞机单位周转量碳排放将进一步降低。由于中国民航客机机队平均机龄为 6 年,飞机能效提升的空间非常有限。可见,未来中国民航飞机能效提升要实现 1%,需要付出巨大的努力和成本。

2)运营效率提升

空中和地面运行效率提升是民航减排最直接的手段,但减排贡献相对较小。运营效率提升的主要措施包括空域结构调整和空域资源利用效率提升、航线航班结构优化、地面跑滑系统优化、连续下降与连续爬升以及空地协同和智慧运行等。通过智慧航司、智慧空管、智慧机场等手段,可以提升民航运营效率。

3. 运输结构优化

随着综合交通运输体系和运输能力现代化,民航运输结构也将持续调整和优化,主要表现在国际航线占比提升、航线运距提升以及与铁路的竞合关系优化等诸多方面。近年来,航线结构持续优化,国际航线占比显著提升,未来仍将进一步提升,与此同时,行业平均运距也将进一步增加。另外,随着智慧民航建设进程加快,民航整体出行时间将大幅缩短,与高铁将形成良性的互动关系。

4. 碳市场等其他措施

中国民航面临国际国内两个碳市场,从国际碳市场来看主要是国际民航组织 CORSIA 和欧盟碳市场 EU-ETS,从国内碳市场来看主要是当前的地方试点碳市场以及全国统一的碳市场。2016 年 10 月,ICAO 第 39 届大会通过了 CORSIA,形成了第一个全球性行业减排市场机制。未来几年内,预计民航也将被纳入全国碳排放权交易市场。

(二)碳减排措施分析

1. 低碳情景

相较基准情景,低碳情景下的主要减排措施如下。

IATA、ICAO 等提出的民航减排支柱性措施，如飞机技术进步、空管和机场的管理减排措施、碳市场措施、可持续航空燃料技术等，在技术成熟程度上有较大差别。空管和机场的管理减排措施与运行效率提升技术措施，技术相对成熟，但减排潜力相对较小。可持续航空燃料技术和飞机动力系统的革命性变革（如氢能、电动）将对行业深度脱碳发挥关键作用，但可持续航空燃料成本过高、产业链需要完善，电动和氢能飞机等将在 2045 年甚至 2050 年之后才能进入规模化商用，且大多针对民航短途市场。因此，仅靠任何单一的措施无法实现低碳目标，必须推动飞机燃油效率提升、引进新动力飞机、使用可持续航空燃料以及通过市场机制开展碳抵消等多措施组合。

1）能效提升

考虑目前国内机队情况，飞机燃油效率提升非常困难，需要付出较大的努力和成本。低碳情景下，预计在 2025 年、2035 年和 2050 年的减排量分别可以达到 835 万吨、2841 万吨、6112 万吨。

2）能源替代

在低碳情景下，假设可持续航空燃料的替代率，2025 年达到 2%，2035 年达到 15%，2050 年达到 40%，由此产生的减排量分别达到 5 万吨、581 万吨、4030 万吨。

3）其他措施

针对国内航线，需按照国家统一碳排放交易市场对民航的相关要求，积极融入全国碳市场。针对国际民航 CORSIA，需要根据国际要求，积极利用国际碳市场和合格减排单位进行碳排放抵消。

2. 强化低碳情景

相较基准情景，强化低碳情景下的主要技术路径如下。

1）能效提升

由于当前在运营的中国民航飞机大多依靠进口，且技术进步是持续不断的缓慢过程，因此并不能作为未来碳减排的唯一手段。假设由于飞机技术进步，燃油效率进一步提高，强化低碳情景下，在 2025 年、2035 年和 2050 年，分别可减少碳排放 909 万吨、3046 万吨、7405 万吨。

2）能源替代

在强化低碳情景下，假设可持续航空燃料的替代率，2025 年达到 5%，2035 年达到 20%，2050 年达到 50%，由此产生的减排量分别达到 9 万吨、705 万吨、4997 万吨。

3）其他措施

针对国内航线，需按照国家统一碳排放交易市场对民航的相关要求，积极融入全国碳市场。针对国际航线，需要根据国际民航 CORSIA 和抵消要求，利用国际碳市场和合格减排单位进行碳排放抵消。

现有的预测基于已发布的规划，且未考虑到氢能飞机及电动飞机的规模化运营，因此还未能达到 ICAO 的要求。若新能源替代的进程能够加快，航空碳减排进度将有望提升。

第二十五章
航空运输低碳发展战略目标与实施路径

一、战略目标

到 2060 年，民航绿色低碳的发展格局全面形成，民航运输清洁化、高效化、智慧化革命全面完成，全面建成与民航强国相适应的低碳民航运输体系，当好中国式现代化的开路先锋。

二、阶段目标

《"十四五"民航绿色发展专项规划》提出，到 2025 年，我国民航发展绿色转型取得阶段性成果，减污降碳协同增效的基础更加巩固，行业碳排放强度持续下降，低碳能源消费占比不断提升；到 2035 年，民航绿色低碳循环发展体系趋于完善，运输航空实现碳中性增长，机场碳排放逐步进入峰值平台期。

以上述规划目标为基础，综合研判航空市场增长与低碳技术发展趋势，提出我国民航运输业低碳化发展的整体目标：2035～2040 年，民航运输业碳排放进入平台期，实现碳达峰；2060 年，民航运输业力争实现近零排放。届时，我国将形成民航绿色低碳发展格局，实现民航运输清洁化、高效化、智慧化变革，建成与民航强国相适应的低碳民航运输体系。航空领域分阶段排放特征，以及在航空产业、产品、运营、能源应用方面的减碳任务与目标如图 25-1 所示。

260　交通运输行业低碳发展的实现路径和重点任务

排放趋势	增长期	达峰期	降碳期	近零碳期
	碳排放量随运输水平同步回升，后续碳排放增长速度有所减缓	碳排放增长速度进一步减缓，逐步实现碳达峰	碳排放稳步下降，能源结构显著优化	碳排放下降趋势加快，航空业实现近零排放
	2020~2035年	2036~2045年	2046~2060年	2060年以后
阶段任务	• 优化运营增效 • 推动替代燃料试点应用 • 飞机构型及二次能源优化，升级机体材料 • 氢能、电动飞机研发	• 替代燃料比例大幅提高 • 完成智能运行基本建设 • 新能源动力飞机完成技术攻关，产品逐步推出	• 完成飞机动力系统变革 • 替代燃料广泛使用	• 各项减排路径发展成熟 • 航空业零碳运行
阶段目标	• 吨公里碳排放约0.8千克 • 至2035年，SAF应用占比达15%	• 吨公里碳排放约0.75千克 • 至2045年，SAF应用占比达30%	• 吨公里碳排放约0.65千克 • 至2050年，SAF应用占比达50%	• 吨公里碳排放约到0.28千克 • SAF应用逐步达到100%

图 25-1　民航运输碳减排发展阶段预测

三、实施路径

民航以优化能源结构、加速可持续航空燃料应用为主要减排路径。从能源低碳化入手，加快可持续航空燃料在民航的示范和应用，推进可持续航空燃料的技术研发、原料收集、生产适航等方面的工作，占据市场主动权。积极推动重大科技创新和工程示范，有序推动可持续航空燃料示范工程建设。加强国内国际合作，建立可持续航空燃料战略联盟，主导或参与国际标准制定，提升话语权和国际引领能力。建立低碳绿色航油供应链，形成生产、运输、加注全产业链企业发展合力。加快推动光伏、地热等新能源在机场的应用，进行近零碳机场建设。开展氢能源及其他清洁能源在民航领域的示范应用，超前部署战略性技术，逐步推动电动、氢能等新能源动力飞机的研发和试点应用。

以能效提升、智慧民航、市场机制为辅助脱碳路径。以能源高效化利用为目标，优化机队结构，加快引入低能耗、低排放飞机，进行飞机节能技术改造，开展机载设备选型轻质化，加强地面电源替代飞机APU，持续提升飞机燃油效率。以智慧民航建设为契机，推动行业数字化、智能化、智慧化转型升级，加强智慧航司、智慧空管、智慧机场等试点和示范。加快先进适用技术应用，注重新技术创新，优化航路航线，缩短地面滑行等待时间，提升民航整体运行能效。以市场化减排机制为手段，建立民航低碳管理机制，强化民航相关企业的减排责任，积极参与和应对国际国内碳市场，逐步提升民航绿色竞争能力。民航运输低碳发展实施路径见图 25-2。

第二十五章 航空运输低碳发展战略目标与实施路径　　261

能源替代	替代燃料	可持续航空燃料
	动力变革	电驱动飞机（短程）　　氢能源飞机
能效提升	空中措施	空域优化及空管效率提升、航线航班优化、飞机减重减阻
	地面措施	地面电源替代飞机APU、地面滑行效率提升
	设计能效	轻质材料　　机体革命　　推进系统改进
智慧体系	智慧空管	空地协同自主运行、基于四维航迹的精细运行、终端区智能化运行
	智慧航司	精细化运营策略、智慧化航油管理
	智慧机场	机场全域协同运行、作业与服务智能化、智慧建造与运维
市场手段	国际碳市场	CORSIA
	国内碳市场	国内碳排放权交易市场
负碳技术	碳汇	机场区域的自然碳汇
	碳捕集	燃料生产端的CCUS

2020　2025　2030　2035　2040　2045　2050　2055　2060

图 25-2　民航运输低碳发展实施路径

第二十六章
航空运输低碳发展重点任务

一、加强顶层统筹规划

(一)加大航空低碳发展国家财政专项支持力度

围绕"低碳化发展"这一世界民机未来发展的主要方向,希望国家加大该领域的经费投入,以航空工业企业、科研院所、高等院校为主体,围绕民航低碳、零碳、负碳等先进技术研发、验证与成果应用,打造一批开放型实验室、工程中心。此外,还应重视航空低碳化发展所需基础设施建设的投入,包括更高效的空中交通管理基础设施,以及适应未来新能源民机技术发展和应用需求的新型基础设施,如SAF、氢、电等能源的供应设施等,促进民机产品、空管、机场等方面协同发展。

(二)逐步开放民航空域,合理布局航路航线

航空低碳效率提升的主要措施包括空域结构调整和空域资源利用效率提升。为实现行业碳中和的目标,应在确保安全的情况下,逐步拓展民航空域,开展空域网络动态管理、优化高空航路网络、协同空域流量运行、灵活使用空域等。

临时航线是实现军民航空域共享和灵活使用的主要组织方式,在促进提高航空运行效率和节能减排方面发挥着重要作用。据统计,飞机每缩短1分钟飞行时间,大约可以节约62升燃油,并减少160千克的碳排放。在空域灵活使用方面,可开展临时航线的权衡论证。

基于现有空域,航空公司应多方面综合评估,开展面向低碳运行的航路优选。主要以减少航路距离为基础,同时考虑高空风的风向和速度对飞行的影响,通过

综合多种影响因素进行航路优选，可以节约飞行时间，达到节省燃油的效果。航空公司可以根据每天的天气等因素在飞机起飞前通过航路优选选择具有最短飞行时间的航路，以降低能耗，减少排放，同时提高经济效益。航空公司可以为航班提前申请出多条航路，以供签派时临时选择。

二、推进航空产品及关键技术创新

推进民航领域低碳产品和关键技术创新的重点在于，通过多种新能源飞机的技术研发、可行性分析和综合研判，解决《"十四五"民用航空发展规划》中指出的"科技自主创新能力不强，绿色低碳技术相对滞后，支撑引领民航发展的作用发挥不充分"等问题。

（一）推进 SAF 应用，优化能源结构

SAF 是航空业实现净零排放目标最直接快速的减排措施。目前，全球使用 SAF 运营的商业航班已超过 45 万架次，在各国航空政策的引导下以及 SAF 生产和应用相关企业的响应下，2022 年 SAF 的全球产量至少为 3 亿升，约是 2021 年产量的 3 倍。

在应用 SAF 的飞机及推进系统装备研发方面，应重点推进 SAF 兼容性、安全性和适航性研究，建立系统的 SAF 性能评估体系，开展 SAF 兼容性试验和适航验证，加快 SAF 投入商业运营的进程。

在推进创新 SAF 适航安全认证模式方面，建立 SAF "部件"的取证体系，提高认证通用性，并降低燃料认证的消耗，进一步降低 SAF 的综合成本。分阶段实施 SAF 应用验证，开展不同工艺路线的 SAF 全生命周期碳排放系数及最优掺混比例研究，进行 100%加注的可行性与安全性评估。在制定航空替代燃料可持续性要求的民航行业标准的基础上，制定航空燃料生命周期碳足迹评价规范和可持续燃料可持续性评价标准，从原材料、工艺路线、应用验证、储运及加注、全生命周期评价等多个维度，持续开展 SAF 标准体系建设工作。

在支持 SAF 生产和行业发展方面，应发掘供需两侧增长潜力，增加相关生产研发投入，牵引突破 SAF 在产能、原料供给和成本等方面的应用瓶颈，加快能源结构脱碳化进程，保障清洁、安全、经济的能源供应。一是加强顶层设计，建立相关部委联合工作机制，明确 SAF 的战略定位，加快制定 SAF 产业发展规划和路线图。二是加大规模化应用推广力度，包括在早期阶段达成 SAF 承购协议；为航空公司的 SAF 项目提供支持，加入 SAF 使用者小组或可持续生物材料圆桌会议。三是建立产业配套扶持政策，研究制定 SAF 商业化前期的产业化引导扶持及

应用推广政策，加大对 SAF 生产成套技术的支持，鼓励生产商与应用方共同探索和验证新的生产工艺及多种原料来源（如"电转液"），试点建设 SAF 工业化示范工程、生产示范基地和示范航线。鼓励建设 SAF 全供应链产业联盟，提前布局 SAF 供应链，建立原料供应（原料获取、加工、储运）与燃料供应（生产、储运、调和、加注）等各环节并轨的产业体系。结合"一带一路"倡议，建立 SAF 整体解决方案，加强国际合作和技术装备输出。

（二）加快新能源飞机及动力系统技术研发

随着航空减排要求的日趋严格，统筹布局航空低碳产品论证和关键技术研发有必要及早开展。着手联合相关国家和企业推进研发绿色颠覆性航空技术，以节能、高效、环保引领未来全球航空技术发展与变革。加强航空运输与航空制造协同创新能力，加强高性能发动机开发、新型机翼设计、超轻质材料研制、高效率电力系统开发以及其他航空技术研发。及时明确下一代低碳化民用飞机研发任务方向，明确未来产品方向，重点聚焦产品与技术的颠覆性创新。引入新能源、新材料，积极参与未来电动和混合动力推进系统飞机的预先研究，加强电动、氢能等新能源飞机技术研发，开展核动力飞机的可行性论证，结合新能源战略，突破一批制约未来航空低碳化发展的瓶颈或关键问题，统筹推进低碳航空产品的创新研发和应用验证，为未来我国航空低碳化跨越式发展提供产品和技术储备。

1. 新能源动力飞机研发

对于支线飞机，近期，应用 SAF 快速实现碳排放的降低；面向 2035 年左右（中期），应用油电混合动力能源的形式，采用现有或新研小型发动机作为主发动机，在气动布局上使用层流大展弦比支撑翼等新构型、探索分布式推进；面向 2050 年左右（远期），开发氢能源的氢燃料电池/氢燃料涡轮推进系统。

对于窄体干线飞机（单通道），近期，应用 SAF 快速实现碳排放的降低；面向 2035 年左右（中期），应用混合电推进动力形式，提高机载用电比例，探索开式风扇发动机的应用；面向 2050 年左右（远期），应用氢涡轮发动机为动力形式。

对于宽体飞机，着重关注远程航线的减排，近期，应用 SAF 快速实现碳排放的降低；面向 2050 年左右（远期），应用氢动力方案，并同步推进核动力方案的技术探索。

2. 减阻减重设计及能效提升

采用新型气动布局形式、新结构、新材料，提升飞机气动与结构效率，以减阻减重和综合能效管理为重点进行飞机改进优化。在减阻方面开展如边界层抽吸、翼身融合、桁架支撑翼等飞机先进气动布局研究，起落架舱密封优化等减阻技术研究；在综合能效提升方面开展多电技术等能源系统优化和管理技术研究；在提升结构效率方面，使用碳纤维复合材料、陶瓷基复合材料和增材制造技术，推进轻量化座椅装机、EWIS 项目优化等减重项目，减少飞机结构重量，从而降低燃油消耗率。

航空发动机方面，重点聚焦降低燃油消耗率，推进结构减重和核心机能效提升，开展齿轮传动技术、开式转子技术、自适应变循环技术、高压比核心机、极高涵道比技术、喷水加力涡扇等的探索研究。同时，提升运营中飞机和航空发动机的清洗技术水平，制订航空领域装备降碳减排专项技术研发计划，统筹推进航空装备能效系统优化。

（三）推动重大关键技术布局和成熟度提升

1. 飞机电能应用关键技术

传统飞机通过发动机将燃料的化学能转化为机械能产生动力，电推进飞机通过电动机驱动涵道式风扇、螺旋桨或其他装置产生动力，直接将电能转化为机械能。目前涡轮风扇发动机对燃料能量的利用率仅约 40%，而电推进系统对电能的利用率能够超过 70%，因此，采用电推进技术具备提高系统整体效率的潜力，能够达到降低燃油消耗、减少排放的目的。

电推进飞机的推进架构可分为全电系统、混合动力系统和涡轮电推进系统，不同的推进架构将带来不同程度的降碳效用。应结合电推进飞机的电池能量密度，针对不同座级、航程的民航飞机需求，开展全电推进、混合电推进、部分涡轮电推进、全涡轮电推进飞机的概念研究及电动汽车飞机的研究。

面向航空电能应用（包括电推进系统和提升电能应用比例），重点开展以下关键技术研究。①电动机相关关键技术：电机拓扑结构、线圈绕组和电磁线、磁性材料、相关先进制造技术。②电力电子关键技术：拓扑结构和功能集成、半导体器件、高压直流系统。③热管理关键技术：冷却方案、结构与材料。

2. 飞机氢能应用关键技术

氢的能量密度高，且燃烧产物绿色，是航空业远期实现"脱碳"的重要手段。针对配装氢燃气涡轮发动机的飞机的研发，重点推进氢燃料发动机、氢燃料储存系统和飞机热管理系统等关键系统的探索研究，开展氢能飞机总体概念方案设计、氢燃料可控燃烧的仿真和试验研究。针对应用氢燃料电池的氢能飞机，在进行燃料电池能力密度和安全性提升等关键技术攻关的基础上，重点开展飞机电力推进系统的研究，探索超导技术的联合应用。

在氢能动力系统方面，氢涡轮机主要开展以下关键技术研发：一是燃烧室需要开展适应氢燃料燃烧特性的研发；二是燃烧室的制造工艺需要提升。燃料电池主要解决以下关键问题：一是在质量、单位成本和耐用性/寿命方面存在重大挑战，在航空应用中尚不成熟；二是燃料电池技术需要重点发展；三是有效的热管理（图26-1）。

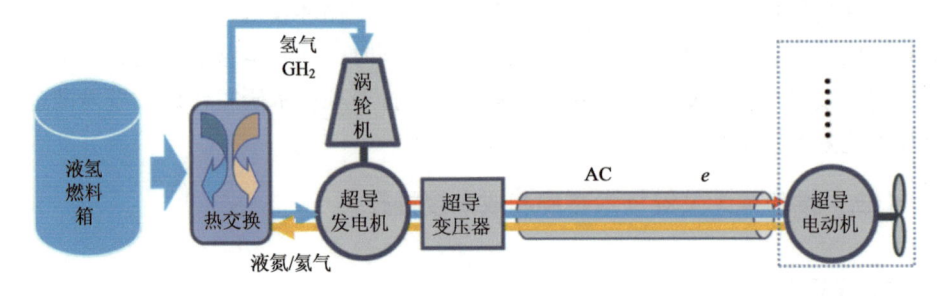

图 26-1　飞机氢涡轮系统概念示意图

在低温氢燃料储存系统方面，重点解决以下关键问题：一是研究储氢罐与燃油系统压力和温度管理，开展绝缘和主动冷却技术的研发；二是储氢罐的尺寸与形状设计对重量效率影响大，需要开展储氢罐集合形状、结构设计等研发工作；三是当前储氢罐材料主要为合金，需要开展复合材料的研究，降低重量；四是在确保系统防泄漏方面开展专门研究。

飞机氢能应用相关关键技术的突破，也可借鉴应用于甲烷等替代新能源的研发。

3. 飞机核能应用关键技术

飞机采用核能推进系统是前沿的低碳解决途径之一。围绕核防护、动力控制系统、核反应冷却系统及安全性等飞机应用核能动力的关键问题，探索性开展核裂变反应航空发动机、量子核反应航空发动机、核能电池等的前沿概念研究和飞机配装核能系统的总体概念方案研究。

核能航空发动机与航空燃气涡轮发动机相比，除核辐射安全性外，需突破以下关键问题：①自重量问题（包括核能航空发动机的结构重量及核辐射屏蔽重量）；②热交换器换热效率与速率问题；③热力系统及新型结构问题。需突破的关键技术包括：①适用于飞机的核反应堆技术；②屏蔽设计、重量控制与抗撞击保护技术；③飞机与核动力系统总体结构设计和匹配技术（由于采用核反应堆替换常规航空发动机的燃烧室，核堆运行温度、结构形式、功率输出速率、是否直接加热等方面都与燃气燃烧技术特征有较大区别）；④长寿命、高可靠、低流动损失换热器技术；⑤工作模式转换的控制技术；⑥核安全与适航相关技术。

（四）建设协同高效的航空低碳产业链

推动低碳航空新能源产业链协同发展，飞机主制造商与供应商、航空公司、相关管理部门共同完成航空能源变革。组织新能源航空产业联盟，广泛联合民企、车企，发挥中国制造在电力和新能源方向的已有优势，推进其他工业部门低碳研发能力向航空转化；通过论坛、定期交流方式同步顶层智库、产业界对新能源产品发展的观点，集思广益，发挥各方优势，形成行业和国家层面的观点；联合供应链上下游梳理验证相关新能源技术。

发展航空低碳循环产业，开展循环经济和资源利用行动，推动产业生态化发展，着力构建资源循环型产业体系。加强飞机拆解业务发展，合理延长产业链，提升再生资源加工利用水平，推动飞机拆解材料的规模化、规范化、清洁化利用。提高飞机零部件的深度维修能力，最大程度回收利用二手航材，减少航材报废、缩短维修和停产周期，引领行业良性循环和绿色发展方向。完善再生资源回收利用网络，推广资源循环利用基地建设模式，构建资源循环利用体系和管理平台，建设航空低碳产业示范工程。

三、强化民航运行及基础设施减排

（一）加快机队结构优化

机队选型是提升航空运营减碳效率的核心要素之一。机队规划过程中，在满足需求的情况下，选择构型统一、航油消耗较少的机型对控制航油成本至关重要。针对部分机型机龄较大、硬件设施老旧、燃油经济性趋于恶化的飞机，要适当减少飞行时间。在条件允许的情况下，引进耗油小的新飞机，淘汰或退租耗油大的老旧飞机。在保证运力稳健增长的同时，逐步引入低能耗、低污染、低排放的新型飞机，淘汰高耗能、高排放的飞机，优化机队结构，提升整体能效，有效推进航空器低碳化。

（二）推动飞机运行节能

1. 推广电子飞行包

电子飞行包（electronic flight bag，EFB）是一种主要用于驾驶舱或客舱的电子信息管理和显示系统，能显示多种航空信息数据或进行基本的计算。EFB 替代了纸质资料，使信息管理和使用更加方便、准确、完整和灵活，而且实现了实时性能计算，同时通过与航空公司现有信息系统的整合，实现了飞机运行各部门信息的实时共享。

2. 优化地面滑行

飞机每年在地面滑行的油耗不可小觑。据统计，窄体机地面滑行 3 分钟的油耗相当于空中飞行 1 分钟的油耗。推广实施双发飞机的单发滑行或四发飞机的双发滑行，可节约滑行油耗。在采用单发滑行的同时，开发电动滑行技术。

3. 加强飞机 APU 替代

APU 是一种小型燃气涡轮发动机，在地面时 APU 提供电力和压缩空气，保证客舱和驾驶舱内的照明和空调。在航班的航前、过站、航后等地面等待时间，使用地面设备代替飞机 APU，可实现客观的降耗减排效果。目前我国部分机场已开展 APU 替代技术开发，应持续推动利用机场桥载电气源代替飞机自身 APU，降低飞机地面燃油消耗，减少气体排放。完善 APU 替代设施监控平台，明确 APU 使用原则、建立监管职能，强调惩处机制，定期跟踪 APU 替代专项工作进展。由客舱和地面服务部与机场建立反馈机制，并按桥载结算数据对桥载整体使用情况进行跟踪，确保 APU 代替项使用率达到 100%。

4. 降低飞机运行载重

飞机减重是指在保障飞机飞行安全和实现正常功能的前提下，通过减轻飞机重量降低飞行油耗。每减轻 1 千克的重量，每年每架飞机就可节油约 9000 加仑。为实现航空运行减排，一方面，尽可能实现飞机载重的减量化，如取走不必要的厨房设备、去除不必要的食物包装、推动航班配餐智慧化调度、实现按需配餐、减少航班的多余餐食配置、严格控制配水和书报的数量、及时清理垃圾和污水等；另一方面，实现必要设施的轻质化，采用轻质座椅、轻质餐厨用车、轻质餐具、轻质集装器、机轮碳刹车系统等，将机载阅览物电子化、飞机结构采用轻质泡沫复合材料、机身及机上设备涂刷轻质油漆等。

5. 及时清洗飞机

保持飞机的表面清洁可以减少由黏附污染物造成的飞机重量的增加和阻力的加大。航空公司应该加强飞机保洁，及时清除飞机机身表层集聚的尘埃和潮气，增加清洗飞机的频次、定期打蜡等，以有效提升飞机燃油里程。

（三）开展机场低碳减排

1. 推进机场节能增效工作

贯彻落实国家能耗双控目标要求，加快对建筑、照明、制冷供热、车辆等基础设施和重点设施设备的节能升级与减碳化技术改造。推动既有设施绿色升级改造，积极推广高效制冷、先进通风、余热利用等技术，提高设施能效水平。鼓励支持节能、节水、节材等先进技术、设备和产品的应用，以电机、风机、泵、压缩机、换热器、锅炉等为重点设备提升能效标准，加快淘汰落后低效设备。提出项目相关节能、节材、节水、减排等工程措施和非工程措施，从源头上有效遏制高耗能、高排放项目盲目投资建设。持续开展能源审计，探索开展能耗产出效益评价，建立用能预算管理制度。

2. 加快新能源车辆应用

大力开展车辆油改电等项目，逐步实现2030年全部地面保障车辆电动化的目标。引导航空旅客运输、物流、航食配送等加快氢燃料电池汽车的推广应用，形成多样化的应用场景，争取航空公司氢能车辆应用示范工程落地。

通过对牵引车、客梯车、机场摆渡车、行李传送车、升降平台车等地面保障车辆的动力改造及新能源节能地面保障车辆购置（更新或新增），逐步降低机场地面保障车辆中以传统化石能源为动力的车辆比重，减少机场区域污染物及二氧化碳等的排放量。

重点鼓励使用纯电动或依靠电能实现其主要地面保障功能的车辆，建设、购置与改造规模相匹配的电动汽车充/换电站（桩），为电动车辆和设备提供充/放电及电池更换配套服务，保障电动汽车的正常使用。推动充电桩或换电站建设，增强电动车辆基础设施保障能力，探索建立电动车辆智能充电监控平台，确保运营和充电安全。密切跟踪新能源车辆技术，逐步推进旅客运输车辆和物流车辆的更新改造和能源替换。积极推进生物燃料、氢燃料等新能源技术，实现车辆低碳甚至零碳运行。

3. 推动终端用能电气化

提高航站楼终端用能电气化水平，积极推进航站楼供冷供暖电气化，重点推行电气化、智能化的高效低碳设备。针对航站楼内热水需求，大力推广电热水器、热泵、蓄热技术。倡导餐饮电气化理念，推进航站楼内餐饮用能"气改电"，鼓励楼内餐饮企业采用电磁炉、等离子体炒锅等以电代气方式，逐步推广全电厨房。推进机场区域汽改水、气改电，对以蒸汽为热媒的采暖系统实施改造，采用分布式电热替代。

4. 协同推进减污降碳

在碳达峰碳中和框架下，推进减污降碳协同发展。筛选大气污染物和碳排放"两高"项目，推进各业务板块大气治理设施节能降耗，推进锅炉等清洁燃料替代改造项目。开展正、负协同减污降碳技术目录清单研究，加快企业层面节能降碳的奖惩制度建设，多渠道推动减污降碳实现重要突破。

以资源的高效利用和循环利用为核心，以"减量化、再利用、资源化"为原则，加强废物综合利用。积极开展资源综合利用，最大程度实现废物资源化和再生资源回收利用。推进垃圾分类，积极参与城市垃圾协同处置，实现固体废物减量化、无害化和再利用，使无害化率达到100%。推动建筑垃圾资源化利用，推广废弃材料原地再生利用。推进循环式生产、产业循环式组合，促进废物综合利用、能源梯级利用、水资源循环利用，推进余热余压、废气废液废渣资源化利用。积极对接相关环保部门，探索开展飞机航前沉淀油的资源化再利用，建立让所有参与方都受益的商业模式。

5. 加强可再生能源应用

建成以新能源和可再生能源为主体的可持续深度脱碳能源体系，实现大比例可再生能源电力系统。加快推动光伏、地热等可再生能源在机场等区域的应用。推广光伏发电与建筑一体化应用，推进建设集光伏发电、储能、直流配电、柔性用电为一体的"光储直柔"新型电力系统。推广多种能源协同利用模式，深度挖掘地热和余热资源，实现最大程度的可再生能源替代。积极推进地源热泵、空气源热泵、蓄热式热泵和高温相变式热泵等技术应用。高效回收各类低品位余热，研究推动污水源热泵、烟气余热等技术应用。加强过渡季节自然冷源应用，推广直接引入式新风系统、乙二醇干冷器热交换系统、热管技术等的应用。创新热水供应模式，加大太阳能热水系统、空气源热泵辅助太阳能供热热水系统、空调热回收节能热水系统等的技术应用。探索跨季节储能，探索储热水箱、地埋管、相变材料、热化学等跨季节储热技术应用。加大机场区域绿色电力引入，打造开放的能源互联网生态，为能源企业、售电公司等提供参与航站楼能源供应的渠道设施，推动绿色电力交易和多能互补。

四、加强智慧民航应用

发展智慧航空促进低碳运营，以能源高效化利用为目标，以智慧民航建设为契机，推动行业数字化、智能化、智慧化转型升级，加强智慧航司、智慧空管、智慧机场等试点和示范。加快先进适用技术应用，注重新技术创新，优化航路航线，缩短地面滑行等待时间，提升民航整体运行能效。

（一）建设智慧航司

做强航空公司智慧中枢，提升航班运行控制、网络规划、航空器管理等能力，适应超大规模机队运行需要。

推广基于快速存取记录器（quick access recorder，QAR）数据的机队节能管理应用，实现节油精细化管理。将 QAR 数据作为数据分析基础，以燃油消耗为主要分析对象，综合考虑机组操纵、发动机性能、航路条件以及飞机配载等因素，根据实际情况确定算法，形成节油运行建议并及时反馈至飞机运行环节，实现降低油耗的目标。通过 QAR 数据，可建立滑行阶段、爬升阶段、进近下降阶段的油耗模型，确定经济起飞重量、经济爬升率及经济下降率，也可扩展到载运率、飞行距离、巡航高度与速度等与油耗的关系式，为航空公司节油提供数据分析支撑。

利用智慧化和大数据技术，提高航空碳排放管理的科学性和精准性。提升航线航班管理水平，引导航空公司持续优化航线网络布局和机队结构，提高运力匹配度。科学规划航线网络体系，优化布局国际国内通航点，促进飞机降成本、降能耗，构建绿色网络布局。优化国内航线网络，逐步取消一些国内短途飞行航班，尽量编排长途飞行航班。优化国际航线网络，加强航权沟通，将环境经济性考虑在内，尽量避免国际绕飞，尽可能以最短距离实现空中飞行。提升航空公司运输组织能力，提升客票营销的精准度，提高客座率和载运率，降低航班单位能耗强度。

（二）建设智慧空管

以四强空管建设为总目标，加快数字化转型，提升空管服务效率。加强空域资源供给，优化高中低空域结构，优化全国航路航线网络，优化机场群终端区空域结构。完善空域灵活使用机制，推进临时航线的常态化使用和转固定航路，提高空域利用效率。提升空管运行服务效率，加强协同运行。建立全国流量管理系统，更为合理、高效地提升民航空域资源管理效率。提升管制运行效率，加强空管新技术应用，加快点融合、连续下降/连续爬升等常态化运行，逐步推广4D航迹运行（图26-2）。建设新一代空管系统，推进ICAO航空组块升级，推进空中交通服务、流量管理和空域管理智慧化，提升对海量、高频、并发信息的处理能力，实现"精准控、精细调"，逐步解决航路拥堵和保障资源不足等问题。

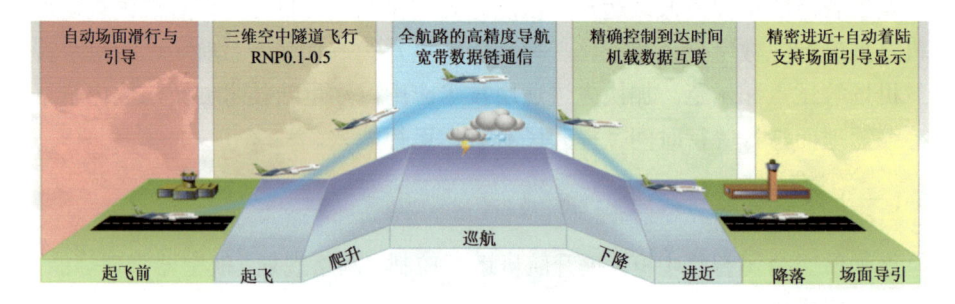

图26-2　4D航迹运行示意图

（三）建设智慧机场

提升机场智能化航班保障水平，重点机场实现全域精准监控、要素智能分配、安防主动预警等智慧运行。加强多跑道、多航站楼运行模式研究，注重空地资源匹配。优化机场跑滑系统，提升飞行区运行效率。加强智慧能源管理，推广"全程能效"管理模式，提升航站楼设施运行管理智能化水平，建设一体化、智慧化的智慧能源管理系统，实施智能精细管控、数据监测、智慧调配等。加大物联网技术的应用，推动能源消耗数据、楼宇运行数据、航班信息数据等有效整合，实现照明、供暖、通风和空调等分时分区智慧管控及航班联动。强化新技术、新材料在行业内的应用，推进民航基础设施建造运维智能化。

（四）推动三网融合

按照《国家综合立体交通网规划纲要》总体部署，推进交通基础设施网与运输服务网、信息网、能源网融合发展，推进交通基础设施数字化、网联化，推动行业北斗终端规模化应用等。推进基础设施、装备、标准、信息与管理的有机衔接，提高民航运输网动态运行管理服务智能化水平。加强民航基础设施与信息基础设施统筹布局、协同建设，推动车联网部署和应用，强化与新型基础设施建设的统筹，加强载运工具、通信、智能交通、交通管理相关标准跨行业协同。推进民航基础设施与能源设施统筹布局规划建设,强化交通与能源基础设施共建共享,提高设施利用效率，减少能源资源消耗。促进交通基础设施网与智能电网融合，适应新能源发展要求。加快推进机场新能源充电基础设施及配套电力设施建设，建设充电网、车联网、互联网"三网融合"的智慧充电网。

五、创新市场与管理机制

以市场化减排机制为手段，建立民航低碳管理机制，强化民航相关企业的减排责任，积极参与和应对国际国内碳市场，逐步提升民航绿色竞争能力。

（一）强化航空碳市场激励措施

研发建立航空碳排放管理信息化系统，配备碳排放监测装置，形成温室气体统计、核算和管理体系，高效使用碳资产。构建引领和激励公众践行航空低碳行为的碳普惠机制，确立航空碳普惠减排场景，识别可实施的航空减排活动，分析减排效益及可行性。

推动建立航空低碳消费拉动航空低碳产业的经济发展新模式，从需求侧促进供给侧产品技术创新升级，实现低碳的价值传递，延伸碳交易市场，形成政府、航空产业链、公众共同建设和发展的航空低碳经济新局面。建立健全民航建设项目节能和碳排放评估审查机制，推动航空减排与机队、投资、时刻、价格、信用、招投标等管理政策协同增效。

（二）健全航空低碳监管体系

深入推进绿色民航指标体系建设，建立健全民航能耗与排放监测、报告和核查机制，统一碳排放测算标准。强化民航减污降碳重大专项监督管理，构建民航局统筹谋划、地区管理局组织协调、监管局日常检查的绿色民航监管机制。加强各级监管机构能力建设，支持采用数字技术推进线上线下一体化监管，鼓励探索通过政府购买服务等方式引入第三方专业机构参与监管，将相关费用纳入行政预算予以保障。加大民航行业能耗与排放相关信息公开力度，引导社会公众、新闻媒体共同参与监督。

（三）拓展航空低碳交流合作

积极参与全球航空排放治理和标准制定，向 ICAO 分享中国实践和经验。建设性参与国际航空减排谈判与磋商，开展国际民航绿色发展合作培训及航线合作研究，推动建立发展中国家绿色民航专家协调机制。召开航空低碳相关国际会议，组织科教成果展览，联合发布咨询报告，举行多形式的航空低碳相关培训。争取专项支持，设立民航国际科技合作项目，加强与国外航空优势科研单位的合作，提升合作项目的消化吸收和再创造能力。

（四）引导民航低碳出行

发挥民航窗口作用，积极宣传航空低碳出行、可持续发展理念。综合运用多种传播途径，深入宣传阐释民航低碳发展政策措施，大力宣传推广减碳实施成效经验，表彰航空低碳示范先进典型，塑造传播航空低碳文化，营造航空低碳发展规划实施良好氛围。

参 考 文 献

曹孙喆. 2019. 铁路运输企业参与碳交易市场现状分析及对策. 铁路节能环保与安全卫生, 9(4): 15-19.

曹孙喆. 2023. 德国铁路公司碳中和发展策略探析. 铁道运输与经济, 45(2): 140-146.

柴建, 邢丽敏, 周友洪, 等. 2017. 交通运输结构调整对碳排放的影响效应研究. 运筹与管理, 26(7): 110-116.

陈弓, 朱宇, 韩冰. 2023. 绿色航运能源技术现状及发展趋势分析. 交通信息与安全, 41(2): 168-178.

陈淑玲, 康兆霞, 武剑红. 2018. 运输结构调整政策的国际比较及启示. 铁道运输与经济, 40(2): 33-37.

《第四次气候变化国家评估报告》编写委员会. 2022. 第四次气候变化国家评估报告. 北京: 科学出版社.

樊运新, 龙源, 江大发, 等. 2023. 新能源混合动力机车发展现状及关键技术综述. 电力机车与城轨车辆, 46(1): 1-11.

范爱龙, 贺亚鹏, 严新平, 等. 2020. 智能新能源船舶的概念及关键技术. 船舶工程, 42(3): 9-14.

范爱龙, 涂小龙, 吴洁, 等. 2022. 船舶能效知识图谱构建与研究现状分析. 中国航海, 45(4): 117-128.

国家电力投资集团有限公司, 中国国际经济交流中心. 2023. 中国碳达峰碳中和进展报告（2022）. 北京: 社会科学文献出版社.

国家统计局. 2021. 中国统计年鉴 2021. 北京: 中国统计出版社.

国务院新闻办公室. 2020. 《中国交通的可持续发展》白皮书. https://www.gov.cn/zhengce/2020-12/22/content_5572212.htm[2022-10-20].

胡田飞, 刘济华, 李天峰, 等. 2023. 铁路与新能源融合发展现状及展望. 中国工程科学, 25(2): 122-132.

黄民. 2020. 新时代交通强国铁路先行战略研究. 北京: 中国铁道出版社有限公司.

黄震, 谢晓敏, 张庭婷. 2022. "双碳"背景下我国中长期能源需求预测与转型路径研究. 中国工程科学, 24(6): 8-18.

贾利民, 师瑞峰, 吉莉, 等. 2022. 我国道路交通与能源融合发展战略研究. 中国工程科学, 24(3): 163-172.

贾志博, 田铭兴, 张子麒, 等. 2018. 基于微电网的高铁AT所配电设备新型供电方法. 铁道标准设计, 62(5): 129-134.

蒋一鹏, 袁成清, 袁裕鹏, 等. 2023. "双碳"战略下中国港口与清洁能源融合发展路径探析. 交通信息与安全, 41(2): 139-146.

李晓易, 谭晓雨, 吴睿, 等. 2021. 交通运输领域碳达峰、碳中和路径研究. 中国工程科学, 23(6): 15-21.

刘芳, 杨淑君. 2017. 欧盟绿色交通发展新趋势. 工程研究: 跨学科视野中的工程, 9(2): 148-155.

卢春房, 卢炜. 2022. 综合立体交通运输体系发展策略. 铁道学报, 44(1): 1-7.

罗肖锋, 吴顺平, 雷伟, 等. 2021. 船舶能源低碳发展趋势及路径. 中国远洋海运, (3): 46-51.

马建军, 李平, 邵赛, 等. 2020. 智能高速铁路关键技术研究及发展路线图探讨. 中国铁路, 697(7): 1-8.

马颖涛, 李红, 李岩磊, 等. 2015. 轨道交通中永磁同步牵引系统的优势与挑战. 铁道机车车辆, 35(3): 66-70.

施晓清, 李笑诺, 杨建新. 2013. 低碳交通电动汽车碳减排潜力及其影响因素分析. 环境科学, 34(1): 385-394.

孙峰. 2019. 我国绿色船舶发展展望. 船海工程, 48(3): 1-4, 9.

王靖添, 闫琰, 黄全胜, 等. 2021. 中国交通运输碳减排潜力分析. 科技管理研究, 41(2): 200-210.

王同军. 2019. 中国智能高铁发展战略研究. 中国铁路, (1): 9-14.

王永泽, 荆晓霞. 2020. 日本铁路节能环保新技术应用现状及发展趋势分析. 铁路节能环保与安全卫生, 10(5): 27-32.

王永泽, 马龙. 2018. 铁路客运站能源管控系统发展趋势分析. 铁路节能环保与安全卫生, 8(3): 125-128, 131.

严新平, 贺亚鹏, 贺宜, 等. 2022. 水路交通技术发展趋势. 交通运输工程学报, 22(4): 1-9.

杨凯, 胡海涛, 陈俊宇, 等. 2023. 电气化铁路再生制动能量利用系统保护方案研究. 中国电机工程学报, 43(24): 9523-9535.

杨天军. 2018. 基于气候分区的公路客运场站能耗及能效等级研究. 公路交通科技, 35(7): 128-135.

袁裕鹏, 袁成清, 徐洪磊, 等. 2022. 我国水路交通与能源融合发展路径探析. 中国工程科学, 24(3): 184-194.

张桂正, 叶建红. 2018. 现代物流中心运营阶段CO_2排放计算分析. 城市交通, 16(6): 97-104.

张爽, 赵颖磊, 张琨琨, 等. 2021. 全球气候治理背景下的船舶营运能效评级方法. 气候变化研究进展, 17(2): 236-244.

赵光辉. 2022. 我国交通运输碳达峰碳中和规制及政策研究. 改革与战略, 38(4): 14-30.

郑洁, 柳存根, 林忠钦. 2020. 绿色船舶低碳发展趋势与应对策略. 中国工程科学, 22(6): 94-102.

中国汽车技术研究中心,日产(中国)投资有限公司,东风汽车有限公司. 2021. 中国新能源汽车产业发展报告(2021). 北京: 社会科学文献出版社.

周晓, 冷瑜. 2021. 航运业碳减排和零碳发展面临的挑战与应对建议. 上海船舶运输科学研究所学报, 44(4): 63-68, 83.

Air Transport Action Group. Waypoint 2050. https://aviationbenefits.org/environmental-efficiency/climate-action/waypoint-2050/[2023-11-01].

European Commission. 2019. The European Green Deal: Striving to be the first climate-neutral continent. https://ec.europa.eu/info/strategy/priorities-2019-2024/european-green-deal_en[2022-12-01].

European Commission. 2021. Sustainable & Smart Mobility Strategy: Putting European Transport on Track for the Future. https://transport.ec.europa.eu/system/files/2021-04/2021-mobility-strategy-and-action-plan.pdf[2023-02-10].

Eurostat. 2022. Eurostat Database. https://ec.europa.eu/eurostat/data/database[2022-05-01].

Foundation for Promoting Personal Mobility and Ecological Transportation. 2020. Transport and Environment in Japan. https://www.ecomo.or.jp/english/pdf/tej2020.pdf[2023-03-01].

ICAO. 2019. Climate Change Mitigation: CORSIA. https://www.icao.int/environmental-protection/corsia/documents/icao%20environmental%20report%202019_chapter%206.pdf[2023-11-01].

International Energy Agency. 2020. Germany 2020: Energy Policy Review. https://www.iea.org/reports/germany-2020[2023-03-27].

Tang B J, Li X Y, Yu B Y, et al. 2019. Sustainable development pathway for intercity passenger transport: a case study of China. Applied Energy, 254:113632.

U. S. Department of Transportation. 2020. Transportation Statistics Annual Report 2020. https://rosap.ntl.bts.gov/view/dot/53936[2022-11-07].

U. S. Environmental Protection Agency. 2008. Final Rule for Control of Emissions of Air Pollution From Locomotive Engines and Marine Compression-Ignition Engines Less Than 30 Liters per Cylinder.https://www.epa.gov/regulations-emissions-vehicles-and-engines/final-rule-control-emissions-air-pollution-locomotive#rule-summary[2023-02-10].

Wang H L, Ou X M, Zhang X L. 2017. Mode, technology, energy consumption, and resulting CO_2 emissions in China's transport sector up to 2050. Energy Policy, 109: 719-733.

Zhang F F, Xing J, Zhou Y, et al. 2020. Estimation of abatement potentials and costs of air pollution emissions in China. Journal of Environmental Management, 260: 110069.